FLASCHENPOST AUS PIEMONT

Herausgegeben von Thomas Schröder
Gestaltung Peter Breul

Frankfurter Allgemeine Magazin

HORST DOHM
FLASCHENPOST AUS PIEMONT

Die sechzig großen Weine
Fotografiert von Jürgen Röhrscheid

Keyser

Inhalt

Das Land am Fuß der Berge	6	
Cantina del Produttori Nebbiolo	26	Am Fuße der Alpen
Luigi Ferrando & Figli	30	In der alten Stadt
Antichi Vigneti di Cantalupo	34	Liebkosung der Seele
Travaglini	38	Annäherung an die Moderne
Azienda Agricola Antoniolo	40	Eine Bastion des alten Stils
Cantina Braida di Giacomo Bologna	44	Der Barbera-König
Cantina Sociale Vinchio/Vaglio Serra	48	Die guten Genossen von Vinchio
La Spinetta	50	Moscato, Pin & Co
Azienda Agricola Giovanni Almondo	54	Winzer und Bürgermeister
Azienda Agricola Malvirà	56	Flirt mit dem Nebbiolo
Azienda Agricola Deltetto	60	Der Reiz des Roten
Azienda Agricola Matteo Correggia	61	Ein Glücksfall für das Roero
Azienda Agricola Poderi Aldo Conterno	64	Fast schon ein Denkmal
Azienda Agricola Azelia	68	Ein energischer Aufsteiger
Azienda Vitivinicola di Seghesio	70	Die Perfekten von Castelletto
Azienda Agricola Elio Grasso	74	Ein Mann geht seinen Weg
Azienda Agricola Conterno Fantino	76	Ein Trio strebt zur Spitze
Azienda Agricola Corino	78	Der Filigrane von La Morra
Renato Ratti Antiche Cantine dell'Abbazia	79	Die feine weiche Art
Azienda Agricola Roberto Voerzio	82	Der Ökowinzer von La Morra
Azienda Agricola Paolo Scavino di Enrico Scavino	84	Bruch mit dem Alten
Azienda Agricola Silvio Grasso	88	Ein Eleve der Neuerer
Azienda Agricola Armando Parusso	89	Auf dem Weg in die Meisterklasse
Azienda Agricola Clerico	92	Ein Pionier des neuen Barolos
Azienda Agricola Giuseppe Mascarello	96	Barolo der alten Schule
Azienda Vitivinicola Giacomo Conterno	97	Hüter der Tradition
Rocche dei Manzoni	100	Immer auf hohem Niveau
Azienda Elio Altare	104	Der Altar der Moderne
Azienda Agricola Mauro Molino	108	Ein Meister der Finesse
Eraldo Viberti	109	Der Idealist von Santa Maria
Vietti	110	Am Rande der Moderne
Tenuta Vitivinicola Cavallotto (Bricco Boschis)	114	Die Lust an der Tradition
Azienda Agricola Monfalletto	116	Ein Wein für frohe Stunden
Tenimenti di Barolo e Fontanafredda	120	Der Größte der Region
Azienda Agricola Giuseppe Cappellano	124	Souverän und weltoffen
Azienda Agricola G. D. Vajra	126	Ein Herz für den Dolcetto
Azienda Agricola Luciano Sandrone	130	Der Erfolgreiche von Barolo
Azienda Agricola E. Pira e Figli	132	Barolo mit Charme
Azienda Agricola Andrea Oberto	136	Motiv Leidenschaft
Cantine Marchesi di Barolo	138	Eine alte Geschichte
Bartolo Mascarello	142	Wider den Zeitgeist
Azienda Agricola Giuseppe Rinaldi	146	Beifall aus Amerika
Fratelli Ceretto	147	Die flexiblen Reformer
Pio Cesare	150	Zwischen den Schulen
Poderi Colla	152	Eine neue Karriere
Casa Vinicola Alfredo Prunotto	153	Der neue alte Stil
Casa Vinicola Bruno Giacosa	156	Klassiker der Klassiker
Azienda Vitivinicola Fratelli Pecchenino	160	Dolcetto der anderen Art
Azienda Agricola Chionetti	162	Der Dolcetto-Künstler
Azienda Agricola Matteo e Claudio Alario	166	Im Herzen von Diano
Azienda Agricola Ca' Viola	167	Der Jungstar von Montelupo
Azienda Agricola Gaja	170	Piemontese, Italiener, Kosmopolit
Produttori del Barbaresco	174	Die Mustergenossen
Azienda Agricola Rabajà Bruno Rocca	176	Das große Vorbild Burgund
Azienda Agricola Albino Rocca	177	Meister der Neunziger
Azienda Agricola Moccagatta	178	Aufstieg in die Oberliga
Azienda Agricola Fiorenzo Nada	180	Auf der Sonnenseite
Tenute Cisa Asinari dei Marchesi di Gresy	181	Feinheit und Eleganz
Azienda Agricola La Guardia	184	Das Herzstück des Alto Monferrato
Villa Sparina	188	Ein Gavi, wie es noch keinen gab
Landkarte	194	
Bezugsquellen	196	
Stichwörterverzeichnis	198	

DAS LAND AM FUSS DER BERGE

Goethe hat den Nordwesten nicht erwähnt, auch Byron nicht noch Heine. Vermutlich sind sie nicht einmal hier gewesen, vielleicht haben sie nicht gewußt, daß Piemont, das Land am Fuße der Berge (wie „Piemonte" zu übersetzen ist), zu Italien gehört. Auch andere berühmte Italienreisende haben die Region aus ihrer Route ausgeklammert. Bis zum Lago Maggiore sind viele gekommen, ihn haben sie gerühmt – das Klima, die Flora, die Landschaft, die Borromäischen Inseln. Doch daß sie hier schon auf Piemonteser Boden stehen, hatten sie kaum jemals wahrgenommen. Nach Westen haben sie ihre Blicke nicht gerichtet. Die Verlockungen des Südens haben den Reiseweg bestimmt – das Land, wo die Zitronen blühen. Und das liegt nicht in Piemont.

Aber auch viele Italiener haben mit dieser Landschaft im Nordwesten, an der Grenze zu Frankreich, nicht so recht Freundschaft schließen können. Piemont und Turin sind lange Zeit aus der Italianità ausgeklammert worden. Der Charakter der Menschen (die Preußen Italiens werden die Piemonteser genannt), der Einfluß Frankreichs, die Herrschaft der Savoyer und wohl auch die Besonderheit der Architektur und das Erscheinungsbild der Städte, das den Rom- und Florenzenthusiasten fremd bleiben muß, haben Piemont an den Rand der Aufmerksamkeit gedrängt.

Verdient haben es Land und Leute nicht. Piemont lockt mit reizvollen und abwechslungsreichen Landschaften: mit den weithin sichtbaren, schneebedeckten Alpengipfeln Monte Rosa, Monviso und Gran Paradiso im Norden und Westen, mit dem Lago Maggiore und dem Ortasee, mit den größten Reisfeldern Europas in der fruchtbaren und melancholischen Ebene des Po, mit den zahllosen Burgen, Schlössern und Festungsdörfern, mit den sanften und mit den markanten Hügellandschaften – den Colline von Turin, dem Monferrato und den Langhe, die sich im Süden bis zu den ligurischen Seealpen weiten. Zudem verfügt die Region über wertvolle (meist unbekannte) Kulturschätze, wovon die bemerkenswerten Barockbauten in Turin nur als ein Beispiel unter vielen gelten können. Und außerdem ist Piemont das bedeutendste Industriezentrum Italiens: Der Automobilkonzern Fiat ist der wichtigste Arbeitgeber des Landes, Camillo Olivetti hat in Ivrea seine ersten Schreibmaschinen gebaut, und Alessi zeigt der design-hungrigen Welt, was italienische Formgebung bedeutet.

Und noch etwas erfüllt die fünf Millionen Piemonteser mit diebischer Genugtuung: Nicht in Rom oder Mailand, nicht in Florenz oder Venedig ist die Gründung des italienischen Staates betrieben worden, sondern in Piemont: Camillo Graf Benso di Cavour, Politiker und Herausgeber der Zeitung „Il Risorgimento", gewinnt Napoleon III. 1858 als Verbündeten im Kampf gegen Österreich und die Lombardei (wofür er Frankreich Nizza und Savoyen versprechen muß), Giuseppe Garibaldi, der legendäre piemontesische Freiheitskämpfer, erobert Sizilien und Neapel, Vittorio Emanuele II., König von Sardinien-Piemont, besetzt die Marken und Umbrien und besiegt den Kirchenstaat. Im Februar 1861 tritt in Turin das erste, aus nahezu ganz Italien entsandte Parlament zusammen, das Vittorio Emanuele zum König von Italien proklamiert. Turin wird zur ersten Hauptstadt ernannt. Der ersehnte Aufschwung aber, den die Turiner und Piemonteser von der Staatsgründung erhofft hatten, bleibt aus. 1865 wird die Hauptstadt nach Florenz, dann nach Rom verlegt; der König, der

Das Castello dei Falletti, Zentrum der Weinbaugemeinde Castiglione-Falletto

Hofstaat und die politische Elite ziehen mit, Turin verwaist, Piemont rückt wieder an den Rand des Landes. Doch lange währt die Flaute nicht. Neue Herren sorgen für frischen Wind: die Industrieunternehmer. Der erste Höhepunkt der neuen Zeit fällt noch in das alte Jahrhundert: 1899 wird die Fabbrica Italiana di Automobili (Fiat) gegründet. Turin entwickelt sich nun zu einer neuen Metropole: zur Hauptstadt von Technik und Industrie.

Die Entdeckung

In die Zeit des Risorgimento fällt auch die „Entdeckung" eines Weines, der heute in aller Welt Aufsehen erregt: des Barolo. Sicher, ganz unbekannt sind die Weine von Barolo und den übrigen Weindörfern in der Langa, südlich von Alba, nicht gewesen. Vermutlich ist hier schon zur Zeit der Römer der Rebstock kultiviert worden. Und um 1300 wird der Nebbiolo, die Barolo- und Barbaresco-Rebsorte, von Pier de' Crescenzi, einem Richter aus Asti, schon ausführlich beschrieben: „Es gibt eine blaue Traube, Nubiola genannt, angenehm zu essen und wunderbar weinig, die einen gut haltbaren und sehr kraftvollen Wein ergibt." Mit dem Barolo der Neuzeit hat der Wein von damals aber nur wenig Ähnlichkeit: Er ist süß und plump. Zum einen werden die Winzer (noch) nicht gewußt haben, wie man den Wein der Gegend, der in der Gärung oft von den kalten Tagen des frühen Winters gestoppt worden ist, trocken ausbauen kann. Zum anderen ist die Süße vermutlich auch willkommen gewesen. Denn sie hat die Säure und die harten Tannine geschmacklich gemildert.

Die Marchesa Giulietta Vitturina Colbert de Maulévrier, die Witwe Carlo Tancredi Fallettis, des letzten Marchese di Barolo, bricht mit dieser Tradition. Mit Hilfe Louis Oudarts, eines Önologen aus Reims, den Conte Cavour nach Piemont gelockt hatte, beginnt sie Mitte des vergangenen Jahrhunderts damit, den Wein in ihren Kellereien – unter anderem in Barolo und Serralunga – auf eine neue Art auszubauen: nämlich trocken, ohne Restsüße. Und sie gibt ihm einen Namen: Sie nennt den „Wein von Barolo" von nun an nur noch „Barolo". Der neue Wein findet schnell Freunde. Cavour wird sein Fürsprecher, am Hof der Savoyer genießt er bald Hausrecht. Als die „Marchesa Barolo" – wie die Piemonteser die gebürtige Französin (eine Verwandte Colberts) nach dem Tod des Herzogs Carlo Tancredi genannt haben – 1864 stirbt, ist der neue Wein auch jenseits der Grenzen von Piemont kein Unbekannter mehr. Eine österreichische Zeitung klärt ihre Leser 1874 auf: „Dieser Wein ist es würdig, mit den weltweit besten konfrontiert zu werden. Mit seinem gewinnenden Geschmack und seinem angenehmen Aroma kann er erfolgreich mit den wertvollsten Weinen konkurrieren."

Forciert wird der Aufschwung durch Graf Emanuele Guerriri di Mirafiori, den unehelichen Sohn des Königs Vittorio Emanuele. Der Conte gründet 1878 das Weingut

Fontanafredda, das über viele Jahrzehnte hinweg als Symbol für den Weinbau in der Langa gilt. Er legt neue Weinberge an und geht neue Wege in der Kellertechnik. Seine Sachkenntnis, sein Ehrgeiz und sein kaufmännisches Geschick finden allerdings keinen Erben; sein Sohn Gastone muß den Besitz 1929 verkaufen. Zwei Jahre später, auf einer Versteigerung, erwirbt das Bankhaus Monte dei Paschi di Siena, die älteste Bank der Welt, die Domäne Fontanafredda. Impulse für den Qualitätsweinbau kommen Ende des vergangenen Jahrhunderts auch von der neu gegründeten Königlichen Weinfachschule in Alba, dessen Direktor, Domizio Cavazza, 1894 die Winzergenossenschaft Barbaresco ins Leben ruft und die „moderne Methode" zur Vinifizierung der Nebbiolo-Trauben festschreibt.

Geschützt und garantiert

Doch die erste Aufschwungphase verebbt, das Lob verhallt; zu einer Massenbewegung unter Weinfreunden werden der Barolo und der Barbaresco (noch) nicht. Die Kenner nennen die Weine beim Namen, aber auf den Märkten spielen sie nur eine Statistenrolle. Und da die Verarbeitung der Trauben und die Lagerung des jungen Weins bald merkwürdige Formen annehmen (der Barolo ist mit Tannin überfrachtet, er wirkt hart und oxydativ, er braucht mitunter zwanzig Jahre, bis er einigermaßen trinkbar ist), fallen die Weine letztlich zu Regionalprodukten zurück. Sie finden das gleiche Schicksal wie die Landwirtschaft: die wenigen Industriestädte, allen voran Turin, blühen auf, die Entwicklung auf dem Land aber kommt nicht in Schwung. Von einigen Phasen kurzer (trügerischer) Belebung abgesehen, ändert sich an dieser Lage bis zum Ende des Zweiten Weltkriegs nichts.

Erst nach 1945 mehren sich die Zeichen für einen Aufschwung. Im Norden der Region zum Beispiel, in den Anbaugebieten Gattinara und Ghemme, den ältesten Anbauzonen Piemonts, kommt der Weinbau gut voran. Die Nebbiolo-Weine finden große Resonanz. Da der Erfolg aber die Winzer und Handelshäuser zur Massenproduktion verleiten, endet der Rausch bald mit einem kräftigen Kater. Die Preise sinken, der Weinbau wird unrentabel.

Den Grundstein für die große Karriere legt der Staat. Der Präsident der italienischen Republik verkündet am 12. Juli 1963 in der „Gazzetta Ufficiale" das Dekret Nummer neunhundertdreißig, mit dem die Voraussetzungen für den heutigen Herkunftsschutz, die einzelnen Qualitätsvorschriften und die Normen für den Handel mit Wein festgelegt werden. Zwei Bestimmungen werden bald zum Programm: DOC (Denominazione di Origine Controllata), die kontrollierte Ursprungsbezeichnung, und DOCG (Denominazione di Origine Controllata e Garantita), die kontrollierte und garantierte Ursprungsbezeichnung. Der italienische Wein erlebt nun einen beispiellosen Aufschwung, die Zahl der Weine, denen die Rechtstitel DOC zuerkannt werden, nimmt inflationäre Züge an. Inzwischen sind ungefähr 360 DOC-Gebiete zugelassen. Zu den ersten Weinen, die mit der höchsten Stufe der geschützten Ursprungsbezeichnungen geadelt worden sind (DOCG), zählen zwei Weine aus Piemont: der Barolo und der Barbaresco (ihnen ist 1980, nach dem Brunello di Montalcino als erstem Wein, das DOCG-Statut zuerkannt worden). Ihnen zur Seite stehen inzwischen der Asti Spumante, der Gattinara, der Ghemme und der Brachetto d'Acqui (das DOCG-Anerkennungsverfahren für den Gavi ist noch nicht abgeschlossen). Der Effekt, den die DOCG-Prämierung – zusammen mit den verschärften Qualitätsbestimmungen – auslöst, ist beträchtlich. Der Barolo und der Barbaresco werden zur begehrten Ware, die beiden Weine werden bald in einem Atemzug mit den besten Weinen der Welt genannt: mit dem Bordeaux und dem Burgunder. Und da das Angebot knapp ist (je nach Ernte bringt es der Barolo auf 5 bis 7 Millionen Flaschen jährlich, der Barbaresco auf 2 bis 2,5 Millionen), sind alle Voraussetzungen für deftige Preissteigerungen gegeben. Und die Preise sind gestiegen. Ende der achtziger Jahre haben die Produzenten gute Ware noch für fünfzehn- bis zwanzigtausend Lire je Flasche verkauft (einfachere, aber dennoch gute Barolos sind sogar noch für weniger als zehntausend Lire angeboten worden), heute fordern die bekannten Domänen Preise von fünfunddreißig bis sechzigtausend Lire. Aber es sind nicht allein die Preissteigerungen, die den Barolo-Liebhabern die Laune verderben. Viele würden – wenn auch nur zähneknirschend – die horrenden Preise zahlen. Die Stimmung trübt ein anderes Ärgernis: Es gibt nur selten Ware. Wer an der Tür der berühmten Erzeuger klingelt, wird freundlich, aber unmißverständlich aufgeklärt: Ausverkauft! Allenfalls Barbera oder Dolcetto liegen noch auf Lager (wobei allerdings auch der Barbera allmählich zur heißen Ware wird).

Doch nicht nur die Verschärfung des Weinrechts und die Geburt der DOC/DOCG-Regelung haben dem italienischen Wein zu Prestige verholfen. Auch das Bekenntnis vieler Winzer und Kellereien zur Qualität, der ernsthafte Wille zur Produktion hochwertiger Weine, hat den Aufschwung ermöglicht. Einfache Tafelweine haben den Sprung auf das Niveau von Qualitätsweinen geschafft und Qualitätsweine sind zu Weinen mit internationalem Anspruch promoviert worden. Allerdings zielen die Aktionen nicht immer in die gleiche Richtung. Spannungen über den richtigen Weg – und sogar über den „richtigen" Typ des Weins – werden sichtbar, entzweien die Winzerschaft. Piemont bietet dazu ein anschauliches Beispiel, die Barolo-Kontroverse ist ein Lehrstück. Die Anfänge der Diskussion über einen neuen Barolo-Stil und moderne Vinifizierungstechniken reichen in die Mitte der siebziger Jahre zurück. Einige wenige Winzer versuchen, aus der Tradition auszubrechen, einen Wein zu produzieren, der den Wünschen der Verbraucher nach Frucht und Eleganz entgegenkommt, und Anschluß an die internationalen Märkten zu gewinnen. Renato Ratti, Mitbesitzer der Antiche Cantine dell'Abbazia in La Morra, gehört zu ihnen, Paolo Cordero di Montezemolo, ebenfalls aus Annunziata,

Das Castello Visconteo in der „Napoleonstadt" Cherasco

die Brüder Ceretto, Valentino Migliorini (Podere Rocche dei Manzoni in Monforte) und Angelo Gaja in Barbaresco. Am deutlichsten äußern sich Bruno und Marcello Ceretto über den Wein der neuen Generation: Der Wein sollte schon im Mannesalter und nicht erst in der Seniorenphase durch Größe und Weisheit erfreuen, er sollte sich nicht mehr plump und ältlich im Glas präsentieren, sondern fruchtig und elegant. Der Weg, den sie gehen, ist schnell beschrieben, wenn er auch alles Überlieferte auf den Kopf stellt: der Most wird in modernen Edelstahltanks (bei kontrollierter, nicht mehr zu hoher Temperatur) vergoren, die Maischezeit wird verkürzt (zugunsten der Frucht und zum Schutz des Weins vor zuviel harten Tanninen), die Lagerung des jungen Weins in den Holzfässern wird auf zwei bis drei Jahre begrenzt. Zur gleichen Zeit experimentieren Gaja und Migliorini mit neuen kleinen Eichenfässern nach französischer Art – der eine mit dem Barbaresco, der andere mit dem Barolo. Und schließlich beginnt Migliorini auch damit, Traubensorten zu mischen (den Barbera mit dem Nebbiolo) und neue Sorten anzubauen (Chardonnay und Pinot nero). Die neuen Weine finden schnell Zuspruch – vor allem im Ausland, wenn auch die Traditionalisten im Lande nicht mit Kritik sparen: Der Wein habe nichts mehr mit dem klassischen Barolo und Barbaresco zu tun, er habe zu wenig Tannin, er könne vermutlich nicht gut altern. Doch immer mehr Winzer gehen den neuen Weg; der Barolo und der Barbaresco finden Anschluß an die Weinmärkte der Welt. Zum ersten Mal in der Geschichte dieser Weine sind es – außerhalb der heimatlichen Grenzen – nicht mehr nur die Kenner und Individualisten, die sich mit dem Barolo und Barbaresco anfreunden, sondern eine stetig wachsende Zahl von Liebhabern. Schweizer und Deutsche, Österreicher und bald auch Amerikaner pilgern in das Land, wo Barolo und Barbaresco wachsen. Die Diskussion über die alte und die neue Schule schien ausgestanden, die Kontroverse durch den gemeinsamen Erfolg überwunden.

Castello Reale di Pollenzo. Die Burg in dieser frühen römischen Siedlung täuscht Alter vor: Sie stammt erst von 1838

Neuerer gegen Traditionalisten

Doch was die Pioniere der ersten Erneuerungswelle ins Rollen gebracht haben, geht der folgenden Generation nicht weit genug. Die Jungen kehren der Überlieferung nun endgültig den Rücken. Der Streit zwischen alter und neuer Schule bricht zu Beginn der neunziger Jahre von neuem aus – diesmal aber so heftig, daß die Winzerschaft fast in zwei unversöhnliche Lager gespalten wird. Die Neuerer – der Kern der Modernisten findet sich bald in einer lockeren Interessen- und Kampfgemeinschaft („il gruppo“) zusammen – entdecken noch immer zuviel Untugenden im piemontesischen Wein: zu wenig Frucht und zu viel bittere und harte Tannine, was die Produzenten dann durch eine übermäßig lange Lagerung des Weins im Faß wieder korrigieren müßten – zu Lasten der Qualität, denn der Wein sei dann häufig oxydiert und essigstichig, zumindest wirke er unsauber. Die Kritik gipfelt in der Behauptung, der sogenannte typische oder klassische Barolo sei letztlich ein schlechter Barolo gewesen. Elio Altare aus La Morra, Vordenker und Motor der Modernisten (von der Gruppe „der Prediger“ genannt) erinnert sich: „Mein Vater und die anderen hatten vom Barolo eine ganz andere Idee: alte Fässer, Oxydation um jeden Preis, wobei der Wein unters Dach gebracht wurde, damit er in Glasballons ohne Strohverkleidung die Sommerhitze voll auskosten konnte.“
Das Konzept der neuen Neuerer ist klar definiert: Der Barolo soll früher trinkbar sein, er soll die Zunge und den Gaumen nicht durch harte Tannine und Säuren beleidigen, er soll fruchtig und sauber sein und durch eine schöne Farbe erfreuen. Altare führt wieder das Wort: „Ein großer Wein muß sofort gut sein, genau wie nach fünf oder zehn Jahren. Man kann nicht zwanzig Jahre warten, um ihn trinken zu können.“
Der Weg, der zu diesem Ziel führt, ist klar abgesteckt. Zum einen wird die Mazerations-(Maische-)zeit, die Phase, in der die Beerenschalen während der Gärung Kontakt mit dem Most haben, strikt begrenzt. Sie dauert nicht mehr drei bis fünf Wochen, was früher nicht selten der Fall gewesen ist, sie erstreckt sich nur noch auf drei bis fünf Tage. Auf diese Weise soll verhindert werden, daß unerwünschte (bittere und harte) Tannine aus den Schalen gelöst werden. Perfektioniert wird diese Kurzmazeration durch eine neue Maschine – einen horizontal rotierenden Gärtank, der erstmals im Herbst 1993 verwendet worden ist. Diese Maschine (sie stammt eigentlich aus der Schokoladenindustrie) dreht sich nach einem festen Rhythmus, wodurch die Maische mit dem Most gut vermischt und eine schnelle und intensive Extraktion von Farbe und Geschmacksstoffen (ohne die unerwünschten Tannine) garantiert wird (die Kerne der Beeren, die viel bittere Tannine enthalten, sinken in eine Rinne am Boden des Tanks; sie rotieren nicht mit). Mit dieser Maschine, meint Giorgio Rivetti, der Moscato-Experte aus Castagnole Lanze (neben Altare eine Triebkraft der Modernisten), sei das neue Zeitalter endgültig angebrochen, das Revolutionsjahr genau fixiert.
Das zweite Gebot heißt: Ausbau des jungen Weins in neuen Fässern, möglichst in Barriques nach französischem Vorbild. Durch die traditionelle Lagerung des Weins in großen, alten Fässern aus slawonischer Eiche oder Kastanienholz nehme der Wein häufig unsaubere Töne an, er müsse zudem zu lange im Holz bleiben. In den Barriques reife der Wein dagegen perfekter; er werde sauber, das neue Holz könne seine guten Eigenschaften unterstützen. Und dann kommt das Argument, das Altare und Rivetti vortragen und das letztlich verrät, wovon die Neuerer träumen: „Alle großen Weine der Welt, wie Burgunder oder Bordeaux, werden in Barriques ausgebaut. Das ist keine Mode, sondern die richtige Kellertechnik. Warum also der Barolo nicht? Es wäre absurd.“

Die Befürworter der neuen Richtung sind inzwischen zu einer stattlichen Fraktion herangewachsen: Neben Elio Altare und Giorgio Rivetti gehören Enrico Scavino aus Castiglione-Falletto und Domenico Clerico aus Monforte dazu, Marco Parusso und Guido Fantino (beide aus Monforte), Luigi Scavino (Weingut Azelia in Castiglione-Falletto) und Chiara Boschis (Weingut Pira in Barolo), Renato Corino aus La Morra und Giancarlo Travaglini aus Gattinara (nördliches Piemont), Franco Minuto (Weingut Moccagatta) und Bruno Rocca aus Barbaresco und einige andere mehr. „Wir werden immer mehr", freut sich Enrico Scavino, „die Phalanx der Traditionalisten bröckelt."

Die Traditionalisten sehen die Sache natürlich anders – ob Bartolo Mascarello in Barolo und Giovanni Conterno in Monforte, ob Mauro Mascarello in Monchiero und Giuseppe Rinaldi in Barolo, ob die Brüder Cavalotto in Castiglione-Falletto und Giuseppe Cappellano in Serralunga, ob Alberto di Gresy in Barbaresco und Bruno Giacosa in Neive. Einerseits sind in ihren Kellern inzwischen auch Elemente der neuen Kellertechnik zu finden: Sie benutzen moderne Stahltanks für die Gärung und Mazeration, sie kontrollieren die Temperatur während der Fermentation und – das ist entscheidend für den Disput mit den Neuerern – sie haben die Maischezeit inzwischen auch verkürzt, auf zwei bis drei Wochen. Andererseits befürchten sie, daß durch die neuen Methoden der Barolo und der Barbaresco zum verwechselbaren Produkt verkommen, daß er seinen ursprünglichen, individuellen Charakter durch die „Internationalisierung" (zum Beispiel durch den Ausbau in Barriques) verlieren könnte. Und außerdem sind sie voller Zweifel, ob die neuen Weine ebenso gut altern können wie die traditionellen, ob ihnen ein langes Leben beschieden sein wird. Die Frage kann exakt bisher niemand beantworten; die ältesten Weine der neuen Schule werden eben erst zehn Jahre alt.

Im Hinblick auf die geschmacklichen Eigenschaften weisen die Verfechter der alten Schule oft auch darauf hin, daß die Sache mit dem Tannin falsch gesehen werde. Zum einen sei es die besondere Eigenart der Nebbiolo-Rebe, daß sie tanninreiche Weine hervorbringe. Barolo – oder auch Barbaresco – ohne spürbares Tannin sei eine Verfälschung dieses in der Welt einmaligen Weins. Giuseppe Rinaldi aus Barolo geht noch einen Schritt weiter. Er wehrt sich nicht nur gegen den Vorwurf, der Barolo der alten Schule habe zu viel Tannin, er bekräftigt seine Position mit einem Bekenntnis: „Ich liebe den Barolo, und ich liebe das Tannin in diesem wunderbaren Wein." Auch das Weingenie aus Neive, Bruno Giacosa, verteidigt die Überlieferung: „Ohne harte Tannine zu Beginn kann ein Barolo kein großer Wein werden."

Die Neuerer, allen voran Altare, widersprechen den Traditionalisten energisch. Vor allem beharren sie auf einer Richtigstellung: Sie wollten dem Barolo keinesfalls das Tannin nehmen. Doch sie wollten mit ihren neuen Techniken dafür sorgen, daß es nur die weichen Tannine sind, die in den Wein eingehen. Der neue Barolo habe ebenso viel Tannine wie der alte. Aber diese Tannine verärgerten nicht die Geschmacksnerven, weil es weiche Tannine seien. Der neue Wein wirke daher sanfter und eleganter. Außerdem sei die Vermutung falsch, der Wein könne nur gut altern, wenn er genügend Tannin habe. Altare erinnert an die großen Burgunder: Ein Montrachet, einer der größten Weißweine der Welt, könne wunderbar altern, obwohl er kaum durch Tannin gestützt werde. Wie die Kontroverse ausgehen wird, ob es sich letztlich lohnt, von den einen und den anderen zu sprechen, läßt sich noch nicht beurteilen. Die Traditionalisten halten keinesfalls so starr an der Überlieferung fest, wie es den Anschein hat. Sie denken über neue Techniken und Erfahrungen durchaus nach, setzen sie zum Teil auch um. Und in den Reihen der Neuerer wird aufrichtig Beifall gespendet, wenn es einem Kollegen aus der alten Schule gelingt, einen großen Wein zu präsentieren. Aber noch etwas ist zu beobachten: Die Kluft ist keinesfalls so tief, wie es die temperamentvollen Äußerungen der einen oder der anderen Seite vermuten lassen könnten. Denn zwischen den Fraktionen der reinen Schulen arbeitet eine große Gruppe von Winzern, die von beiden Seiten etwas übernommen hat, die weder stur den Traditionalisten noch den Modernisten zugeordnet werden kann. Und es sind nicht die Schlechtesten, die zwischen den Lagern stehen: Aldo Conterno zum Beispiel, Valentino Migliorini (Rocche dei Manzoni), Elio Grasso, Aldo Vajra, Massimo Martinelli (Weingut Renato Ratti) oder die Brüder Cordero di Montezemolo in Annunziata (La Morra). Und einer, vermutlich der Erfolgreichste, und Bekannteste, schwebt ohnehin über allem: Angelo Gaja aus Barbaresco. Er hält sich aus dem Disput heraus; er fühlt sich nur seinem Stil, seiner Philosophie verpflichtet.

Zuweilen findet der eine oder andere Winzer auch den Mut, in die Argumentation eine rein kommerzielle Variante einzubringen. Es gehe zwar auch um einen neuen, vielleicht besseren Barolo-Typ, aber zuerst um den Erfolg auf dem Markt. Wer sich heute auf den launischen Weltmärkten, vor allem in Amerika, behaupten wolle, müsse „moderne" Weine produzieren – möglichst nach der Art der Kalifornier, der Australier und Neuseeländer. Und diese Weine seien Barrique-Weine. Allerdings bestimmten hier nicht die Konsumenten die Richtung, wie es die Lehre von den Kräften des Marktes vorsehe, sondern die Rating-Weinjournalisten, die über gut und schlecht befänden.

Und da die weniger kundigen Weinliebhaber und Weinsammler (noch) zu unsicher in ihrem Urteil seien, verließen sie sich auf die Punkte, Gläser oder sonstigen Hitparaden-Symbole, die ihnen die wertenden Zunft als die „Wahrheit" anbiete. Wer also mit Barriques arbeite oder wer Phantasie-Weine mit wohlklingenden Namen (bisher unübliche Verschnitte aus verschiedenen Rebsorten, in kleinen Eichenfässern ausgebaut) produziere, habe in diesen Kreisen von vornherein einen Bonus. Er komme in den Bewertungen meist gut weg, er brauche sich um seinen Absatz keine Sorgen mehr zu machen. Der Weinhandel folge diesem Mechanismus, er verstärke ihn sogar. Denn die einflußreichen Exporteure machten den Winzern, die sich um eine Geschäftsbeziehung bemühten, zur Auflage, den „modernen" Zeiten zu folgen – mit der Mahnung: no barrique, no chance. Die Produzenten, die sich der Neuzeit verschrieben haben, hören sich das alles gut an, schließen den Wahrheitsgehalt der Anklage auch nicht aus. Denn genau das sei doch ihr Bestreben: Auf den internationalen Märkten erfolgreich sein, zu den großen Weinen der Welt aufschließen. Und wenn das nur mit einem neuen Wein-Typ gelinge, zum Beispiel mit Weinen, die im Barrique reiften, sei eine Reform des Überlieferten doch nur folgerichtig. Das Argument überzeugt – aber nur unter der Voraussetzung, daß die Moderne auch en vogue bleibt. Wenn der Markt wieder umschlägt, kommen die Neuerer in Beweisnot. Denn was in Burgund und Bordeaux seit vielen Jahrzehnten zum Handwerk gehört und von den Weinliebhabern als charakteristisch anerkannt wird, ist für Piemont (keineswegs gesichertes) Neuland. Und unter den europäischen Weinfreunden, denen die Piemont-Hausse zum guten Teil zu verdanken ist, macht sich mehr und mehr Unmut über die Barrique-Weine breit. Sie flirten wieder mit dem alten Barolo-Stil, zumal das Argument, der typische Barolo von früher sei eigentlich ein schlechter Barolo gewesen, angesichts der jüngsten Leistungen der Traditionalisten an Gewicht verliert.

Das Weinland Piemont

Aber es sind nicht nur der Barolo und der Barbaresco, die im Weinland Piemont zu Hause sind – wenn die beiden Weine auch den internationalen Ruhm der Region begründen. In Piemont findet sich eine bunte Vielfalt von Weinen, die hier ihren Stammsitz oder gar ihre Geburtsstätte haben: der Barbera und der Dolcetto zum Beispiel, der Grignolino und der Brachetto, der Arneis und der Cortese (Gavi). In sechs der acht piemontesischen Provinzen – in Alessandria und Asti, in Cuneo und Novara, in Turin und Vercelli – wird der Rebstock kultiviert: von der Grenze zum Aostatal im Norden bis zu den Ligurischen Seealpen im Süden. Ungefähr 58000 Hektar stehen unter Ertrag, wovon drei Viertel auf die Produktion von Qualitätswein (DOC und DOCG) entfallen.

Seit Beginn der achtziger Jahre hat sich die Anbaufläche um 30 Prozent vermindert; sie könnte jetzt aber wieder leicht zunehmen, da die Kommission der Europäischen Union der Region Piemont vor kurzem rund 2100 Hektar Neuanpflanzungsrechte zugesprochen hat. Die Produktion schwankt je nach Jahrgang deutlich, sie variiert zwischen 2,5 bis 3,2 Millionen Hektolitern (der Anteil der DOC/DOCG-Weine hat 1996 an der gesamten Produktion rund 1,9 Millionen Hektoliter erreicht). Die wichtigsten Anbaugebiete liegen südlich des Po, in den charakteristischen Hügelzonen des Landes: im Monferrato, im Roero und in der Langa (Mehrzahl: Langhe). Im Monferrato, auf hundertfünfzig bis dreihundert Meter hohen, meist sanft geschwungenen, zuweilen aber auch schroff abfallenden Hängen, wachsen vor allem der Barbera (fast zwei Drittel der Rebfläche sind hier mit dieser Rebsorte bestockt), der Moscato, der Dolcetto, der Grignolino und der Freisa. Die Böden bestehen aus lehmig gelbem oder kalkig-grauem Sand, sie sind marinen Ursprungs (im Tertiär, vor zehn bis fünfzehn Millionen Jahren, ist Piemont dem Meer entwachsen).

Im Roero, nördlich des Flusses Tanaro, der sich zuweilen heimtükkisch in eine reißende Flut verwandelt, werden auf sandigen Böden vor allem der Arneis (ein immer mehr Freunde findender Weißwein), der Nebbiolo und der Barbera angepflanzt. Das Roero, mit der Stadt Canale als Mittelpunkt, ist das kleinste Anbaugebiet in den drei bedeutenden Hügelzonen; es ist auch für den Obst- und Gemüseanbau bekannt, unter anderem

Das alte Castello di Monforte d'Alba – mehrfach zerstört, aber 1706 in neuer Form entstanden

für seine Spargel und Pepperoni.

Die berühmteste Weinbauzone ist die Langa, die beeindruckende Region südlich und östlich von Alba. Hier liegt die Heimat von Barolo und Barbaresco (aber auch der Dolcetto und der Barbera werden hier kultiviert). Die Weinberge erstrecken sich bis auf dreihundertfünfzig (Barbaresco) und fünfhundert (Barolo) Meter Höhe, sie prägen ein markante, zuweilen theatralisch wirkende Hügellandschaft, die auf engem Raum mit krassen Höhenunterschieden überraschen kann. Die Böden, auf denen die Reben wachsen, bestehen vorwiegend aus bläulich-grauem Kalkmergel, aus Verwitterungsgestein, das an einigen Stellen mit Eisen und Quarz angereichert ist.

Abseits der drei Hügelregionen hat sich der Rebstock noch in einigen Enklaven behauptet, in denen zum Teil beachtliche Weine produziert werden. Ghemme und Gattinara gehören dazu, die beiden DOCG-Gebiete im Nordosten, rund zwanzig Kilometer vom südlichen Lago Maggiore entfernt. In Gattinara, dem wichtigsten Anbaugebiet in Nord-Piemont, wächst auf neunzig Hektar ein kraftvoller, tanninreicher Rotwein, der nahezu ausschließlich aus der Rebsorte Nebbiolo (hier Spanna genannt) gekeltert wird. Wenn auch die Weine aus dieser kleinen Zone heute nur noch wenigen bekannt sind, demonstriert der Gattinara doch immer wieder, daß sein ursprünglich guter Ruf durchaus begründet gewesen ist. Auch der Ghemme, aus der gleichnamigen Gemeinde, die nur durch den kleinen Fluß Sèsia von Gattinara getrennt ist, kann sich als DOCG-Gebiet blicken lassen. Er reicht wohl nicht an das Format seines Nachbarn heran, doch überrascht der Ghemme (aus den Rebsorten Nebbiolo, Vespolina und Bonarda hergestellt) durch Eleganz und Charakter. Im Umkreis von Ghemme und Gattinara finden sich noch einige weitere kleine DOC-Gebiete, in denen ebenfalls Rotweine auf Nebbiolo (Spanna)-Basis produziert werden: Boca (zwischen dem Sèsia-Tal und dem Ortasee), Sizzano und Fara (südöstlich von Ghemme), Lessona (westlich von Gattinara) und Bramaterra (zwischen Lessona und Gattinara). In all diesen Gemeinden und Anbaugebieten hat der Weinbau eine lange Tradition; unter diesem Vorzeichen steht er den berühmten Konkurrenten im Süden nicht nach.

In diesem Zusammenhang sind auch die beiden DOC-Gemeinden Carema – an der Grenze zum Aostatal – und Caluso – zwanzig Kilometer südlich der alten Sadt Ivrea – zu nennen. In Carema wächst auf terrassierten Südwesthängen die Nebbiolo-Rebe (hier auch Picutener, Pugnet oder Spanna genannt), in Caluso die Sorte Erbaluce. Erbaluce wird zu einem trockenen, eher durchschnittlichen Weißwein verarbeitet sowie zu einem üppig-süßen, qualitativ durchaus beachtenswerten Dessertwein, dem Caluso passito. Beide Gemeinden liegen in der Nähe der Autobahn, die von Turin zum Großen St. Bernhard führt; sie gehören zum Canavese, der an Sehenswürdigkeiten und Naturschönheiten reichen kleinen Region im Norden.

Am anderen Ende, im Süden des Piemont, an der Grenze zu Ligurien, findet sich die Weißwein-Ecke Gavi. Der Wein, den vor allem die Nachbarn der Italiener im Norden schätzen, wird aus der Rebsorte Cortese gekeltert, die – bei richtiger Vinifikation – durchaus dazu fähig ist, zuverlässige (manchmal sogar gute) trockene Weine zu liefern. Der Wein, der auf kalkhaltigen Böden wächst, ist früher vorwiegend als Grundwein an die Spumante-Hersteller verkauft worden. Zur Vervollständigung des Bildes vom Weinland Piemont seien noch die folgenden Spezialitäten genannt, die sich heute aber nur noch als regionale Besonderheiten behaupten: der Ruchè di Castagnole Monferrato (ein rassiger, gut reifender, alkoholreicher Rotwein aus der gleichnamigen Rebsorte), der Malvasia di Castelnuovo Don Bosco (ein süßer, roter Wein) und der Pelaverga von Saluzzo (ein alkoholreicher, hellroter, eher leicht strukturierter Wein aus der gleichnamigen Rebsorte, die bei Verduno und La Morra, in der Barolo-Zone, angebaut wird).

Die Böden und das Klima

In Piemont herrscht kontinentales Klima. Der Winter kann sehr kalt werden (in normalen Jahren fällt Schnee bis in die Niederungen), der Sommer ist trocken und heiß (mit durchschnittlichen Höchsttemperaturen von achtundzwanzig Grad – selbst in den Hügelzonen), der Herbst ist mild. Vor allem das Wetter im September, dem für die Reife der Trauben wichtigen Monat, bietet ideale Bedingungen: die Durchschnittstemperatur beträgt achtzehn Grad, die Niederschläge halten sich in Grenzen (im Herbst sind im langfristigen Durchschnitt nicht mehr Regentage gezählt worden als im Frühjahr). Allenfalls im Oktober kann der Regen den Winzern die Ernte verderben, worunter dann meist der spät reifende Nebbiolo zu leiden hat. Deutliche Qualitätsschwankungen von Jahr zu Jahr können die Folge sein (die früher reifenden Rebsorten Dolcetto und Barbera sind dagegen für eher gleichbleibende Qualität bekannt). Aber nicht nur das günstige Klima – vereinfacht gesagt: viel Sonne, relativ wenig Niederschlag – schafft gute Voraussetzungen für den Weinbau. Es zählt auch die Beschaffenheit der Böden. Die Böden sind karg – vor allem in den wichtigen Weinbau-Hügelzonen; organische Substanzen finden sich nur wenig. Außerdem sind sie trocken, da der wasserundurchlässige Untergrund das Regenwasser nicht einsickern läßt; es fließt an der Oberfläche ab. Für den Rebstock sind diese Böden der ideale Pflanzgrund. Er muß hart um seine Existenz kämpfen, er leidet. Und wenn der Rebstock leidet, das wissen die Winzer aus langer Erfahrung in den Weinregionen der Welt, dann produziert er einen besonders guten Wein. Wer über das Wetter in Piemont redet, kommt an einem Wort nicht vorbei: „la nebbia", der Nebel. Vor allem im Herbst, in der Trüffelzeit, muß man den Nebel als feste Größe einkalkulieren. Der Nebel zieht sich zuweilen so dicht zusammen, daß es ratsam ist, das Auto stehen zu lassen. Die Sicht reicht manchmal nur zehn Meter. Doch so heftig, wie er kommt, so schnell kann er sich auch wieder verziehen. Und dann wird die majestätische Schönheit dieses Landes sichtbar: Hinter den Hügeln treten die schneebedeckten Gipfel der Alpen hervor – gestochen scharf, zum Greifen nahe. Spätestens jetzt findet das Wort seine wahre Bedeutung: Piemont – Land am Fuße der Berge. Und dazu kommt eine alte Legende: von la nebbia leite sich der Name der bedeutendsten Rebsorte des Landes ab – Nebbiolo. Denn der Nebbiolo werde erst geerntet, wenn die Nebel aus den Tälern aufsteigen.

Die Rebsorten

Die Zahl der Rebsorten, die in Piemont kultiviert werden, ist erheblich größer, als gemeinhin angenommen wird. Die meisten Sorten sind kaum bekannt, und selbst die Einheimischen sind nicht mehr in der Lage, sie alle aufzuzählen. Aber in einigen kleinen Regionen finden sich immer noch Liebhaber und Winzer, die den Unbekannten die Treue halten. Sie bringen zum Teil erstaunliche Weine hervor, was unter der Vorherrschaft der berühmten Weine übersehen wird. So sind von den etwa fünfundzwanzig Sorten, die in Piemont zu finden sind, allenfalls ein halbes Dutzend von Bedeutung; der Rest ist eine Sache für Kenner und Liebhaber.
Am häufigsten anzutreffen ist die Sorte Barbera. Sie wird allerdings nicht nur in Piemont angepflanzt, sie zählt – nach dem Sangiovese – zur zweitwichtigsten Sorte in Italien mit einer Anbaufläche von rund fünfzigtausend Hektar (selbst im Ausland ist sie zu finden, vor allem in Amerika). Woher sie stammt, ist nicht eindeutig geklärt. Die einen legen den Geburtsort in das Monferrato (Piemont), die anderen nennen das Oltrepo Pavese in der Lombardei als Heimat. In Piemont steht sie an der Spitze des Rebsortenspiegels; sie deckt hier die Hälfte der Rebfläche (wobei sie es im Monferrato sogar auf einen Anteil von sechzig Prozent bringt). In guten Jahren reicht die Barbera-Ernte für die Produktion von ungefähr zwei Millionen Hektoliter.
Den zweiten Platz in der Rebsortenstatistik behauptet der Moscato bianco, der weiße Muskateller. Diese stark aromatische Sorte beansprucht rund ein Viertel der Rebfläche in Piemont. Der Wein wird zumeist zu Asti Spumante (Schaumwein), zu Moscato naturale (einem dezent perlenden Moscato) oder zu dem edelsüßen Moscato passito verarbeitet. Der Moscato bianco wird zuweilen auch als Moscato di Canelli bezeichnet – in Anlehnung an die kleine Stadt dreißig Kilometer südlich von Asti, in der sich die Asti-Produktion konzentriert.

Dicht hinter dem Moscato bianco folgt der Dolcetto, aus dem der rote Alltagswein der Piemonteser gekeltert wird. Diese alte Rebsorte reift früh; sie liefert fruchtige, milde, violett-rote Weine. Die besten Dolcettos wachsen in Dogliani (einige Kilometer hinter Monforte), in Diano d'Alba und bei Ovada (im oberen Monferrato). Der Name „Dolcetto" sollte nicht dazu verleiten, hinter diesem Wein ein Süßling zu vermuten. Der Wein wird trocken ausgebaut, aber die kleinen Beeren sind zuckersüß und verhältnismäßig arm an Säure.
Erst hinter dem Barbera, dem Moscato und dem Dolcetto folgt in der Statistik die Edelsorte Nebbiolo mit einem Anteil an der Rebfläche von rund sieben Prozent. Der Nebbiolo, der zu Barolo und Barbaresco, zu Gattinara und Ghemme, zu Roero oder einfachem Nebbiolo DOC verarbeitet wird, reift spät (oft werden die Trauben noch im November geerntet), was häufig zu witterungsbedingten Schwierig-

Erinnerung an die Burg in La Morra

keiten führt. Denn wenn im Oktober schon der Regen einsetzen sollte, leidet die Qualität des Lesegutes beträchtlich – wie 1991 und 1992. Die Rebsorte ist zwar anspruchsvoll, aber verhältnismäßig robust (resistent gegen Krankheiten und kälteunempfindlich), sie bevorzugt magere, wasserdurchlässige Böden. Daher bringt sie auch die besten Ergebnisse auf den Kämmen der Hügel, was in den Namen der Weinbergslagen auch häufig gekennzeichnet wird – nämlich mit den Wörtern „Bricco" oder „Bric". Die Beeren des Nebbiolo sind klein und dickhäutig, der Saft ist säurereich, die Schalen enthalten viel Tannin, aber wenig Farbpigmente. Ein Barolo kann daher nie ein üppig dunkler Wein werden. Offiziell sind drei Klone dieser Sorte registiert: Lampia, Michet (vom Dialektwort „micot", kleines Brötchen) und – allerdings an Bedeutung verlierend – Rosé. Die besten Nebbiolo-Weine wachsen in der Barolo- und Barbarescozone, wenn auch zum Teil im Roero sowie in Carema, Ghemme und Gattinara ein ansprechendes Qualitätsniveau erreicht werden kann.

Zu den bekannten Weißwein-Rebsorten (für die Produktion trockener Weine) zählt der Cortese, der seit gut hundert Jahren in Piemont heimisch ist. Die Rebsorte liegt aber mit einem Rebflächenanteil von nur vier Prozent im unteren Feld der Rebsortenstatstik. Aus dieser ertragsstarken, eher neutralen, säurereichen Sorte wird unter anderem der Gavi produziert, der vor allem im Ausland seine Freunde findet. Ursprünglich war der Gavi eine Art Pflichtgetränk in den Fischrestaurants in Genua.

Auch die andere bekannte Weißwein-Rebsorte, der Arneis, bringt es nur auf bescheidenen Anteil im Rebsortenspiegel (ungefähr zwei Prozent). Die Sorte und der Wein waren vor fünfzehn Jahren fast in Vergessenheit geraten; andere Weißweine Italiens hatten an Renommee und Bekannheit gewonnen. Nur der Beharrlichkeit einiger weniger Produzenten – zum Beispiel des Weingutes Vietti in Castiglione-Falletto und des Hauses Bruno Giacosa in Neive – ist es zu verdanken, daß dem frischen, feinblumigen, jung zu trinkenden Wein ein Comeback geglückt ist. Inzwischen wächst das Interesse für den Arneis stetig – vor allem für die Produkte aus dem Roero, der ursprünglichen Heimat dieses Weins. Am Ende der Reihe liegt das Gros der Rebsorten; sie alle bringen es jeweils auf nicht mehr als ungefähr ein Prozent an der Anbaufläche. Die weißen Sorten Erbaluce und Favorita gehören dazu, die roten Freisa und Grignolino, Bracchetto und Pelaverga, Ruché und Bonarda sowie einige andere. Von der Menge her sind sie unbedeutend.

Der Barolo

Viel wird ihm angedichtet: Sein Duft erinnere an verblühte Rosen und Veilchen, an Tabak und Waldmoos, sein Geschmack an Lakritz und Teer, an Pflaumen und getrokkenete Rosinen, an Pfefferminz, Kirschen und Trüffel. Was es auch sei – in einem sind sich seine Liebhaber einig: Der Barolo ist ein ernsthafter, strenger, männlicher Wein, der Übung und Geduld erfordert, der sich nicht aufdrängt, der entdeckt werden will, der oft erst nach Jahren der Reife seine Vorzüge preisgibt. Als Wein der Philosophen preisen ihn die einen, „Wein der Könige – König der Weine" nennen ihn die anderen (mit dem Königstitel ist allerdings auch schon der Tokayer geadelt worden). Was den Wein unvergleichlich macht, ist aber nicht nur die berückende Vielfalt seiner Aromen und Düfte, es ist auch sein Reichtum an Tannin und sein warmer Alkohol. Denn die Rebsorte, aus der er gekeltert wird, der Nebbiolo, bildet viel Gerbstoff und Säure, sie produziert – sofern sie in guten Lagen angebaut wird (Süd- Südwest- und Südost-Lagen) – erstaunlich viel Mostzucker, der für einen natürlichen Alkoholgehalt von dreizehneinhalb bis vierzehn Volumenprozent gut ist. Der Wein darf zwar vor der Gärung durch Mostkonzentrat (manche nehmen, obwohl es nicht mehr erlaubt ist, auch Rübenzukker) verbessert (chaptalisiert, aufgezuckert) werden, ein guter Barolo aber – aus optimalen Lagen und in kleinen Mengen geerntet – hat diese Nachhilfe nicht nötig. Er bringt von Natur aus in reichem Maße mit, was ihn zum großen Wein macht. Warum er – obwohl aus der Rebsorte Nebbiolo gekeltert – nicht „Nebbiolo" heißt (wie der Barbera „Barbera" und der Dolcetto „Dolcetto"), hat historische Gründe. Denn als er vor mehr als hundert Jahren – in seiner heutigen Art als trockener Wein – bekannt geworden war, wurde er nach dem Ort benannt, wo der bedeutendste Produzent, die Kellerei der Marchesa di Falletti, beheimatet war: in Barolo.

Die Anbauzone für den Barolo-Nebbiolo ist in den vergangenen hundert Jahren mehrfach geändert worden. Zunächst hatte sie sich auf den Kernbereich – die Gemeinden Barolo, La Morra, Castiglione-Falletto, Monforte und Serralunga – beschränkt. 1909 kamen – auf Anordnung der Landwirtschaftskommission von Alba, die sich auf eine geographische Abgrenzung des Landwirtschaftsministeriums von 1896 stützte – einige Rebflächen in Grinzane Cavour, Novello und Verduno hinzu. Fünfundzwanzig Jahre später wurde diese Neuordnung dann auch offiziell definiert – gegen heftige Proteste der alten Kern-Gemeinden Barolo und Castiglione-Falletto. Doch auch bei dieser Abgrenzung blieb es nicht. Als der Barolo 1966 – als einer der ersten italienischen Weine – zum DOC-Wein (zum Wein mit Herkunftsschutz) aufgewertet wurde, kamen weitere Gemeinden hinzu, so daß zu den Barolo-Dörfern heute elf Gemeinden zählen: neben Barolo, Castiglione-Falletto, Monforte, La Morra und Serralunga, den Zentren der Barolo-Produktion, die Orte Diano d'Alba, Grinzane Cavour, Cherasco, Novello, Roddi und Verduno. Allerdings entfällt – von der gesamten Barolo-Anbaufläche (1164 Hektar) – auf die traditionellen Kern-Gemeinden der mit weitem Abstand größte Teil: nämlich fast 85 Prozent.

Obwohl die Anbauflächen relativ eng beieinander liegen, lassen sich in den Böden, die für die Art des Weins mitbestimmend sind, zum Teil deutliche Unterschiede erkennen. Zwei grundsätzliche Bodentypen haben die Geologen definiert, die – grob gesprochen – durch die Straße von Alba nach Barolo getrennt werden. Der Bodentyp im Westen dieser Trennungslinie (Tortoniano genannt, nach der geologischen Entwicklungsstufe Tortonium) ist durch bläulichen kalkhaltigen Mergel und einen hohen Magnesium- und Mangangehalt gekennzeichnet, die Böden im Osten der Linie (Elveziano, aus dem Helvetium stammend) durch hellere, karge Böden mit Ablagerungen von Sand- und Kalkverbindungen sowie einem höheren Eisengehalt. In der Tortonium-Zone liegen die Gemeinden La Morra und Barolo, Verduno und Novello; hier finden sich eher feine, würzige, mittelgewichtige, elegante Weine, die verhältnismäßig schnell reifen. Auf dem Helvetium-Boden dagegen wächst der kompakte, wuchtige, tannin- und alkoholreiche Barolo, der längere Zeit zur Reife braucht. Hier liegen die Gemeinden Castiglione-Falletto, Monforte und Serralunga. Im Hinblick auf die Rangfolge der Eigenschaften – von fein, elegant und geschmeidig bis wuchtig, fest strukturiert und tanninreich – lassen sich die klassischen Barolo-Dörfer wie folgt ordnen: La Morra (elegant, duftig, mittelgewichtig), Barolo (fein, gehaltvoll, finessereich), Castiglione-Falletto (kraftvoll, tieffruchtig, strukturiert: das Urbild des Barolo), Monforte (wuchtig, robust, muskulös, mit Teer- und Lakritzaromen), Serralunga (schwer, komplex, alkohol- und tanninreich, fordernd).

Die unterschiedlichen Bodeneigenschaften, zuweilen sogar innerhalb kürzester Entfernung spürbar, haben die Barolo-Produzenten in den vergangenen drei Jahrzehnten dazu verführt, aus der ursprünglich verbreiteten Assemblage-Praxis (Weine verschiedener Lagen sind zu einem bestimmten Typ verschnitten worden) auszubrechen und stattdessen lagenreine Barolos anzubieten. Forciert worden ist diese Einzellagen-Abfüllung durch die Tatsache, daß immer mehr Winzer, die früher ihre Trauben an Kellereien, Händler und Genossenschaften verkauft haben, in der jüngsten Vergangenheit dazu übergegangen sind, den Wein, wer sollte es ihnen verdenken, selbst auszubauen und abzufüllen. Das hat (da es keine offizielle Lagenklassifizierung gibt) zu einem kaum noch zu überblickenden Cru-Bezeichnungswirrwar geführt – zumal häufig auch Lagen im Dialekt genannt oder Begriffe verwendet werden, die keine historischen Crus bezeichnen, sondern allenfalls alte Flur-Namen. Zum anderen fehlen den traditionellen Kellereien und Handelshäusern, die ehemals den Handel mit dem Barolo getragen und geprägt haben, nun häufig qualitativ hochwertige Trauben und Weine für die eigene Produktion und Abfüllung. Denn was die Cru-besessenen Neuwinzer heute selbst ausbauen und abfüllen, ist ihren alten Kunden, den Abnehmern ihrer Trauben und Jungweine, verlorengegangen.

Verstärkt worden ist das erwachende Lagenbewußtsein durch einige renommierte Winzer, die in den sechziger Jahren durch die Abfüllung lagenreiner Barolos zum Vorbild für den Berufsstand geworden sind. Beppe Colla, einst Mitbesitzer des bekannten Weinhauses Prunotto gehört dazu, auch Renato Ratti, ehemals Miteigentümer der Antiche Cantine dell'Abbazia dell'Annunziata (Ratti ist 1988 gestorben). Beide haben schon in den frühen sechziger Jahren die ersten Barolos (Colla zum Beispiel 1961 die Lage Bussia in Monforte) als Cru gefüllt. Was sie nicht erwartet und sicher auch nicht gewollt haben, ist die Lagen-Inflation, die nun die Marktübersicht erschwert. Es ist durchaus glaubwürdig, wenn Colla, der immer noch als Weinbergsbesitzer, Weinberater und Weinkultureller tätig ist, jetzt dazu aufruft, sich auf die historischen Crus zu beschränken und nur noch jene Barolos als Lagenweine anzubieten, die von streng definierten, klassifizierten Parzellen stammen.

Der Mangel an einer staatlichen Lagenklassifikation hatte im übrigen Renato Ratti dazu bewogen, die Lagen in der Barolozone aufzulisten und in gute und erstklassige Crus einzuteilen. Diese Ratti-Klassifizierung wird bis heute respektiert; sie gilt immer noch als die beste Hitliste der Lagen in der Barolo-Zone. Vor allem die Gourmet- und Weinvereinigung Arcigola Slow Food, die sich um den Schutz der authentischen Küche in Piemont bemüht (die in der Langa beheimatete Vereinigung kümmert sich inzwischen um ganz Italien, sie hat auch schon im Ausland Gesinnungsgenossen gefunden), hat die Lagen-Ideen Renato Rattis aufgegriffen und 1990 in einem eigenen Weinatlas, dem „Atlante delle grandi vigne di Langa", verarbeitet.

In La Morra, der mit ungefähr 375 Hektar größten Weinbaugemeinde in der Barolozone, zählen diesem Atlas entsprechend die folgenden Lagen zu den Grandi Vigne: Brunate, Cerequio, Ca'Nere, Serra und Fossati im Süden, Rocche, Arborina, Conca dell'Annunziata, Gattera (oder Monfalletto), Bricco Rocca, Roggeri und Manzoni im Osten und Roncaglie, Bricco Chiesa und Rive im Norden. Ungefähr dreihundertfünfundsiebzig Hektar dienen in La Morra der Produktion von Barolo, knapp hundertfünfzig Hektar sind mit Dolcetto und ungefähr hundertzehn Hektar mit Barbera bepflanzt. Dazu kommen noch, wie auch in den übrigen Barolo-Gemeinden, einige Parzellen, die mit anderen, auch internationalen Rebsorten – wie Chardonnay – bestockt sind.

In der südlichen Nachbargemeinde, in Barolo, die dem berühmten Nebbiolo-Wein den Namen gegeben hat, zeichnen Ratti und die Slow-Food-Jünger die folgenden Crus als die besten Lagen aus: vor allem den Cannubi, der sich zwischen den beiden Straßen von Barolo nach Alba auf einem Hügelrücken dehnt, sowie die Cannubi – Unterzonen Cannubi San Lorenzo, Cannubi Valetta, Cannubi Muscatel und Monghisolfo (oder Cannubi Boschis), dann die Lagen San Sebastiano, Sarmassa, Bricco Viole und einige Parzellen der La Morra-Crus Brunate und Cerequio. Rund 155 Hektar sind in Barolo mit Nebbiolo für den Barolo-Barolo bestockt, dazu kommen noch (als zusätzliche Hauptsorten) 42 Hektar Dolcetto und 30 Hektar Barbera. In Castiglione-Falletto, das einige Kilometer nordöstlich von Barolo liegt, tragen unter anderem folgende Crus das Prädikat der besten Lage: Monprivato, Fiasco, Villero, Rocche, Bricco Rocche (auch Serra genannt), Bricco Boschis sowie Montanello und Parussi. Die erstklassigen Lagen finden sich auf den Hügelrücken, die sich nach Südwesten neigen. 130 Hektar sind mit Nebbiolo (für den Barolo) bepflanzt, 45 Hektar mit Dolcetto und knapp 20 Hektar mit Barbera. Hier wachsen die Weine, die manche Liebhaber als die Quintessenz des Barolo loben: Feinheit und Eleganz, gepaart mit Kraft, Fülle und tiefer Struktur.

Südlich von Castiglione-Falletto, ungefähr acht Kilometer entfernt, liegt Monforte, die Heimat des wuchtigen, muskulösen Barolo. Hier zählen zu den Grandi Vigneti die berühmte Lage Bussia mit ihren Unterzonen (nördlich der Gemein-

Castello di Barolo, ein Museum heute und eine Enothek

de) sowie der nicht minder bekannte Ginestra (östlich des Dorfes). Dazu kommen unter anderem Santo Stefano di Perno, La Villa und Munie. Gut 190 Hektar sind in Monforte mit Nebbiolo für den Barolo bepflanzt, 350 Hektar mit Dolcetto und 150 Hektar mit Barbera. Dazu kommen noch einige Hektar, wo Nebbiolo (für den Langhe Nebbiolo DOC) sowie einige einheimische und internationale Rebsorten wachsen.

Vervollständigt wird das Barolo-Spitzenquintett durch die Gemeinde Serralunga, wo die männlichen, die fordernden Barolos kultiviert werden, die manchen ungeübten Weinfreund durch das straffe Tannin- und Säurekorsett irritieren können. Auf knapp 180 Hektar wird hier Nebbiolo für den Barolo angebaut, wobei die Arcigola Slow Food hier 35 Spitzenlagen entdeckt haben will. Bekannt geworden sind vor allem die Crus Lazzarito (aus dem Hause Fontanafredda), Vigna Rionda (den Bruno Giacosa berühmt gemacht hat), Francia, Falletto sowie Marenca und Rivette, wo die Reben stehen, aus denen Angelo Gaja seit 1988 seinen Barolo Sperss produziert. Ergänzt wird die Barolo-Anbaufläche in Serralunga durch 75 Hektar Dolcetto sowie durch 30 Hektar Barbera und 35 Hektar Moscato d'Asti.

In Serralunga ist zudem eine Spezialität geboren worden, die heute allerdings nur noch wenig Bedeutung hat: der Barolo Chinato, ein Barolo-Digestif, der aber auch als Aperitif die Sinne ermuntert. Erfunden hat diesen Kräuter-Barolo der Apotheker Giuseppe Cappellano aus Serralunga, der zur Familie der Cappellanos zählt, die heute noch das Weingut gleichen Namens in Serralunga führen. Der Chinato – ein Barolo, der mit Alpenkräutern und Chinin (daher „chinato") angereichert worden war, hatte so schnell seine Kunden gefunden, daß auch andere Weinproduzenten in das Geschäft einstiegen. Theobaldo Cappellano, der heutige Besitzer der Azienda Agricola Cappellano, führt die Chinato-Traditon mit Erfolg weiter – unbeirrt von den Nachahmern.

Die Vinifikation des Barolos

Die Technik der Barolo-Herstellung hat sich in den vergangenen sechs Jahrzehnten mehrfach geändert. Bis in die dreißiger Jahre hinein ist der Wein in offenen Holzbottichen vergoren worden. Die Bottiche wurden partienweise mit Trauben gefüllt (einschließlich der Stiele und Kämme), wobei die ersten Füllungen mit Füßen getreten und angequetscht wurden. Auf die Maische wurden dann in den nächsten Tagen die restlichen Trauben geschüttet, die aber nicht zertreten wurden. Da also zunächst nur aus einem Teil der Trauben der Saft austrat, begann die Gärung stufenweise. Die Gärung setzte langsam ein – mit der Folge, daß sich die Temperatur der Maische nicht zu stark erhitzte (wozu auch die Tatsache beitrug, daß die Bottiche oben offen waren). Da die tanninhaltigen Stengel mitvergoren wurden, konnte die Fermentation schon nach zwei Wochen beendet werden. Der Wein hatte dann schon genügend Gerbstoff (und Farbe) gezogen. Nach dem Abstich wurde der Jungwein zur Reife sofort in die Eichen- oder Kastanienfässer gefüllt, wo er nicht länger als zwölf Monate lagerte. Danach wurde er in Korbflaschen (damigiane) aufbewahrt, die manchmal auf sommerlich heißen Dachböden zur schnelleren Reife abgestellt wurden. Danach wurde der Wein verkauft. Diese Methode hatte einen entscheidenden Nachteil: Der Wein war (wegen der offenen Bottiche und der Reife auf den Dachböden) häufig oxydiert; sein Geschmack war oft durch flüchtige Säure und durch Essigstich beeinträchtigt.

Aus den Nachteilen wurden dann die Konsequenzen gezogen. Ende der dreißiger, Anfang der vierziger Jahre wurden die offenen durch geschlossene Gärbottiche ersetzt, die Trauben wurden entrappt und gemahlen. Damit der Tresterhut während der langsam einsetzenden Fermentation ständig mit dem Most in Kontakt blieb, wurde er mit einem Holzgitter unter der Oberfläche der Maische gehalten (Methode cappello sommerso – mit getauchtem Tresterhut). Dreißig bis sechzig Tage dauerte diese Art der Gärung und Mazeration.

Das Castello di Monte Acuto in Monteu, im Weinbaugebiet Roero, westlich von Canale

Der Wein hatte jetzt viel Tannin und Extrakt aus den Beerenschalen (und aus den Kernen) extrahiert. Um den harten Gerbstoffgeschmack zu glätten, mußte der Wein nun vier, sechs oder acht Jahre in großen Holzfässern (mit meist 30 Hektolitern Inhalt) gelagert werden. Anschließend wurde er noch ein bis zwei Jahre in den damigiane-Glasballons verfeinert, bevor er den Kunden angeboten wurde. Trinkbar war der Wein dann noch immer nicht. Er brauchte nochmals fünf bis zehn Jahre zusätzliche Reife in der Flasche. Auch diese Methode war nicht perfekt, da die tannin-bitteren jungen Weine zuviel Zeit zur Reife brauchten, wodurch ihre Frische und Feinheit verloren ging.

In den siebziger Jahren gingen daher einige Winzer von dieser Methode wieder ab – allen voran Renato Ratti und Paolo Cordero di Montezemolo in Annunziata (La Morra), aber auch die Brüder Bruno und Marcello Ceretto in Alba. Die Gärbottiche aus Holz wurden durch moderne Stahltanks ersetzt, die Gär- und Maischezeit wurde wieder verkürzt (auf nur noch zehn bis vierzehn Tage), die cappello sommerso-Methode wurde geächtet. Stattdessen wurde der gärende Most drei bis vier Mal am Tag über den Tresterhut gepumpt – zur besseren Farb-, Extrakt- und Tanninausbeute. Nach dem Abstich ruhte der junge Wein ungefähr einen Monat in Stahltanks, wo sich der Trub absetzen konnte. Dann kam er zum Ausbau (und zur malolaktischen Gärung, zum biologischen Säureabbau) in kleinere und mittlere Holzfässer (6 bis 15 Hektoliter), wo er aber nur zwei Jahre lagerte. Ein weiteres Jahr reifte er dann noch in der Flasche; dann wurde er verkauft. Die Verfechter dieser Methode erhofften sich von der neuen Art der Vinifizierung frischere, weniger tanninlastige, aromatischere und elegantere Weine, die früher trinkbar waren.

Allerdings schloß sich nur ein Teil der Barolo-Winzer dieser Methode an, die Renato Ratti letztlich als eine Rückkehr zum bewährten traditionellen Verfahren, allerdings mit modernen Mitteln, bezeichnete. Zwei Techniken liefen also parallel. Beide, schrieb Ratti 1985, hätten ihre Gültigkeit, wenn er auch deutlich zu erkennen gab, daß er die von ihm forcierte Methode eindeutig favorisierte: „Beim ersten System ist der Gerbsäuregehalt zu hoch, der Wein wird immer darunter leiden; durch die lange Faßreife kann man zwar einen Wein mit intensivem Bukett und robustem Körper erhalten, doch es kann auch zu einer negativen Oxydation kommen. Beim zweiten System entwickelt der harmonische, ausgewogene, zeitig im Vakuum-Füller auf die Flaschen gezogene Wein ein elegantes, sehr feines Bukett, ausgewogenen Körper und Struktur von samtiger Geschmeidigkeit; er bleibt sehr lange vital."

Heute müßte der Barolo-Experte und Reformer Ratti ein neues Kapitel schreiben: ein Kapitel über die Modernisten der neunziger Jahre, die in einer extremen Verkürzung der Maischezeit – unter Verwendung ultramoderner Gärmaschinen (Rotoren) – und dem Ausbau des jungen Weins in Barriques – nach dem Vorbild der Bordelaiser und Burgunder Winzer – die einzig wahre Methode sehen (Seite 8). Ob sich die neue Schule durchsetzen wird, läßt sich noch nicht überblicken. Es ist noch nicht genügend Zeit vergangen, die Ergebnisse – vor allem in Hinblick auf die Alterungsfähigkeit der Weine – können noch nicht hinreichend beurteilt werden. Noch wird von einem Methodenstreit gesprochen, der zuweilen mit viel Temperament und Kompromißlosigkeit ausgetragen wird. Aber vielleicht nimmt das Ganze ein fruchtbares Ende, kommt es zu einer Annäherung der beiden Schulen (was zum Teil schon zu beobachten ist). Der Barolo und der Barbaresco zählen zu den ersten Weinen Italiens, denen das DOCG-Statut (kontrollierte und garantierte Ursprungsbezeichnung) zuerkannt worden ist (1980), die in die höchste Klasse der Qualitätsweine aufgenommen worden sind. Für die Zuteilung des DOCG-Prädikats haben die Weine bestimmte Voraussetzungen erfüllen müssen (Verpflichtung zur Qualität, bestimmte Rebsorten, Mengenkontrolle, Lagerzeiten), die dann auch im offiziellen Statut mit Gesetzeskraft festgeschrieben sind. Zu den wichtigsten Regeln zählt dabei die Beschränkung der Ernte, die beim Barolo nicht mehr als 80 Doppelzentner (quintali) je Hektar betragen darf (die tatsächliche Erntemenge wird jährlich von einem Konsortium bestimmt – unter Beachtung der Güte des Jahrgangs). Die Mostausbeute darf nach dem ersten Abstich nicht höher liegen als 70 Prozent (das entspricht dann 56 Hektolitern je Hektar) und nicht höher als 65 Prozent nach dem Ende der obligatorischen Reifezeit. Der Wein – auch das ist in den DOCG-Regeln festgeschrieben – muß mindesten drei Jahre reifen, davon mindestens zwei Jahre in Eichen- oder Kastanienfässern. Die Lagerzeit im Holz, die ursprünglich sogar drei Jahre betragen hat, halten die Barolo-Modernisten für übertrieben lang. Sie haben daher eine Verkürzung der Lagerzeit im Holzfaß auf ein Jahr beantragt. Nach der obligatorischen Reife (und vor dem Verkauf) muß der Wein von einer Prüfungskommission verkostet werden. Dem Barolo des neuen Jahrgangs dürfen bis zu 15 Prozent eines jüngeren Barolos beigemischt werden. Wenn der Wein in den Handel kommt, muß er folgende Merkmale aufweisen: granatrote Farbe mit orangenen Reflexen; charakteristisches Bukett, ätherisch, angenehm und intensiv; im Geschmack trocken, vollmundig, robust, herb, doch samtig und harmonisch. Der Mindestalkoholgehalt ist auf 13 Volumenprozent festgesetzt. Soll der Barolo die zusätzliche Bezeichnung „Riserva" tragen, muß eine Lagerzeit von fünf Jahren eingehalten werden (davon zwei Jahre im Holzfaß). Auch im Hinblick auf den Mindestalkoholgehalt streben einige Reformer eine Änderung an, nämlich eine Ermäßigung von 13 auf 12,5 Volumenprozent. Allerdings ist die Front hier nicht geschlossen; einige namhafte Produzenten halten den jetzigen Alkoholgehalt als Qualitätsmerkmal für zwingend geboten.

Der Barbaresco

Eng verwandt mit dem Barolo ist der Nebbiolo-Wein aus der kleinen Hügelzone östlich von Alba: der Barbaresco. Manche nennen ihn den kleinen Bruder des Barolo. Doch diese Verniedlichung ist ebenso falsch wie ungerecht. Beide Anbaugebiete haben zwar manche Gemeinsamkeiten – dieselbe Rebsorte, vergleichbares Klima, ähnliche Böden und Vinifizierungsmethoden. Doch die Weine sind selbständige Charaktere. Der Barolo ist der strenge, ernste Wein, der Geduld erfordert, der Barbaresco der feine, elegante, der charmante und früher trinkbare. Mit Qualitätsunterschieden hat das nichts zu tun; beide Weine unterscheiden sich in ihrer Art.

Trotz der ähnlichen natürlichen Gegebenheiten sind die beiden Anbauzonen jedoch nicht deckungsgleich. In der Barbaresco-Region liegen die Weinberge mit durchschnittlich 150 bis 300 Metern etwas tiefer als die bestockten Flächen im Barolo-Gebiet, die kalkhaltigen Kreide-Lehmböden sind etwas mineralischer (mit höheren Konzentrationen von Kupfer und Zink), das kontinentale Klima ist ausgeglichener und leicht milder, was dazu beiträgt, daß die Trauben ungefähr zehn bis vierzehn Tage früher reifen als in der Barolo-Zone. Die besten Weinberge finden sich – ähnlich wie in den Barolo-Dörfern – an den Süd- und Südwesthängen der Hügelketten, die oft in amphitheater-ähnlichen Mulden auslaufen. Die Art und die Güte der Weine variiert von Lage zu Lage (auch hier ähnelt der Barbaresco seinem Artverwandten), was die meisten Produzenten dazu veranlaßt hat, die besseren Weine lagenrein auszubauen und zu kennzeichnen.

Seit wann in den Hügeln von Barbaresco der Rebstock kultiviert wird, ist nicht hinreichend geklärt. Die Fachleute vermuten, daß die Römer den Anfang gemacht haben. Das älteste, noch erhaltene Dokument über den Weinbau in Barbaresco stammt von 1799. Als das österreichische Heer am 4. November die Franzosen auf der Ebene von Genola besiegt und in Bra Quartier bezogen hatte, forderte der Oberbefehlshaber der siegreichen Truppe die Bauern von Barbaresco auf, „eine Fuhre ausgezeichneten Nebbiolo ins Feld von Bra bringen zu lassen". Und gut siebzig Jahre später erscheint zum ersten Mal auf einem Etikett der Name „Barbaresco" – auf einer noch erhaltenen Flasche aus dem Jahrgang 1870. Die Neuzeit beginnt dann 1894. Domizio Cavazza, der Rektor der Königlichen Weinfachschule in Alba, keltert den ersten „modernen" Barbaresco (nach der Art Louis Oudarts, der vierzig Jahre zuvor den neuen Barolo-Typ geschaffen hatte), nennt den Wein ausdrücklich „Barbaresco" (vorher war der Wein als Nebbiolo di Barbaresco verkauft worden) und gründet in demselben Jahr eine Art Winzergenossenschaft, der sich ein Dutzend Weinbergsbesitzer des Dorfes anschließen (bis in die dreißiger Jahren des nächsten Jahrhunderts hinein bleibt die Genossenschaft am Leben). Als Cavazza 1912 stirbt, erlöschen die Aktivitäten; die Region fällt in einen handfesten Schlaf. Dennoch wird 1926 das Ursprungsgebiet des Barbaresco erstmals offiziell abgegrenzt (nach dem Vorbild Cavazzas, der schon 1898 das Gebiet definiert und die besten Lagen genannt hatte) und die Gemeinde Neive einige Jahre später (1933) in die Barbaresco-Zone einbezogen. Ein wichtiges Datum markiert die Jahreszahl 1958: die neue Winzergenossenschaft Produttori del Barbaresco wird ins Leben gerufen. Initiator der Gründung ist Don Marengo Fiorini, der Pfarrer der Gemeinde. Er will durch diesen Schritt die Abwanderung der Winzer aus der Region verhindern und die wirtschaftliche Situation der Traubenerzeuger stärken. Neunzehn Winzer schließen sich spontan der Genossenschaft an (heute sind es 63); die ersten drei Jahrgänge wurden im Keller der Kirche vinifiziert. Die Genossenschaft entwickelt sich zu einer festen Größe in der Barbaresco-Zone; die Qualitätsbestrebungen sind beispielhaft. Noch heute gelten die Produttori del Barbaresco als die beste cantina sociale Italiens. Auch im Hinblick auf die Produktion von Lagenweinen machen sie sich verdient. Schon 1967 keltern sie die ersten Crus und tragen damit – gemeinsam mit Angelo Gaja – dazu bei, den Lagen von Barbaresco internationales Renommee zu verschaffen.

Das Castello di Verduno, im französisch-spanischen Krieg zerstört, dann wieder, nach alten Zeichnungen, rekonstruiert

Ebenso wie der Barolo ist der Barbaresco ein DOCG-Wein. Das Anbaugebiet umfaßt heute rund 480 Hektar – ungefähr 40 Prozent der Barolo-Rebfläche; es erstreckt sich auf die Gemeinden Barbaresco, Neive und Treiso (Treiso ist 1966 hinzugekommen) sowie auf einige Parzellen (rund 30 Hektar) in der Gemarkung Alba. Die einzig zugelassene Rebsorte ist der Nebbiolo. Die Erntemenge ist – entsprechend der DOCG-Statuten – auf 80 Doppelzentner je Hektar beschränkt (das entspricht bei einer Mostausbeute von 70 Prozent 56 Hektoliter je Hektar), der junge Wein muß mindestens zwei Jahre gelagert werden, davon ein Jahr im Holzfaß. Der Mindestalkoholgehalt ist auf 12,5 Volumenprozent festgesetzt. Soll das Etikett das Prädikat „Riserva" tragen, verlängert sich die Lagerzeit auf fünf Jahre (davon ein Jahr im Holz), der Mindestalkoholgehalt muß 12,5 Volumenprozent erreichen. Riserva-Barbarescos werden nur in guten Jahren produziert. In der Genossenschaft sind alle Riserva-Weine grundsätzlich Lagenweine. Die Vinifizierung des Barbarescos ähnelt dem Ausbau der Weine in der Barolo-Zone. Auch hier stehen sich zwei Schulen gegenüber: die Traditionalisten, die eine längere Gär- und Maischezeit sowie die Lagerung des jungen Weins in größeren Holzfässern vorziehen, und die Modernisten, die für eine Verkürzung der Maischezeit und den Ausbau der Weine in Barriques plädieren.

Die wichtigste Gemeinde für den DOCG-Wein ist Barbaresco. Hier sind knapp 220 Hektar, also fast die Hälfte der bestockten Anbaufläche von 454 Hektar, mit Nebbiolo bestockt. Auch im Hinblick auf die Qualität der Lagen genießt Barbaresco eine Sonderstellung, wenn auch in den anderen Gemeinden einige Lagen von hohem Wert zu finden sind. Zu den besten Crus in Barbaresco zählen Asili, Montefico, Montestefano und Rabajà sowie die Weine aus den Lagen San Lorenzo, Tildin und Martinenga, die vor allem wegen des unermüdlichen Qualitätsstrebens der Besitzer (wie Gaja und Marchese di Gresy) zu Ruhm gekommmen sind. Der Barbaresco di Barbaresco glänzt durch Duft und Eleganz, durch Feinheit und Charme.

In der zweitgrößten Barbaresco-Gemeinde, in Neive, sind gut 140 Hektar mit Nebbiolo bepflanzt. Zu den besten Lagen werden im allgemeinen Gallina, Albesani und Santo Stefano gezählt. Die Weine sind robuster als die Nebbiolo-Produkte von Barbaresco; sie sind tanninreich und langlebig. Im Hinblick auf Feinheit und Eleganz reichen sie aber an den Nachbarn nicht heran. In Treiso schließlich, der jüngsten Barbaresco-Gemeinde, stehen knapp 95 Hektar Nebbiolo-Fläche unter Ertrag, wovon die Lagen Pajorè und Marcarini sicher das meiste Prestige genießen. Die Weine sind aromatisch und kräftig, sie sind durchaus elegant. Mit der Kraft des Neive und der Feinheit von Barbaresco können sich allerdings nur die Weine der besten Winzer messen. Neben dem Nebbiolo-Produkt Barbaresco hat sich Treiso auch mit dem Barbera und Dolcetto einen guten Namen gemacht. Diese Rebsorten nehmen sogar den größten Teil der Rebflächen ein: auf 170 Hektar wächst der Barbera, auf 115 wird der Dolcetto angepflanzt.

Der Barbera

Mitte der achtziger Jahre war es so weit: Der Barbera, der am meisten produzierte Wein in Piemont, hatte sein Ansehen verspielt. Die Massenproduktion und die unzureichende Pflege dieses Weins hatten dazu geführt, daß der einst als „Volkswein Piemonts" oder auch als „vino da Osteria" geschätzte Barbera in Mißkredit geraten war. Und als dann 1986 der Methanol-Skandal auch den Barbera erfaßt hatte, schien das Ende der Barbera-Tradition gekommen. Eine Katastrophe großen Ausmaßes bahnte sich an, denn immerhin war die Hälfte der Weinberge in Piemont mit dieser Rebsorte bepflanzt.

Aber die Katastrophe fand nicht statt – im Gegenteil. Aus den Image-Trümmern blühte ein neues Barbera-Zeitalter auf. Einige Unverdrossene hielten dem Wein die Treue und versuchten, ihre Kollegen und Konkurrenten davon zu überzeugen, daß die Barbera-Rebe durchaus das Potential für einen guten Wein hätte – allerdings unter Bedingungen: der Barbera müßte in guten Lagen angebaut, die Erntemengen energisch beschränkt und die Vinifizierung verbessert werden. Die guten Vorsätze hätten sicher nicht so schnell zum Erfolg geführt, wenn die Reformer nicht selbst mit gutem Beispiel vorangegangen wären. Neben den klassischen Barberas, die auch in den Zeiten des Massenwahns durchaus noch zu finden waren (bei Giovanni Conterno zum Beispiel, bei Vietti, bei Prunotto) wurden jetzt Weine auf den Markt gebracht, die man in dieser Art zuvor nicht gekannt hatte: gehaltvolle, konzentrierte, durch die malolaktische Gärung (den biologischen Säureabbau) geglättete Barberas, deren Geschmeidigkeit und feiner Duft vergessen ließen, daß dieser Wein durch seinen hohen Säuregehalt die Geschmacksnerven zuweilen strapazieren konnte.

Die Geburtsstunde der neuen Barbera-Generation fällt in den Herbst 1982. Giacomo Bologna, Winzer in Rocchetta Tanaro (Monferrato), macht zum Experiment, was er wenige Monate zuvor auf einer Studienreise in Kalifornien kennengelernt hat: Er lagert den jungen Barbera nicht mehr in den großen Holzfässern ein sondern in neuen kleinen Fässern aus französischer Eiche, in Barriques. Das Experiment glückt; es zeigt sich schnell, daß dem säurebetonten, von Natur aus eher tanninarmen Barbera der Gerbstoff aus dem neuen Eichenholz gut tut, daß er durch den Ausbau im Barrique fülliger und weicher wird. Bolognas Barrique-Barbera – er nennt ihn Bricco dell'Uccellone – findet spontan Beifall; Luigi Veronelli, der italienische Weinkritiker, und Roberto Mondavi, der kalifornische Weinproduzent, sparen nicht mit Lob. Am Modell Bricco dell'Uccellone orientieren sich immer mehr Produzenten, wobei es Bologna vor allem auch gelingt, den Protagonisten klarzumachen, daß es mit dem Ausbau des Weins im Barrique keineswegs getan ist: kompromißlose Beschränkung der Menge (Bologna drosselt die Ernten zuweilen auf fast die Hälfte der erlaubten Menge) und ein guter Standort für die Reben heißt seine Devise. Wenn der Bricco dell'Uccellone auch den Anfang einer neuen Ära markiert, sollte nicht vergessen werden, daß die Kombination Barbera-Barrique schon zuvor ins Gespräch gebracht worden war: zum einen durch Emile Peynaud, den bekannten Önologen aus Bordeaux, der schon 1970 angeregt hatte, den Barbera in den kleinen Eichenfässern auszubauen, zum anderen durch Aldo Vajra aus Barolo, der schon in den siebziger Jahren mit Barrique-Barbera experimentiert hatte (aber nicht zu seiner Zufriedenheit, so daß er dem Barrique später wieder abschwor). Es sind inzwischen viele, die als Wegbereiter der Barbera-Renaissance genannt werden müssen. Angelo Gaja gehört dazu, Aldo Conterno, Luciano Sandrone, Enrico Scavino und vor allem: Elio Altare aus La Morra, aus dem Ortsteil Annunziata. Altare befolgt konsequent, was den Barbera zum guten Barbera macht: Er hat die Barbera-Reben in guten Barolo-Lagen gepflanzt, und was er erntet, läßt sich allenfalls als homöopathisch kleine Menge bezeichnen. Sein Barbera ist so voll und konzentriert, so tief-dunkel und reich an Aromen, daß man geneigt sein könnte, ihn als eigentlich untypisch für einen Barbera zu bezeichnen. Vervollständigt wird die Riege der Neuerer, die ausnahmeslos mit Barriques arbeiten, durch Produzenten, die den Barbera zum Designer-Produkt machen: der Wein wird mit anderen Rebsorten, mit Nebbiolo zum Beispiel, oder gar mit Cabernet und Pinot Noir, zu Phantasie-Weinen verschnitten. Zu den ersten bekannten Weinen dieser Art zählen Bricco Manzoni von Valentino Migliorini und Arte von

Domenico Clerico, beide aus Monforte (seit 1994 keltert Clerico diesen Wein allerdings nur noch aus der Rebsorte Nebbiolo), zu den Kultweinen Pin von Georgio Rivetti (vom Weingut La Spinetta in Castagnole Lanze).

In welche Richtung die neue Entwicklung in den nächsten Jahren laufen wird, läßt sich noch nicht überblicken. Die einen bleiben dabei: Barbera und Barrique seien eine ideale Ehe; der Ausbau des Weins in den kleinen Eichenfässern sei die einzig wahre Technik. Andere wiederum sehen Anlaß zu ersten Warnungen: Die Barrique-Mode dürfe nicht übertrieben werden (wenn die Mahner auch zugeben, daß sich der Barbera besser für den Barrique-Ausbau eignet als zum Beispiel der Barolo). Und außerdem verdürben die Designer-Weine den typischen Charakter des Barbera. In einem sind sie sich aber einig: Ein guter Barbera kann nur gelingen, wenn der Rebstock nicht zur Massenproduktion verführt wird (wozu diese Rebe neigt), wenn die Mengen nach wie vor kleingehalten werden. Die qualitätsbewußten Produzenten bleiben daher auch meist unter den Mengen, die erlaubt sind (zugelassen sind – je nach DOC-Statut – 90 bis 110 Doppelzentner).

In fünf der acht Provinzen Piemonts wird die Barbera-Rebe kultiviert: in den Provinzen Turin, Novara, Asti, Alessandria und Cuneo. Allerdings ist diese Unterscheidung nur für die Statistiker und die Verwaltungsbeamten von Bedeutung. Die Winzer und die Weinfreunde richten sich in der Differenzierung nach den traditionellen Anbaugebieten und den DOC-Zonen. Barbera d'Alba, Barbera d'Asti und Barbera del Monferrato sind bekannte Begriffe – durchaus zu Recht, denn in diesen drei DOC-Regionen werden die besten und die meisten Barbera-Weine produziert. Über den Primus inter pares muß man nicht lange streiten: die Produzenten in der Langa, also in der DOC-Region Barbera d'Alba, dürften den anderen voraus sein, wenn auch in diesem Anbaugebiet der Barbera nicht immer in den besten Lagen steht. Diese beherrscht der Nebbiolo. Insofern steckt in den anderen beiden Zonen vermutlich noch beträchtliches Potential, dort muß der Barbera nicht die Konkurrenz anderer Rebsorten in den guten Lagen fürchten.

Allerdings ist mit diesen drei DOC-Weinen das Angebot an Barbera-Ursprungsweinen keinesfalls erschöpft. Die Zahl der DOC-Produkte ist in den vergangenen Jahren auf neun gestiegen – unter anderem durch den übergreifenden DOC-Wein Piemonte Barbera DOC 1994. Für alle DOC-Barberas gelten eigene Regeln im Hinblick auf die Erntemenge, die Lagerzeit, den Mindestalkoholgehalt und –

Castello di Novello: Auch der Rest vom Rest erinnert an große Geschichte

sofern es erlaubt ist – die Rebsortenmischung. So dürfen für den Piemonte Barbera DOC 110 Doppelzentner geerntet werden, für den Barbera d'Alba und den Barbera del Monferrato 100 und für den Barbera d'Asti DOC nur 90 Doppelzentner. Der Barbera aus dem Astigiano oder aus der Langa muß vollständig aus der Rebsorte Barbera gekeltert werden, dem Piemonte Barbera DOC dagegen kann der Winzer 15 Prozent andere Rebsorten (Grignolino zum Beispiel) beimischen (auch der Barbera del Monferrato darf eine Mischung sein: 85 bis 90 Prozent Barbera sowie 10 bis 15 Prozent Freisa, Grignolino und Dolcetto). Unterschiede bestehen auch im Hinblick auf das Prädikat Superiore. Als Superiore können die Barbera d'Alba, d'Asti und del Monferrato ausgezeichnet werden (wenn sie einen höheren Alkoholgehalt haben und länger gelagert worden sind), nicht dagegen der Barbera Piemonte.

Neben den schon genannten Weinen (Barbera d'Alba, Barbera d'Asti, Barbera del Monferrato und Piemonte Barbera) besitzen gegenwärtig noch folgende Barbera-Erzeugnisse DOC-Status: Canavese, Colli Tortonesi, Gabiano, Pinerolese Barbera und Rubino di Cantavenna. Der Colli Tortonesi wächst in den Tortoneser Hügeln, entlang des kleinen Flusses Scrivia (Provinz Alessandria); mindestens 85 Prozent des Weins müssen Barbera sein, der Rest kann sich auf die Sorten Freisa, Bonarda und Dolcetto verteilen. Der Mindestalkoholgehalt beträgt 11,5 Volumenprozent (Superiore: 12,5), die Erntemenge ist auf 90 Doppelzentner begrenzt. Auch der Gabiano aus den Gemeinden Gabiano und Moncestino (in den Hügeln zwischen dem Po und dem Monferrato Casalese) sowie der Rubino di Cantavenna (aus der Nachbarschaft von Gabiano) sind in der Regel Barbera-Mischungen. Für den Gabinao schreibt das DOC-Statut 90 bis 95 Prozent Barbera vor (5 bis 10 Prozent können Freisa und Grignolino sein), für den Rubino di Cantavenna 75 bis 90 Prozent (der Rest kann ebenfalls aus Freisa und Grignolino bestehen). Wird der Gabiano zwei Jahre gelagert und beträgt der Alkoholgehalt 12,5 statt 12 Prozent, kann er Riserva genannt werden. Die beiden Weine sind außerhalb ihrer Produktionszone kaum bekannt; 1996 sind nur 207 und 270 Hektoliter geerntet worden. Die Zahl der DOC-Barbera-Weine könnte sich bald weiter erhöhen, wenn der Antrag auf die Barbera-Unterzonen in Asti von der Behörde genehmigt werden sollte.

Der Dolcetto

Der Name hat schon manchen unkundigen Weinfreund vewirrt. Der Dolcetto ist kein lieblicher oder gar süßer Wein – wie der Wortbestandteil dolce vermuten lassen könnte. Der Wein ist vielmehr trocken, fruchtig und feinbitter, von tiefdunkler rubinroter Farbe mit violetten Reflexen. Und dennoch weist das Adjektiv dolce in die richtige Richtung: Die Dolcetto-Beeren sind zuckersüß (der Dolcetto ist auch im Säuregehalt zurückhaltend), sie eignen sich – besser als die anderen Traubensorten – gut zum Essen. Die Weinbaugemeinde Dogliani, zwanzig Kilometer südlich von Alba, die Heimat dieser Rebsorte, ist in früheren Zeiten daher auch von Besuchern regelrecht überrannt worden, wenn im Herbst die Trauben reif gewesen sind. Traubenkuren haben die Ärzte den Großstädtern verordnet – zum Entschlacken und zur Verjüngung der Körpersäfte; Dogliani war zum Fremdenkurort geworden.

So schmackhaft die Trauben auch sind und so unkompliziert der Zugang zu diesem Wein auch ist, so schwierig ist es doch, aus den Trauben einen fehlerfreien Wein zu keltern. Denn nach der Gärung können sich übelriechende Verbindungen bilden, die den Geruch und den Geschmack des Weins für immer verderben. Peinliche Sauberkeit im Keller, Temperaturkontrolle während der Fermentation (bei 20 bis 25 Grad) sowie ein früher Abstich und häufiges Lüften des Jungweins sind die Grundvoraussetzungen für das Gelingen der Produktion. Die meisten Winzer beherrschen das Metier; ihre Weine sind reintönig und sauber. Und so verwundert es nicht, daß die Piemonteser den zugänglichen, süffigen und feinfruchtigen Dolcetto zu ihrem Alltagswein erkoren haben. Der Dolcetto steht in der piemontesischen Rebsortenstatistik (Rotwein) an zweiter Stelle – hinter dem Barbera. Rund 190 000 Hektoliter sind 1996 erzeugt worden, was ungefähr 27 Millionen Flaschen jährlich entspricht.

In allen Weinbauprovinzen Piemonts (mit Ausnahme von Vercelli, Novara und Biella) wird der Dolcetto angebaut, elf Ursprungsbezeichnungen (DOC) sind inzwischen eingetragen. Den Anfang hatten 1972 die Dolcetti von Ovada und Acqui (Alto Monferrato) gemacht, dann kamen 1974 die meisten anderen hinzu: Dolcetto d'Alba, Dolcetto d'Asti, Dolcetto di Diano d'Alba, Dolcetto delle Langhe Monregalesi und Dolcetto di Dogliani. Die bisher letzten DOC-Weine sind 1994 – nach dem Inkrafttreten des neuen Weingesetzes (Nummer 164) von 1992 – geboren worden. Es handelt sich letztlich um übergreifende DOC-Gebiete: Langhe Dolcetto, Monferrato Dolcetto, Colli Tortonesi Dolcetto und Pinerolese Dolcetto. Die strengsten Produktionsvorschriften gelten für den Dolcetto delle Langhe Monregalesi; hier dürfen die Winzer nur 70 Doppelzentner Trauben je Hektar ernten. Für Acqui, Asti, Diano d'Alba, Dogliani und Ovada ist das Limit auf 80 Doppelzentner festgesetzt, für den Dolcetto d'Alba auf 90. Und für die neuen, übergreifenden DOC-Weine erlaubt das DOC-Statut 90 (Monferrato Dolcetto) und 100 Doppelzentner (Langhe Dolcetto). Der geforderte natürliche Mindestalkoholgehalt reicht von 10 Volumenprozent (Langhe Dolcetto) über 10,5 (Monferrato) und 11 (Dolcetto dell Langhe Monregalesi) bis zu 11,5 Prozent bei den anderen. Wird der Wein als Superiore ausgebaut (was in allen bekannten Dolcetto-Anbaugebieten möglich ist), wird in der Regel ein Mindestalkoholgehalt von 12,5 Prozent (beim Dolcetto delle Langhe Monregalesi nur 12) sowie eine Reifezeit von 14 Monaten gefordert.

Wo die besten Dolcetti produziert werden, wird von den Fachleuten nicht eindeutig beantwortet. Die einen halten den Dolcetto d'Alba für den besten; denn hier sei die Qualität gleichbleibend ausgewogen, die Weine seien besonders fruchtig und weich (der Dolcetto d'Alba DOC wächst in der Barolo- und Barbaresco-Zone). Andere wiederum setzen Diano d'Alba und Dogliani an die Spitze. Wegen anderer Böden seien hier die Dolcetti weicher und harmonischer. Und schließlich schwärmen einige vom Dolcetto di Ovada, was im Hinblick auf die Leistung einiger weniger Betriebe (zum Beispiel La Guardia) durchaus verständlich ist. Wie bei den großen Weinen des Piemont lassen sich auch beim Dolcetto seit einigen Jahren zwei unterschiedliche

Schulen erkennen. Die einen favorisieren den traditionellen Stil: leichtere, elegante, fruchtige, früh trinkbare Weine; die anderen versuchen, den Dolcetto aufzuwerten: die Weine sind konzentrierter und tanninhaltiger, sie brauchen zwei, drei Jahre, bis sie reif sind. Allerdings lassen sich hier die beiden Schulen weniger klar abgrenzen als im Falle des Barolos. Auch der Dolcetto der ernsteren Art bleibt letztlich der angenehme Alltagswein, dem die Piemonteser in großen Mengen zusprechen. Manchen Winzern fällt ohnehin die Entscheidung schwer; sie versuchen sich daher an den beiden Stilrichtungen.

Gattinara, Ghemme und Co.

Neben den bekannten DOC-Weinen wie Barolo, Barbaresco, Barbera und Dolcetto findet sich auf der piemontesischen Weinpalette ein gutes Dutzend rote Weine, die zu Unrecht an den Rand der Aufmerksamkeit gedrückt worden sind: allen voran die uralten Weine Gattinara, Ghemme und Carema. Die beiden Weine Gattinara und Ghemme tragen sogar seit 1991 und 1997 das DOCG-Statut; sie stehen also auf der obersten Stufe der italienischen Weine (Gattinara und Ghemme liegen nordwestlich der Provinzstadt Novara; die beiden Gemeinden sind nur durch den kleinen Fluß Sèsia getrennt). Zuweilen sind diese Weine sogar bedeutender gewesen als die heutigen Super-Piemonteser. Doch immer wieder haben Rückschläge die Weine fast vergessen lassen – wie zuletzt vor dreißig Jahren, nach einer bemerkenswerten Hausse nach dem Zweiten Weltkrieg. Mit der DOCG-Regelung und dem energischen Bemühen einiger weniger Winzer für den Wiederaufstieg scheint nun eine Phase begonnen zu haben, wo man mit Fug und Recht von einer kleinen Renaissance sprechen kann. Und da die Weine billiger sind als der Barolo und der Barbaresco, genießen sie durchaus Wettbewerbsvorteile. Der Vergleich mit dem Barolo und Barbaresco ist bewußt gewählt, denn auch der Gattinara und der Ghemme sind Weine, die aus der Nebbiolo-Rebe gekeltert werden. Für den Gattinara gelten dabei folgende verbindliche DOCG-Statuten: Der Ertrag je Hektar ist auf 75 Doppelzentner beschränkt (insgesamt sind in der Gattinara-Region nur 90 Hektar bepflanzt), wovon am Ende nicht mehr als 65 Prozent Wein produziert werden dürfen (also ungefähr 49 Hektoliter je Hektar). In guten Jahren darf die Erntemenge um 20 Prozent überschritten werden. Der natürliche Mindestalkoholgehalt muß 12 Volumenprozent betragen, der junge Wein drei Jahre gelagert werden (davon ein Jahr im Eichenholzfaß). Soll der Wein das Prädikat Riserva tragen, erhöhen sich der Mindestalkoholgehalt auf 12,5 Prozent und die Lagerzeit auf vier Jahre (davon zwei im Holzfaß). Der Wein muß nicht vollständig aus Nebbiolo hergestellt werden; 10 Prozent dürfen von den Sorten Vespolina und Bonarda di Gattinara stammen. Der Wein ist tanningeprägt und kräftig, leicht bitter und aromatisch.

Ähnlich streng sind die Regeln für den Ghemme, für den Wein aus der Gattinara-Nachbarschaft. Die Ernte ist auf 80 Doppelzentner begrenzt, woraus 70 Prozent Wein resultieren dürfen (nur 40 Hektar stehen unter Ertrag). Der Mindestalkoholgehalt liegt bei 12 Volumenprozent, die Lagerzeit beträgt drei Jahre (davon 20 Monate im Eichenfaß). Bei den Riserva-Qualitäten erhöhen sich der natürliche Mindestalkohol auf 12, 5 Prozent und die Lagerzeit auf vier Jahre (25 Monate im Holz). Die Rebsortenzusammensetzung ist großzügiger ausgelegt als beim Gattinara. Nur 75 Prozent müssen auf den Nebbiolo entfallen, der Rest kann sich auf Vespolina und Uva Rara (Bonarda di Novarese) verteilen. Der Wein ist rubin- bis granatrot, er ist weniger tanningeprägt und sanfter als der Gattinara.

Auch der Carema aus dem gleichnamigen Dorf an der Grenze zum Aostatal ist ein Nebbiolo-Wein (er wird vollständig aus dieser Rebsorte gekeltert). Der Wein, der es bisher nur zum DOC-Status gebracht hat, wächst auf den steilen, terrassierten Südwesthängen, die Rebstöcke werden nach der Tendone-Methode (Dachlauben-Hocherziehung) erzogen. Nur 60 Hektar sind bepflanzt, davon 40 Hektar für DOC-Wein. 120 Winzer teilen sich die winzige Anbaufläche – sie bearbeiten die Weinberge aber zumeist nur im Nebenberuf. Von Bedeutung am Ort ist allein die Genossenschaft sowie im benachbarten Ivrea die Domäne Ferrando. Der Ertrag je Hektar ist auf maximal 80 Doppelzentner festgesetzt, der natürliche Alkoholgehalt muß mindestens 12 Volumenprozent be-

Das Castello della Volta überragt die Weinbaugemeinde Barolo

tragen. Vier Jahre muß der Wein gelagert werden, davon zwei im Eichenfaß (eine Verkürzung der Lagerzeit ist beantragt, sie könnte noch 1998 genehmigt werden). Der Wein entwickelt während der Reife ein feines Bukett, er ist leichter als seine Artgenossen und erfreut durch voralpinen Charme.

Ebenfalls eher leichter und feiner präsentieren sich die Nebbiolo-Weine aus dem Roero, aus dem Hügelland am linken Ufer des Tanaro. Der Roero DOC (seit 1985) wird aus 95 bis 98 Prozent Nebbiolo und 2 bis 5 Prozent Arneis gekeltert. Der Hektarhöchstertrag liegt bei 80 Doppelzentnern, der Mindestalkoholgehalt bei 11 Prozent (Superiore: 12 Prozent). Der Wein muß acht Monate gelagert werden. Für den Charakter des Roero DOC sind die eher sandigen Böden verantwortlich; die Weine erfreuen durch Duft und Eleganz.

Nebbiolo-DOC-Weine finden sich auch in den Colline Novaresi, in den Coste della Sèsia, in den Langhe, und bei Alba. Von Bedeutung sind aber nur der Nebbiolo d'Alba und der Langhe Nebbiolo. Der Nebbiolo aus den Langhe, der erst 1994 zum DOC-Wein ernannt worden ist (er ist früher als Tafelwein angeboten worden), wird zumeist aus Nebbiolo-Trauben produziert, die aus Gründen der Qualität nicht zu den großen Barolos oder Barbarescos verarbeitet werden können. Das DOC-Statut schreibt einen Maximalertrag von 90 Doppelzentnern je Hektar und einen Mindestalkoholgehalt von 11 Prozent vor. Im Gegensatz zu diesem Wein steht der Nebbiolo d'Alba DOC nicht unter der Konkurrenz eines höherwertigen Weins; denn Barolos oder Barbarescos werden hier nicht erzeugt. Zum Nebbiolo d'Alba werden alle brauchbaren Nebbiolo-Trauben verarbeitet, auch die besten (er ist also vom Ansatz her qualitativ höher einzustufen als der Langhe Nebbiolo). Der Höchstertrag ist auf 90 Doppelzentner festgesetzt, der natürliche Mindestalkohol auf 12 Prozent und die Lagerzeit auf ein Jahr. Der Wein darf in mehreren Gemeinden hergestellt werden, unter anderem in Alba, Canale, Diano d'Alba, Vezza und Grinzane Cavour. Der Wein ist kraftvoll, tanninhaltig, aromatisch und ausgeglichen. (Rotweine aus anderen Rebsorten: Siehe Seite 10)

Der Moscato

Piemont ist ein Rotweinland. Gegen diese Behauptung läßt sich kaum etwas einwenden. Zu bedeutungsschwer sind der Barolo und der Barbaresco – aber auch die anderen roten Sorten: die Nebbiolo-Varianten, der Barbera und letzlich auch der charmante Dolcetto. Doch es lohnt sich auch der Blick auf die andere Seite – ins Lager der Weißen. Sie können sich mit der Statur der Roten sicherlich nicht messen, aber sie hätten es nicht verdient, unerwähnt zu bleiben: allen voran der Moscato, die Nummer Eins unter den Weißen in Piemont. In mehr als 50 Gemeinden – in den Provinzen Asti, Alessandria und Cuneo – wird diese Rebsorte kultiviert, ungefähr 9200 Hektar sind mit dieser Rebsorte bestockt; das sind rund 15 Prozent der gesamten Weinbaufläche in Piemont.

Das Castello di Monticello d'Alba, auf den sanften Hügeln vor den Toren der Stadt

Drei Produkte sind es, die aus der honigsüßen, aromareichen Muskatellertraube hergestellt werden: der Moscato d'Asti, der Asti Spumante (beide Erzeugnisse tragen seit 1993 das DOCG-Etikett) und der Moscato Passito. Während der Moscato d'Asti eher ein handwerkliches Produkt ist, zählt der Asti Spumante zu den Industrieerzeugnissen. Schon die Zahlen sprechen für sich: drei Millionen Flaschen Moscato steht die beachtliche Menge von 71 Millionen Flaschen Asti Spumante gegenüber (1997). In Canelli hat die Industrie ihr Zuhause gefunden; in dieser kleinen Stadt werden jährlich rund 95 Prozent aller Moscato-Trauben in modernen, chromblitzenden, großindustriellen Anlagen zu Asti Spumante verarbeitet. Die Hersteller kaufen die Trauben auf – bei Winzern und Genossenschaften.

Die Muskateller-Rebe ist leicht zu pflegen (es sind auch üppige Ernten erlaubt, bis zu 110 Doppelzentner je Hektar), aber die Verarbeitung zu Moscato oder Spumante erfordert viel Können und Erfahrung. Beide Produkte werden nach ähnlichen Methoden vinifiziert – der Unterschied liegt allein in der Dauer des Prozesses. Die Trauben werden im September gelesen, wenn das Verhältnis zwischen natürlichem Zucker und Säure ein ausgeglichenes Ergebnis erwarten läßt. Nach dem Pressen der Trauben wird der Most in Lagertanks (unter Luftabschluß, gekühlt, gefiltert und leicht geschwefelt) aufbewahrt. Dann kommt, wenn Bedarf am Markt besteht, der zweite Akt der Herstellung. Der Most wird in Drucktanks gepumpt und mit Hefen versetzt. Die Gärung beginnt. Wenn sich durch die Fermentation ungefähr 5,5 Volumenprozent Alkohol (und ein Druck von 1,5 bar) gebildet haben, kommt für den Produzenten die kritische Phase. Er muß jetzt prüfen, ob der verbliebene Restzucker, der Alkohol und die Säure gut zusammenspielen. Ist der richtige Punkt erreicht, wird der Most/Wein sofort gekühlt. Die Hefen arbeiten nicht mehr, die Gärung ist beendet. Der Moscato ist fertig; vor der Füllung werden die Hefen herausgefiltert. Der Moscato d'Asti präsentiert sich nun so, wie es die Tradition und das DOCG-Statut erfordern (sofern der Produzent sein Handwerk versteht): klare, strohgelbe Farbe, süß (90 bis 130 Gramm Restzucker je Liter), aromatisch und leicht perlend (nur natürliche Kohlensäure aus der Fermentation), 4,5 bis 6,5 Prozent Alkohol und höchstens 1,7 bar Kohlensäuredruck.

Der Asti Spumante wird nach der gleichen Methode hergestellt, doch wird die Hefe in ihrer Aktivität erst dann gestoppt, wenn mehr Zucker vergoren ist (der verbliebene Restzucker beträgt maximal 70 bis 90 Gramm je Liter) und wenn der Kohlensäuredruck auf 3 bar gestiegen ist. Im Gegensatz zum Moscato, der nach dem Ende der Produktion sofort verkauft werden darf, kann der Asti Spumante erst nach einem Monat Lagerzeit im Betrieb auf dem Markt angeboten werden. Er muß – so lautet zumindest die Vorschrift im DOCG-Statut – folgende Eigenschaften zeigen: strohgelbe bis zart goldgelbe Farbe, zarten Duft, aromatischen Geschmack mit delikater Süße, 7 bis 9,5 Prozent Alkohol und einen feinen, nachhaltigen Schaum. Der Asti Spumante ist nicht mit dem Spumante zu verwechseln, der nach der Methode der zweiten Gärung (im Tank oder in der Flasche) hergestellt wird, der mehr Alkohol und einen höheren Kohlensäuredruck hat. Außerdem ist der Spumante nicht süß – im Gegenteil, die besten Qualitäten sind Brut, sie sind nur mit wenig Restzucker (Dosage) geschönt.

Der Asti Spumante ist in den vergangenen Jahren kräftig ins Gerede gekommen. Billigware hat den Markt überschwemmt, die Qualität hat gelitten, die Massenproduktion hat triumphiert. Vor allem nach Deutschland haben die Produzenten Ware geliefert, die nicht einmal die Supermärkte zufriedengestellt hat. Die Folgen können in der Statistik abgelesen werden: In fünf Jahren, von 1993 bis 1997, ist der Export nach Deutschland von 36,7 auf 23,6 Millionen Flaschen gesunken – wenn auch die Deutschen mit einem Anteil von einem Drittel noch immer die Asti-Konsum-Weltmeister sind (vor Italien mit 17,5 Millionen Flaschen). Insgesamt hat sich der Asti-Absatz von 1993 bis 1997 von 84,8 auf 71 Millionen Flaschen vermindert, der Export von 65,8 auf 53,5 Millionen Flaschen.

Eine rare Spezialität ist der Moscato Passito – ein opulent-süßer und barock-aromatischer Dessertwein, der aus angetrockneten Moscato-Trauben hergestellt wird. Der Passito hat in den vergangenen Jahren viel Interesse gefunden, er schickt sich an, den berühmten anderen Dessertweinen Italiens (dem Vino Santo aus der Toskana zum Beispiel) Konkurrenz zu machen. Besonderen Ruf genießt der süße Weiße aus Loazzolo (Provinz Asti). Er wird allerdings nicht aus angetrockneten, sondern aus Trauben mit Trockenbeerenauslese-Charakter gewonnen. Dieser DOC-Wein ist vermutlich der einzige Wein Italiens, der als Vendemmia Tardiva bezeichnet werden kann.

Der Gavi

Im Gegensatz zum Moscato d'Asti und zum Asti Spumante ist der Gavi, oder genauer: der Cortese di Gavi DOC, ein trockener Wein. Der Wein ist dezent fruchtig und mittelgewichtig im Säuregehalt. Er wird aus der Rebsorte Cortese gekeltert, die im südlichen Piemont, auf mehr oder minder kalkreichen Lehmböden in den Hügeln des Monferrato, häufiger anzutreffen ist. Die Rebfläche beträgt knapp 1000 Hektar, sie verteilt sich auf elf Gemeinden, deren Mittelpunkt die unscheinbare Kleinstadt Gavi ist. Die Weinberge ziehen sich bis zu einer Höhe von 500 Metern. Sie sind zum Teil sehr alt; es wird vermutet, daß hier einer der ältesten Weinberge Piemonts liegt. Die Produktion hat – wenn man den Weinstatistikern glauben kann – 1996 ungefähr 7 Millionen Flaschen betragen. Diese Zahl ist insofern beachtlich, als der Gavi in seiner jetzigen Art ein junger Wein ist, eine Kreation der letzten fünfzig Jahre.

Ursprünglich sind die Cortese-Weine – die Rebsorte ist anspruchslos, der Wein eher ländlich und undifferenziert – als einfache, früh trinkbare Erzeugnisse ins benachbarte Ligurien geliefert worden (Genua ist nur 50 Kilometer von Gavi entfernt). Später sind sie dann von der Spumanteindustrie entdeckt worden, die den Cortese als brauchbaren – wenn auch keinesfalls edlen – Sektgrundwein entdeckt hatte. Vermutlich hätte sich an dieser Situation nicht viel geändert, wenn Ende der vierziger Jahre Vittorio Soldati, Besitzer des Weingutes La Scolca in Gavi (Ortsteil Rovereto), nicht versucht hätte, aus der Rebsorte einen brauchbaren – sprich: modernen, reduktiv ausgebauten – Weißwein zu produzieren. 1950 ist das Experiment marktreif; die Domäne La Scola liefert die erste Flasche Gavi der Neuzeit nach Turin.

Das Beispiel La Scolca macht langsam Schule; immer mehr Weingüter versuchen sich an der modernen Art der Cortese-Vinifizierung. Vor allem drängen Industrielle und Investoren aus anderen Regionen in das Gebiet, modernisieren mit großem finanziellen Aufwand Weingüter und bäuerliche Winzerbetriebe und tragen dazu bei, daß aus der einstmals unbekannten Wein- und Obstbauregion ein Weinbaugebiet mit großem Namen, daß der Cortese di Gavi auch wirtschaftlich ein Erfolg wird. Heute sind knapp mehr als 400 Betriebe als Traubenproduzenten offiziell eingetragen, rund 70 Prozent der Produktion werden ins Ausland geliefert – vor allem nach Deutschland und in die Vereinigten Staaten (am Gavi-Export halten die Deutschen allein einen Anteil von 80 Prozent). Die Domänen aus der Gemeinde Gavi profitieren hierbei im besonderen Maße von einer geduldeten, im DOC-Statut aber nicht verankerten Bezeichnung: von der Deklaration Gavi di Gavi. Den Weinfreunden im Ausland haben die geschäftstüchtigen Weinkaufleute aus dem Städtchen Gavi mit Erfolg eingeredet, daß die Bezeichnung Gavi di Gavi nur den Weinen aus der Kernzone des Gebietes und damit den besseren Cortese di Gavi vorbehalten ist. Diese Behauptung ist ein reiner Marketingtrick. Die Bezeichnung Gavi di Gavi ist im DOC-Statut nicht vorgesehen, und die deutschen Weinüberwachungsbehörden haben mehrfach versucht, diese Deklaration als Verbrauchertäuschung zu brandmarken und den Wein als nicht verkehrsfähig zu erklären. Sie sind gescheitert, haben den Etikettenschwindel aber wohl auch nicht energisch bekämpft.

Vielleicht wird sich das demnächst ändern. Denn wenn alles bis zum Ende gut läuft, wird dem Weinbaugebiet Gavi in Kürze der DOCG-Status, das höchste Qualitätswein-Prädikat zuerkannt (rückwirkend vom Jahrgang 1996 an). Und dann wird vermutlich auch der Fall Gavi di Gavi rechtlich wasserdicht gemacht; einige andere Unterzonen sollen sogar noch hinzukommen (diese Möglichkeit ist durch das neue Weinrecht von 1992 eröffnet worden). Die DOCG-Regelung wird einige wesentliche Veränderungen bringen, die der Qualität, aber auch dem modernen Weingeschmack dienen. So soll zum Beispiel der Höchstertrag je Hektar von jetzt 100 auf 95 Doppelzentner gesenkt werden (für die Unterzonen auf 85). Cortese wird nicht mehr die einzige erlaubte Rebsorte sein. Dem DOCG-Gavi können auch bis zu 15 Prozent andere (nicht aromatische) Sorten (Chardonnay vermutlich, Müller-Thurgau, Pinot Bianco und Sauvignon) beigemischt werden. Der natürliche Trauben-Mindestalkoholgehalt wird schmale 9,5 Volumenprozent betragen, der fertige Wein muß es auf 10,5 Prozent bringen. Schafft die Natur das nicht, kann der Produzent den Wein anreichern (chaptalisieren, zuckern), aber nur mit rektifiziertem Mostkonzentrat oder einem Cortese-Mostkonzentrat aus Weinbergen, die im Weinbergsregister Gavi oder Cortese di Gavi eingetragen sind. Eine bedeutsame, der Qualität dienliche Neuerung ist (bei Neuanlagen) die Pflanzdichte je Hektar. Es müssen mindestens 3300 Reben je Hektar gepflanzt werden. Da zugleich der Hektarhöchstertrag gesenkt wird, muß der Ertrag je Rebstock deutlich niedriger gehalten werden als bisher. Betrieben hat den DOCG-Aufstieg das Konsortium zum Schutz der Gavi-Weine, dessen fünfzig Mitglieder ungefähr 80 Prozent aller abgefüllten Weine dieser Provenienz vertreten.

Castello di Serralunga, eine der vorbildlich restaurierten Burgen der Langa

Der Arneis

Mit dem Marktwunder Gavi kann es der Arneis, die aus dem Roero stammende alte Rebsorte, nicht aufnehmen. Obwohl der Wein oft reintöniger, feiner und delikater ist als der Artgenosse im Süden, wird er nur von wenigen geschätzt. Früher, erinnert sich Pio Boffa, der Chef des Hauses Pio Cesare in Alba, habe der Arneis als typische Tafeltraube gegolten – ähnlich wie die Sorte Favorita; jedenfalls sei kein Mensch ernsthaft auf die Idee gekommen, aus diesen Trauben einen erwähnenswerten Wein zu keltern. Und in ihrer Heimat, in der Roero-Zone, ist die Sorte vor allem als Verschnittwein für den dunklen Nebbiolo geschätzt worden, was ihr den Namen Barolo Bianco eingetragen hat. In den siebziger Jahren schließlich ist sie als selbständiger Weißwein fast in Vergessenheit geraten. Nur zwei Winzer haben noch an ihre Existenzberechtigung geglaubt und den Wein weiter auf Flaschen gezogen: Alfredo Currado vom Hause Vietti in Casti-

Der poströmische Turm von Barbaresco, der alle Kämpfe zwischen Asti und Alba überlebt hat

glione-Falletto und Bruno Giacosa, das Weingenie von Neive. In den achtziger Jahren ist das Interesse dann plötzlich wieder erwacht; einige namhafte Barolo- und Barbaresco-Erzeuger, allen voran das Haus Ceretto, lassen sich mit dem Arneis wieder ein, geben ihm zum Teil eine neue (frischere) Geschmacksnote und preisen ihn den Weinfreunden an, die dabei sind, Piemont als Weinland zu entdekken. 1989 schafft der Wein dann sogar den Sprung in die DOC-Klasse – als Roero Arneis DOC. Anfang der neunziger Jahre schwächt sich die Nachfrage wieder ab. Die Preise sinken deutlich, es scheint, als habe die Rebsorte nur eine Scheinblüte erlebt. Inzwischen hat sich der Markt schon wieder gedreht, was vielleicht auch darauf zurückzuführen ist, daß dem bisher einzigen DOC-Arneis 1994 ein zweiter zur Seite gestellt wird: die übergreifende Appellation Langhe Arneis DOC. Auch im Ausland findet der Wein mehr Interesse, wenn er auch noch immer im Schatten des modischen Gavi steht. Die Produktion ist klein, sie liegt im Durchschnitt bei gut drei Millionen Flaschen. Die besten Qualitäten kommen aus dem Roero. Hier gelten auch etwas schärfere DOC-Regeln als für den Langhe Arneis. Die Traubenproduktion ist auf 100 Doppelzentner je Hektar begrenzt, der Wein muß acht Monate lagern. Die Erntemenge beim Langhe Arneis darf 110 Doppelzentner betragen, eine Reifezeit ist nicht vorgeschrieben.

Die Appellationen in Piemont

Die Neuzeit im italienischen Weinbau beginnt am 12. Juli 1963: Der Präsident der italienischen Republik verkündet in der „Gazzetta Ufficiale“ das Dekret 930, das die Grundlage für den heutigen Herkunftsschutz und den Beginn des konsequenten italienischen Qualitätsweinbaus markiert. Von nun an beherrschen (oberhalb der ursprünglich simplen Tafelweine) die Begriffe DOC (Denominazione di Origine Controllata) und DOCG (Denominazione di Origine Controllata e Garantita) die Qualitätsweine aus dem klassischen Land des Weins. 1966 erfüllt der erste Wein des Landes, der Vernaccia di San Gimignano, die Bedingungen für das Qualitätswein-Statut; er wird 1966 zum DOC-Wein ernannt. Und 1980 folgt die Geburtsstunde der ersten DOCG-Gewächse: Der Brunello di Montalcino und der Vino Nobile di Montepulciano werden in die höchste italienische Qualitätsklasse versetzt, ein Jahr später dann der Barolo und der Barbaresco (vier Jahre später steigt die populäre Chianti-Region in die oberste Klasse auf). Die Zahl der DOC- und DOCG-Weine wächst von Jahr zu Jahr, ungefähr 360 Weine sind mit diesen Prädikaten ausgezeichnet. 1992 folgt dann noch ein entscheidender Schritt: mit dem Gesetz 164, das den Titel „Neuregelung der Wein-Ursprungsbezeichnungen“ trägt und vor allem neuen Markterfordernissen (also wirtschaftlichen Erleichterungen) Rechnung tragen soll. Nach dem Inkrafttreten dieses Gesetzes gelten für den italienischen Wein nun vier pyramidenähnlich angeordnete Qualitätsstufen: am unteren Ende die Tafelweine, darüber die Landweine und die Weine mit der neuen Herkunftsbezeichnung Indicazione geografica tipica (Igt), dann die DOC- und schließlich die DOCG-Weine. Innerhalb der drei oberen Kategorien können kleine Unter- oder Mikrozonen anerkannt werden, für die aber strengere Produktionsbedingungen festgelegt werden.

Die Region Piemont ist in der Neuordnung des rechtlich gestützten Qualitätsweinbaus stets mit gutem Beispiel vorangegangen. Sie steht mit dem Barolo und dem Barbaresco nicht nur am Anfang der geschützten Herkunftsweine; sie liegt mit 43 DOC- und DOCG-Nennungen inzwischen an der Spitze aller italienischen Weinbauregionen. Und noch etwas hebt Piemont von den übrigen italienischen Weinbaugebieten ab: Sie ist – zusammen mit der benachbarten Region im Norden, mit dem Aosta-Tal – das einzige italienische Weinbauland, das bisher auf die Kompromiß-Ursprungsbezeichnung Indicazione geografica tipica (Itg), die durch das Weingesetz von 1992 eingeführt wurde, verzichtet hat.

In der folgenden Übersicht sind alle DOCG- und DOC-Weine der Region Piemont aufgezählt (Stand: Ende Juni 1998).

Die DOCG-Weine des Piemont

Asti (1993; 1969: DOC)
Barbaresco (1981; 1966: DOC)
Barolo (1981; 1966: DOC)
Brachetto d'Acqui (1996; 1969: DOC)
Gattinara (1991; 1967: DOC)
Ghemme (1997; 1969: DOC)
Gavi (beantragt; 1974: DOC)

Die DOC-Weine des Piemont

Albugnano (1997)
· Albugnano (Rosso)
· Albugnano Rosato
· Albugnano Superiore
Barbera d'Alba (1970)
Barbera d'Asti (1970)
Barbera del Monferrato (1970)
Boca (1969)
Bramaterra (1979)
Canavese (1996; Bianco, Rosso, Rosato)
Canavese Nebbiolo
Canavese Barbera
Carema (1967)
Colline Novaresi (1994; Rosso)
· Colline Novaresi Nebbiolo (oder Spanna)
· Colline Novaresi Uva rara (oder Bonarda)
· Colline Novaresi Barbera
· Colline Novaresi Vespolina
· Colline Novaresi Croatina
· Colline Novaresi Bianco
Colline Saluzzesi (1996; Rosso)
· Colline Saluzzesi Pelaverga
· Colline Saluzzesi Quagliano
· Colline Saluzzesi Quagliano Spumante
Colli Tortonesi (1973)
· Colli Tortonesi Barbera
· Colli Tortonesi Barbera Superiore
· Colli Tortonesi Dolcetto
· Colli Tortonesi Dolcetto Novello
· Colli Tortonesi Cortese
· Colli Tortonesi Cortese Frizzante
· Colli Tortonesi Cortese Spumante
· Colli Tortonesi Bianco
· Colli Tortonesi Rosso
· Colli Tortonesi Rosso Novello
· Colli Tortonesi Chiaretto
Cortese dell'Alto Monferrato (1979; Bianco)
· Cortese dell'Alto Monferrato Frizzante
· Cortese dell'Alto Monferrato Spumante
Coste della Sèsia (1996; Rosso, Rosso Novello, Rosato, Bianco)
· Coste della Sèsia Nebbiolo (oder Spanna)
· Coste della Sèsia Uva rara (oder Bonarda)
· Coste della Sèsia Croatina
· Coste della Sèsia Vespolina
Dolcetto d'Acqui (1972)
Dolcetto d'Alba (1974)
Dolcetto d'Asti (1974)
Dolcetto delle Langhe Monregalesi (1974)
Dolcetto di Diano d'Alba (1974)
Dolcetto di Dogliani (1974)
Dolcetto di Ovada (1972)
Erbaluce di Caluso oder Caluso (1967)
· Erbaluce di Caluso Spumante
· Caluso Passito

· Caluso Passito Liquoroso
Fara (1969)
Freisa d'Asti (1972)
· Freisa d'Asti Frizzante
· Freisa d'Asti Spumante
Freisa di Chieri (1974; Secco und Amabile)
· Freisa di Chieri Frizzante
· Freisa di Chieri Spumante
Gabiano (1984)
Gavi, Cortese di Gavi (1974; Antrag auf DOCG ist gestellt)
· Gavi Frizzante
· Gavi Spumante
Grignolino d'Asti (1973)
Grignolino del Monferrato Casalese (1974)
Langhe (1994; Rosso und Bianco)
· Langhe Nebbiolo
· Langhe Dolcetto
· Langhe Freisa
· Langhe Arneis
· Langhe Favorita
· Langhe Chardonnay
Lessona (1977)
Loazzolo (1992)
· Loazzolo vendemmia tardiva
Malvasia di Casorzo d'Asti (1968)
· Malvasia di Casorzo Spumante
· Malvasia di Casorzo Passito
Malvasia di Castelnuovo Don Bosco (1974)
· Malvasia di Castelnuovo Don Bosco Spumante
Monferrato (1994; Rosso, Rosso Novello und Bianco)
· Monferrato Freisa (auch Novello)
· Monferrato Dolcetto (auch Novello)
· Monferrato Chiaretto (oder Ciaret)
· Monferrato Casalese Nebbiolo d'Alba (1970)
Piemonte (1994; Spumante)
· Piemonte Pinot Bianco oder Pinot (Spumante)
· Piemonte Pinot Grigio oder Pinot (Spumante)
· Piemonte Pinot Nero oder Pinot (Spumante)
· Piemonte Pinot Chardonnay (Spumante)
· Piemonte Barbera (auch Novello)
· Piemonte Gignolino (auch Novello)
· Piemonte Brachetto (auch Novello)
· Piemonte Cortese
· Piemonte Chardonnay
· Piemonte Bonarda (auch Novello)
· Piemonte Moscato
· Piemonte Moscato Passito
Pinerolese (1996; Rosso und Rosato)
· Pinerolese Barbera
· Pinerolese Bonarda
· Pinerolese Freisa
· Pinerolese Dolcetto
· Pinerolese Doux d'Henry
· Pinerolese Ramiè
Roero (1985; Rosso)
· Roero Arneis
· Roero Arneis Spumante
Rubino di Cantavenna (1970)
Ruchè di Castagnole Monferrato (1988)
Sizzano (1969)
Valsusa (1997)
Verduno oder Verduno Pelaverga (1995)
Quelle: Italienisches Institut für Außenhandel, Düsseldorf

Die Weinjahrgänge

Barolo und Barbaresco
1997 .... sehr gut bis überragend
1996 .... sehr gut bis überragend
1995 .... sehr gut
1994 .... klein
1993 .... mittelmäßig
1992 .... schlecht
1991 .... mittelmäßig
1990 .... überragend
1989 .... sehr gut bis überragend
1988 .... sehr gut
1987 .... klein
1986 .... mittelmäßig bis gut
1985 .... sehr gut
1984 .... schlecht
1983 .... gut
1982 .... sehr gut bis überragend
1981 .... klein bis mittelmäßig
1980 .... gut
1979 .... gut bis sehr gut
1978 .... sehr gut bis überragend
1977 .... schlecht
1976 .... klein
1975 .... klein
1974 .... gut bis sehr gut
1973 .... klein
1972 .... schlecht
1971 .... überragend

Barbera
1997 .... sehr gut bis überragend
1996 .... sehr gut
1995 .... sehr gut
1994 .... mittelmäßig
1993 .... mittelmäßig
1992 .... schlecht
1991 .... klein
1990 .... sehr gut
1989 .... sehr gut
1988 .... klein bis mittelmäßig
1987 .... klein
1986 .... klein
1985 .... sehr gut
1984 .... klein
1983 .... gut
1982 .... sehr gut
1981 .... mittelmäßig bis gut
1980 .... mittelmäßig bis gut

Gattinara und Ghemme
1997 .... sehr gut bis überragend
1996 .... sehr gut
1995 .... gut
1994 .... schlecht bis klein
1993 .... klein bis mittelmäßig
1992 .... schlecht
1991 .... klein
1990 .... überragend
1989 .... überragend
1988 .... sehr gut
1987 .... klein bis mittelmäßig
1986 .... gut
1985 .... sehr gut
1984 .... schlecht bis klein
1983 .... klein bis mittelmäßig
1982 .... sehr gut
1981 .... mittelmäßig bis gut
1980 .... klein

Castello di Grinzane Cavour, gut restauriert, Domizil einer reichhaltigen Enothek

Wein und Küche sind ein gutes Paar. Sie ergänzen einander und steigern sich gegenseitig in ihrer kulinarischen Wirkung. In Piemont ist dieser Bund besonders fest geschlossen; Wein und Küche sind untrennbar miteinander verbunden. Das hat sich herumgesprochen. Immer mehr Weinfreunde – vor allem aus dem nördlichen Europa – ziehen in Scharen nach Piemont, vor allem in die Langa, um sich an den Künsten der Winzer und Köche zu laben.

Die Küche des Piemont

Alle erfreuen sich an einer Küche, die ihren bäuerlichen Ursprung nicht leugnet, die selbst in ihren feinsten Ausformungen noch an das Bodenständig-Regionale erinnert. Die Produkte des Landes bilden die Grundlage. Was in der Region nicht kultiviert wird, scheidet als Grundstoff meist aus. Und so ist es auch nicht verwunderlich, daß sich mancher Küchenchef weigert, Fischgerichte anzubieten, wenn die Fische nicht aus heimatlichen Gewässern stammen. Trotz der Nähe zur bäuerlichen Einfachheit ist das Angebot an Köstlichkeiten beachtlich. Da duftet die Bagna cauda – ein kräftiger, heißer Sud (aus der piemontesischen Trias Öl, Knoblauch und Sardellen zubereitet), in den frische, knackige Gemüse (Paprika, Karotten, Fenchel, Staudensellerie, Topinambur, Blumenkohl) getaucht und dann mit einem Stück Brot gegessen werden. Da lockt der Fritto misto, eine üppige Folge von Speisen, die – leicht paniert – in siedend heißem, nach jedem Gang erneuertem Öl gegart werden (Lammkoteletts und Kalbsbries,

Wo früher das bedeutende Schloß von Diano d'Alba gestanden hat, haben die Savoyer zwischen 1763 und 1770 die Kirche Giovanni Battista errichtet

Leber und Hirn, Frösche und Wachteln, Artischocken und Blumenkohl, Pfirsiche, Äpfel und Birnen). Da wird die Finanziera serviert – ein Eintopf aus Innereien, der aus Kalbshirn, Kalbshoden, Bries, Hühner- und Schweineleber, Hahnenkämmen, Tatar vom Kalb und Steinpilzen zubereitet wird. Und da zieht in großen Töpfen der Brasato – ein viele Stunden lang in Barolo, Barbaresco, Dolcetto oder auch Arneis geschmortes Kalbs- oder Ochsenstück.

Leider wird der Kreis der Restaurants immer kleiner, der diese urtypischen piemontesischen Gerichte auf die Karte nimmt – mit Ausnahme des Brasato, den jede Trattoria als Pflichtprogramm führt. Die schmackhafte Bagna caoda oder die raffinierte Finanziera kann man nur finden, wenn man die Osterie-Führer aufmerksam studiert und die Einheimischen befragt. Die neueren piemontesischen Kochbücher und die meisten Speisekarten jedenfalls sind überwiegend mit Rezepten und Gerichten gespickt, die weniger exotisch anmuten und die der eigentliche Grund für die Gourmet-Trips nach Piemont sind. Großes Gewicht legen die Piemonteser auf ihre Vorspeisen, auf die kalten wie die warmen. Zwar haben sich inzwischen viele Restaurants und Gasthäuser auf das Fassungsvermögen ihrer ausländischen Gäste eingestellt und die Zahl der Vorspeisen gekürzt, doch kann der Gourmand noch immer genügend Adressen finden, wo sechs bis acht Vorspeisen zum normalen Menü gehören. Einige Gerichte wurzeln so fest in der Tradition, daß sie auf nahezu jeder Speisekarte zu finden sind. Carne cruda all'Albese zum Beispiel zählt dazu – rohes, mit der Hand fein gehacktes Kalb- oder Rindfleisch, das in vielfältigen Variationen angeboten wird: mit Salz, Pfeffer und Olivenöl, oft auch noch mit Knoblauch und Zitrone, mit Stangensellerie, Muskatnuß und gehobeltem Parmesan. Das Fleisch stammt von der weißen Albeser-Rasse (die Kälber werden länger gemästet als in Deutschland; das Fleisch ist daher eher rosa als weiß). Das Fleisch darf, wenn es zu Carne cruda verarbeitet wird, auf keinen Fall durch den Fleischwolf gedreht oder gar im Mixer zerkleinert, es muß – damit die Fasern und die appetitliche Struktur erhalten bleiben – immer mit einem scharfen Messer gehackt werden. Auch Vitello tonnato, dünne Kalbfleischscheiben mit Thunfischsauce, zählt zu den Leibspeisen der Piemonteser, ebenso Acciughe al verde – Sardellen in Kräutersauce (mit Petersilie, Basilikum, Knoblauch, Weinessig, Olivenöl und gehacktem Eigelb) – sowie Gemüseflans verschiedener Arten und geröstete, enthäutete Paprikaschoten mit Thunfischsauce.

Der zweite Durchgang (die Primi) wird von Nudelgerichten und Suppen beherrscht. Vor allem die goldgelben, schmalen Tagliatelle (in Piemont Tajarin genannt) haben es den Köchinnen und Köchen angetan. Diese hausgemachten Nudeln – auf ein Kilogramm Mehl kommen manchmal vierundzwanzig Eigelb, vier Eiweiß und zwei Eßlöffel Olivenöl – werden mit verschiedenen Saucen serviert, wobei die Tajarin al sugo di fegato (Tagliatelle mit Hühnerleber-Sauce) die typisch-traditionelle Variante ist. Aber es gibt sie auch mit Fleisch- oder frischer Tomatensauce (mit Basilikum) oder in Butter mit Salbei oder Butter mit Rosmarin geschwenkt. Selten fehlen auf den Speiseplänen auch die Agnellotti – kleine Ravioli, gefüllt mit allerlei Arten von Fleisch oder Gemüse – sowie die Gnocchi (meist mit Tomaten und Basilikum oder mit Käsefondue), die Minestre (allerlei Suppen, zum Beispiel mit Kichererbsen und Kutteln oder mit Gemüse) und die Risotti.

Wer auf die alte Weisheit vertraut, der Appetit komme beim Essen, wird trotz des bisher Gebotenen dann auch nicht vor den Secondi, den Hauptgerichten, kapitulieren. Wenn auch einige Gerichte – wie einem strengen Gesetz folgend – in nahezu allen Restaurants aufgetischt werden (wie der Rinderschmorbraten Brasato al Barolo oder der Kalbsbraten Arrosto di Vitello), ist das Angebot doch breitgefächert – mit Ausnahme der Fischgerichte, da muß man sich meist mit Forelle und Aal begnügen. Kaninchen und Huhn werden – der Tradition folgend – in vielen schmackhaften Variationen geboten, wobei Coniglio all'Arneis (Kaninchen in Arneis-Weißwein) und Faraona al rosmarino (Perlhuhn mit Rosmarin) besonderer Erwähnung wert sind. Dazu kommen die würzigen Capretti arrosti con carciofi (junge Ziegen mit Artischocken) und Cinghiale al civet (gebeizter Wildschweinbraten), der Bollito misto (verschiedene, gekochte Fleischsorten mit Gemüse) und – zumindest in einigen Häusern – Lumache fritte (frittierte Schnekken mit Kräutersauce). Vor allem in Cherasco, der kunstsinnigen und geschichtsträchtigen Kleinstadt am Rande des Barolo-Gebietes, die vor zwei Jahren den Waffenstillstand mit Napoleon 1796 gefeiert hat (Napoleon soll Cherasco den schönsten Ort Italiens genannt haben), zählen Lumache zum Pflichtgericht. Denn diese Stadt ist ein Zentrum der italienischen Schnekkenzucht.

Abgerundet wird das Gelage mit den regionaltypischen Bergkäsen Castelmagno (das ist der feinste von Piemont) und Robiola, mit Gorgonzola und Raschera. Die Dolce, die Desserts, werden durch eine weitere Spezialität des Landes gekrönt: durch die Haselnüsse, die Nocciole delle Langhe, die in den höheren Lagen der Langa wachsen, der Region südlich von Alba. Die Nüsse werden nicht nur von den Bäckereien und Restaurants zu allerlei Köstlichkeiten verarbeitet (zum Beispiel Torta di nocciole und Torta di nocciole e cioccolato), sondern auch von den Confiseurs und der Süßwarenindustrie: zu Gebäck und Pralinen und vor allem zu dem verführerisch süßen Torrone – einer alten Spezialität, die aus Haselnüssen, Honig, Zucker, Glukosesirup, Eiweiß (oder Gelatine) hergestellt wird. Überstrahlt wird das alles aber von tuber magnatum pico, von der weißen Trüffel. Weiße Trüffeln wachsen zwar auch in anderen Regionen Italiens (und des ehemaligen Jugoslawien), aber die Feinschmecker sind sich einig: Die besten kommen aus Alba. Die sündhaft teure Knolle, die äußerlich einer häßlichen, warzigen Kartoffel ähnelt, entwickelt sich – in einer Tiefe von zehn bis zwanzig Zentimetern – als Schlauchpilz zwischen den Wurzeln der Waldbäume, mit denen sie in einer Gemeinschaft lebt. Eichen und Pappeln müssen es sein, Weiden und Birken. Die Fundplätze hüten die Trüffelsucher, die Trifolau, als strenges Geheimnis; sie schleichen meist im Dunkeln mit ihren Trüffelhunden in die engen, feuchten Waldschluchten. Was den Reiz der Trüffel ausmacht, weiß eigentlich keiner so richtig zu sagen – nicht einmal erfahrene Gourmets. Der Duft, den die Knolle verströmt, erinnert viele eher an üblen Dunst denn an Wohlgerüche (an wilden Knoblauch, an Schweiß). Aber wer einmal von der fein marmorierten Knolle genascht hat, wer sich von ihren schwülen Düften betäuben läßt, ist ihr verfallen. Und vielleicht steckt auch ein Körnchen Wahrheit in der Behauptung, tuber magnatum pico wecke den Sexualtrieb. Jean Anthelme Brillat-Savarin, der französische Gourmetkünstler (1755 bis 1826), hat an die erregende Wirkung jedenfalls geglaubt: Die Trüffel mache die Frauen schwach und die Männer stark. Wer sich auf das Abenteuer mit der weißen Trüffel einlassen will, braucht niemanden nach dem Weg zu fragen. Er muß sich nur auf seine eigene Nase verlassen. Denn wo sie in hauchdünnen Scheiben über Tajarin und Carne cruda, über Fonduta (Käsefondue mit Maismehl) oder Uovo al tegamino (Spiegelei) gehobelt wird, läßt sich schon hinter der nächsten Straßenecke erschnüffeln.

Die hohen Preise, die für die weiße Trüffel auf den Märkten in Piemont gezahlt werden (zwei- bis dreitausend Mark je Kilo) reizen gerissene Kaufleute Jahr für Jahr zu Betrügereien. Sie drehen den Feinschmeckern Trüffeln aus Mittelitalien oder Istrien als weiße Trüffeln aus Piemont an. Die fremde Ware wird in die Märkte zu niedrigen Preisen eingeschleust und dann teuer als „echte" Tartufi d'Alba angeboten: Die Trüffelsucher und die einheimischen Gourmets gehen davon aus, daß der weitaus größte Teil der Alba-Trüffel nicht aus Piemont stammt.

Es zählt zu den Besonderheiten des Piemont, daß es häufig die Frauen sind, die mit den Kochkünsten glänzen. Das gilt keinesfalls nur für die heimische Küche; hier dominieren ohnehin die Mütter und die Töchter. Das zeigt sich sehr oft auch in der Gastronomie. Woran sich die Gäste laben, ist oft das Werk begabter und ehrgeiziger Köchinnen. Das gern zitierte Beispiel ist „La Contea" in Neive. Der Herr des Hauses, Tonino Verro, darf zwar die Gäste empfangen und betreuen, was er mit fast operettenhaftem Charme perfekt beherrscht, und er sorgt mit inszenierter Aufmerksamkeit dafür, daß sein Bedienungspersonal, das in weißen Handschuhen serviert, einen Hauch der großen Welt in die dörfliche Idylle bringt. Doch in der Küche waltet Claudia, die Ehefrau. Ob Perlhuhn oder Fasan, ob Kalbsfilet mit Haselnüssen oder Rosmarin, ob Nudelteigtaschen mit Käsefüllung oder Lamm mit Würzkräutern – alles verrät gutes Handwerk.

Auch im „Gener Neuv" bei Asti, einem hochgeschätzten, erstklassigen Betrieb, ist der Koch eine Köchin: Giuseppina Bagliari (Piero Fassi, der Ehemann, kümmert sich um die Gäste und den Wein). Ebenso „da Guido" in Costigliole d'Asti, wo Lidia Alciati hingegeben kocht und ihr Ehemann Guido bis zu seinem Tod den Service überwachte. Frauenherrschaft auch in „Il Centro" in Priocca, das vor allem von den Einheimischen besucht wird (Elide Cordero steht am Herd, Enrico berät); oder im „Vicoletto" in Alba, einer feinen Adresse in der Altstadt (Inhaberin Ilvia Bonino kocht, Mitinhaber Bruno Boggione betreut die Gäste); oder im „Ristorante al Rododendro" in Boves (am Herd steht die Inhaberin Mary Barale, im Restaurant Tochter Verena del Marco), oder im „Castello di San Giorgio" in San Giorgio Monferrato, wo Luisella Grossi in der Küche regiert, oder im „Belvedere" in La Morra, dem von Fremden wie von Einheimischen gleichermaßen gerühmten Restaurant, wo Maria Vittoria Bovio mit stets gleichbleibend guter Qualität die Gäste verwöhnt.

Die weibliche Machtfülle am Herd sollte aber nicht zu dem Schluß verführen, die Männer rührten nicht erfolgreich mit. An der Spitze der Kochkunst-Pyramide thront auch so mancher Koch. Cesare Giaccone zählt zu ihnen – ein ebenso bewunderter wie kritisierter Autodidakt, der in seinem Restaurant „Dei Cacciatori" in Albaretto della Torre Genialisches mit Tradition zu vereinigen sucht. Cesare, wie er kurz genannt wird, hat mit seinen Kreationen (Steinpilze mit Pfirsichen, gefüllte Zwiebeln mit Béchamelsauce, gratinierter Spargel mit Thymian und Rosenblättern, Filet auf dem heißen Stein, Zickleinkotelettes mit Trüffeln und Käse gefüllt, Grappa-Kartoffeln) schon so manchen Feinschmecker in Verzückung versetzt. Er gibt zuweilen aber auch Anlaß zu Unmut – was seinem Ruf aber nie geschadet hat. Die Gourmets zieht es immer wieder zu ihm hin.

Eine feste Institution in Piemont ist Giorgio Rocca in Monforte. Wann immer nach den Königen in den Langhe gefragt wird, fällt sein Name. Ihm ist es zum guten Teil zu verdanken, daß die Gourmets heute scharenweise in die Barolo-Region ziehen. Vor allem den Fremden, Feinschmeckern aus dem Ausland, hat er mit seiner feinen und phantasievollen Küche das Herz für die piemontesische Kochkunst geöffnet, wovon auch die Winzer der Region kräftig profitieren. Seine Vorspeisen und seine Primi, vor allem seine Tajarin und Ravioli, werden ebenso gepriesen wie seine Fonduta, sein geschmortes Coniglio alle erbe und sein Filetto di maiale al latte (Schweinefilet in Milch gedünstet, mit Rosmarin).

Kaum einer kann es an Beständigkeit mit ihm aufnehmen. Und wer bei ihm logiert und sich mehrere Tage an seinen Tisch setzt, wird mit Verwunderung und Freude feststellen, daß sich kaum einmal ein Gang wiederholt. Viele Köche – selbst Japaner – ziehen zu ihm, um zu erfahren, was die Küche des Landes zur Kunst macht. Auch die Einheimischen schätzen den Star, wenn sie auch zuweilen zugeben, daß Giorgio seinen eigenen Kopf hat. Doch Rosina Rocca, seine Ehefrau, sorgt mit wohltuender, natürlicher Liebenswürdigkeit dafür, daß Ruhe und Harmonie die Szene im „Felicin" beherrschen. Nino, der Sohn, der den Weinkeller des Hauses zu einer Fundgrube ausgebaut hat, fügt sich in das Werk seines Vaters, der auf dem kleinen Kragen seiner weißen Servierrobe fast verschämt den gestickten Hinweis „Chef" trägt.

AM FUSSE DER ALPEN

**Cantina dei Produttori Nebbiolo, Carema.
Besitzer: Genossenschaft
Präsident: Luciano Clerin; Kellerwirtschaft: Sardo Muggianu**

Der Weinbau ist alt in Carema; schon die Römer haben hier den Rebstock kultiviert. Und es ist mühsam. Mit viel Geduld und Kraft haben die Bauern den steilen Geröllhängen Standorte für die Reben abgerungen, die zum großen Teil in Terrassenform angelegt sind. Größere zuammenhängende Anbauflächen sind die Ausnahme. Die meisten Rebstöcke stehen auf winzigen Parzellen, die im Durchschnitt nur fünf Quadratmeter groß sind. Auch in der Reberziehung fällt die voralpine Region aus dem Rahmen des gewohnten Bildes in Piemont. Der Rebstöcke werden nach dem Tendone-System erzogen (Dachlauben-Hocherziehung), das eher für andere Regionen Italiens charakteristisch ist. Der Weinstock rankt an knapp zwei Meter hohen Pfählen, das Laub und die Trauben bilden sich an darüber befestigten Querbalken und Drähten (die Dachlauben-Hocherziehung fördert die Ertragsbildung). Carema zählt zu den kleinen Weinbaugebieten Italiens. Nur sechzig Hektar sind bestockt. Ungefähr hundertzwanzig Familien halten noch am Weinbau fest; auf jeden Weinbauern entfällt rein rechnerisch nur ein Drittel Hektar. Weinbau ist Nebenerwerbssache – mit Ausnahme für die örtliche Genossenschaft, die 1970 auf Initiative des damaligen Bürgermeister Arturo Perrono gegründet worden ist, eines Mitstreiters der Communità-Bewegung für mehr Autonomie. Fünfunddreißig Genossen mit einer Anbaufläche von dreizehn Hektar sind der Cantina dei Produttori Nebbiolo heute angeschlossen; sie liefern die Trauben, die in der Genossenschaftskellerei verarbeitet werden. Der wichtigste Wein, den die Cantina produziert, ist der Carema DOC – ein beachtenswerter Nebbiolo-Rotwein, der mit seiner duftig-feinen, äußerst angenehmen Art mehr Beachtung verdient, als ihm zuteil wird. Der Wein wird ohne Stengel vergoren (bei fünfundzwanzig bis achtundzwanzig Grad), die Maischezeit beträgt – von Beginn der Fermentation an – ungefähr zehn Tage. Vier Jahre wird der Wein dann gelagert, davon zwei Jahre in Holzfässern. In drei Versionen bietet die Genossenschaft den Carema an: als Etichetta Nera (das ist die klassische Art), als Etichetta Bianca (das ist eine Art Riserva mit strengerer Traubenauswahl) und als Barricato (dieser Wein wird in neuen und gebrauchten Barriques ausgebaut). Die Genossenschaft ist der wichtigste Abfüller für den Carema DOC; sie bringt es bei diesem Wein auf vierzig- bis sechzigtausend Flaschen und auf einen Marktanteil von neunzig Prozent. Ergänzt wird das Angebot durch einen Canavese Rosso DOC, der aus Nebbiolo und Vernassa (Vernaccia) hergestellt wird, sowie durch Tafelweine (rot, weiß und rosé), die unter dem Namen „Tournet“ verkauft werden (zum Teil auch als lose Ware). Besonders erwähnenswert ist der weiße Tafelwein. Er trägt Raritätencharakter, denn er wird aus der roten Nebbiolo-Traube (weiß) gekeltert. Der Wein, der bei verhältnismäßig hohen Temperaturen (fünfundzwanzig bis achtundzwanzig Grad) vergoren wird, ist kräftig, lang und säurebetont (ohne aggressiv zu wirken). Der weiße Tournet ist schon im jugendlichen Alter gut trinkbar, wenn er auch durchaus zwei Jahre ohne Verlust an Frische übersteht. Der Carema DOC dagegen, der rote Nebbiolo, dürfte sein richtiges Alter erst nach sechs bis acht Jahren erreichen (der Jahrgang 1997 dürfte allerdings früher trinkfertig sein). Insgesamt bietet die Cantina hunderttausend Flaschen jährlich an.

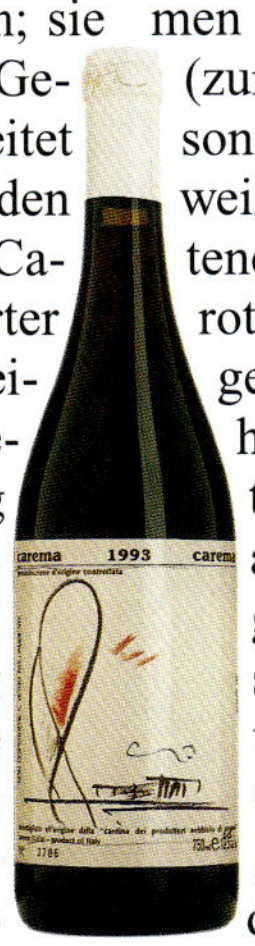

Vier Jahre wird der junge Wein gelagert, davon zwei Jahre in Holzfässern

Seite 28
Die Rebstöcke werden in Carema nach dem Tendone-System erzogen (Dachlauben-Hocherziehung)

In der Altstadt
von Ivrea hat
das Weinhaus Luigi
Ferrando &
Figli sein Domizil
genommen

IN DER ALTEN STADT

Das Ergebnis war verblüffend. Keiner wollte glauben, daß dieser Wein ein Erbaluce sein sollte. Er war frisch, er war fruchtig, er war voller Leben. Er hatte keine Ähnlichkeit mit den Artgenossen in der Region, die behäbig waren und oxydiert wirkten, die wie Rotwein vinifiziert wurden – nach alter Väter Sitte. Luigi Ferrando, Winzer und Händler in Ivrea, hatte die weißen Erbaluce-Trauben in Kühlwagen nach Friaul transportieren und nach den neuen Weißweintechniken verarbeiten lassen. Ein Jahr später, mit dem Jahrgang 1986, wagte er sich selbst an das Experiment. Der Versuch glückte, der neue Erbaluce war geboren. Ferrando gilt seither als der Erneuerer der Erbaluce-Traditon im Weinbaugebiet von Canavese, der nördlichen Zone des Piemont. Luigi, der inzwischen von seinen Söhnen Roberto und Andrea unterstützt wird, schwört noch immer auf die Vorzüge der Erbaluce-Rebsorte. Denn sie sei widerstandsfähig und vielfältig verwertbar. Einerseits sei sie der ideale Rohstoff für jung trinkbare, frische Weine, andererseits erlaube ihre harte Schale eine späte Lese. Und außerdem mache die kräftige Säure den Erbaluce zu einem idealen Grundwein für den Spumante. Ferrando und seine Söhne nutzen die Erbaluce-Möglichkeiten voll aus. Auf dem Programm stehen vier Versionen: der trockene Erbaluce DOC (die Stütze des Sortiments), der Spumante, der Calluso Passito (ein Dessertwein) und die Spätlese Solativo, ein Tafelwein. Der Solativo ist eine echte Spätlese; die letzten Trauben werden erst im Dezember geerntet. 1986 hat Ferrando diesen Wein zum ersten Mal hergestellt. Im Gegensatz zum Solativo werden die Trauben für den traditionellen Passito schon im September gelesen – wenn die Beeren noch durchweg gesund sind, wenn sie noch genügend Säure haben. Der Passito wird in gebrauchten Fässern vergoren und anschließend fünf Jahre (einschließlich der Reife in der Flasche) im Betrieb gelagert. Ungefähr dreißigtausend Erbaluce-Weine können die Ferrandos jährlich anbieten, wobei rund die Hälfte aus eigenen Trauben gekeltert wird. Der Rest wird von Winzern aus der Canavese-Region hinzugekauft. Vervollständigt wird das Sortiment durch zehntausend Flaschen Carema, die zum Teil ebenfalls aus gekauften Trauben hergestellt werden. Diesen roten Wein aus der Rebsorte Nebbiolo bieten die Ferrandos in zwei Spielarten an: als einen normalen Carema DOC (mit einem weißen Etikett) und in einer Riserva-Version (Eticchetta Nera). Der normale Carema wird in traditionellen Fässern ausgebaut, die Riserva zum Teil sechs bis zwölf Monate in Barriques. Ferrando hatte 1957 wird der Carema-Produktion angefangen; heute ist er neben der Genossenschaft der Region praktisch der einzige Anbieter auf dem Markt (die fünfzehnhundert Winzer des Gebietes verkaufen ihre Trauben oder produzieren kleine Mengen für den eigenen Bedarf). Der Carema aus dem Haus Ferrando ist ein gut strukturierter, fruchtiger Wein, der seine Liebhaber auch schon im Ausland gefunden hat. Neben den Vereinigten Staaten und Großbritannien ist Deutschland schon der wichtigste Auslandsmarkt für den Nebbiolo aus dem Norden des Piemont.

Luigi Ferrando & Figli, Ivrea. Besitzer: Familie Ferrando Geschäftsführer: Luigi Ferrando; Kellerwirtschaft: Roberto Ferrando Marketing: Andrea Ferrando; Önologe: Mario Ronco

Seite 32
Ivrea – ein Blick vom Burghügel auf die Dächer des alten Stadtkerns

Wahre Wunder sind diesem Wein angedichtet worden. Er befreie von jedem physischen und moralischen Bazillus, er liebkose die Seele, er mache jung und lasse die Toten auferstehen. Alberto Arlunno, Winzer in Ghemme, kennt diese alten Geschichten. Er lächelt, aber er läßt keinen Zweifel daran, daß er den Wein der kleinen Region für etwas Besonderes hält. Im Mittelalter sei Ghemme eine blühende Weinlandschaft gewesen; schon die Kaiser Friedrich I. und Heinrich VI. hätten den Wein gelobt. Und selbst im vergangenen Jahrhundert noch sei der Ghemme in einem Atemzug mit den großen französischen Gewächsen genannt worden. Arlunno und seine Brüder, die Erben des Weinguts Antichi Vigneti di Cantalupo, fühlen sich dieser Geschichte verpflichtet: nicht nur der Tradition ihrer Familie (schon 1550 werden die Arlunnos als Weinbauern in Ghemme genannt), auch der alten Weinkultur ihrer Heimat. Es verwundert daher nicht, daß sie es gewesen sind, die das traditionsreiche Anbaugebiet vor dem Vergessen bewahrt haben. Der Ghemme wird in Kreisen anspruchsvoller Weinfreunde wieder genannt, die Region ist vor einem Jahr sogar aus der DOC- in die DOCG-Klasse (kontrollierte und garantierte Ursprungsbezeichnung) aufgestiegen. Die jüngere Geschichte des Weingutes Cantalupo beginnt Anfang der siebziger Jahre, seit das Anbaugebiet zu den piemontesischen DOC-Weinen zählt (seit 1969). Die Arlunnos gehen auf den Markt: Der Wein, der bisher als anonyme Faßware verkauft worden ist, wird jetzt abgefüllt und unter eigenem Etikett angeboten. Der Erfolg läßt nicht auf sich warten. Schon einige Jahre später müssen die Arlunnos eine neue Kellerei bauen – die sie selbst entwerfen und mit viel Geschmack und stilistischem Feingefühl gestalten. Hundertfünfzigtausend Flaschen Wein können durchschnittlich im Jahr produziert werden, vierundzwanzig Hektar Weinberge sind mit Reben bepflanzt (das sind fast vierzig Prozent der ganzen DOCG-Anbaufläche von Ghemme). Die Vinifikation orientiert sich weitgehend an traditionellen Methoden. Für den Ausbau der jungen Weine verwendet Alberto Arlunno zum großen Teil große und mittlere

Fässer aus slawonischer Eiche, nur die Spezialität „Signore di Bayard“ reift in kleinen Eichenfässern, in Barriques. Der Stolz des Hauses sind die klassischen Ghemme-Weine, die aus der Rebsorte Nebbiolo gekeltert werden – vor allem die Crus Collis Breclame und Collis Carellae sowie der Ghemme aus dem Barrique. Die Weine erfreuen durch Eleganz, durch Harmonie und eine Fülle feiner Aromen, sie erinnern aber auch daran, daß sie aus der Tannin-Familie Nebbiolo stammen. Das Spitzentrio wird durch die Nebbiolo-Weine Agamium (Colline Novarese DOC), durch den Rosé Il Mimo, den Standard-Ghemme sowie durch die Cuvée Primigenia (sechzig Prozent Uva rara, zehn Prozent Nebbiolo und dreißig Prozent Vespolina) ergänzt. Dazu kommen der sortenreine Vespolina Villa Horta und der weiße Tafelwein Carolus, der aus den Sorten Greco di Ghemme (ein Erbaluce-Klon), Arneis und Chardonnay gekeltert wird. Die Vorliebe der Arlunnos für die lateinischen Namen, mit denen sie ihre Weine bezeichnen, hat Gründe: Zum einen wollen sie an die antiken Zeiten des Weinbaus in der Region erinnern, zum anderen fröhnen sie einer ungewöhnlichen Lust: Sie unterhalten sich zuweilen auf Lateinisch.

LIEBKOSUNG DER SEELE

Antichi Vigneti di Cantalupo, Ghemme. Besitzer: Familie Arlunno; Weinbau und Kellerwirtschaft: Alberto Arlunno Marketing: Angela Arlunno

Schon im Mittelalter ist Ghemme eine blühende Weinstadt gewesen

Seite 36
In einer neuen, terrassenförmig angelegten Lagerhalle läßt Alberto Alunno seinen Ghemme reifen

Alles, was er kann, hat er von seinem Vater gelernt. Er fühlt sich als Winzer, der aus der Tradition hervorgegangen, der durch die tägliche Arbeit geschult worden ist. Doch die ganze Wahrheit ist das nicht. Giancarlo Travaglini, Begründer des gleichnamigen Weingutes in Gattinara, verdankt seinen Ruf vor allem auch seiner Neugier, seiner Experimentierlust und Beweglichkeit. Er ist über die traditionelle Schule hinausgegangen, er hat sich der Moderne genähert, wie sie im Süden, in der Barolo-Region, gelehrt wird. Travaglini gilt als der progressive Kopf seiner heimatlichen Weinbauregion – als Weinmacher, der die alten Dimensionen sprengt. Schon allein die Größenordnung, in die sein Betrieb hineingewachsen ist, bezeugt seine Sonderstellung: Knapp neunzig Hektar Weinberge sind in Gattinara gegenwärtig bepflanzt, fünfunddreißig davon werden für die Produktion der Travaglini-Weine genutzt. Und es sollen noch mehr werden – ungefähr fünfundvierzig Hektar. Annäherung an die Moderne bedeutet für Travaglini vor allem einen Wechsel im Stil: Nicht mehr ländlich kraftvoll und tanninbetont soll der Gattinara sein, sondern elegant, fruchtig und charmant. Ermöglicht wird der Kurswechsel durch neue Kellertechniken. Der Gattinara, allein aus der Rebsorte Nebbiolo gekeltert, wird in modernen, horizontalen Edelstahlapparaten vergoren, die mit einem Rotor zum Umwäzen der Maische ausgerüstet sind. Mit dieser Maschine läßt sich die Maischezeit auf drei Tage verkürzen; der Wein wird damit fruchtiger, er ist weniger durch bittere Tannine belastet. Auch im Ausbau des jungen Weins nutzt Travaglini neue Erfahrungen: Ein gutes Viertel der neuen Ernte wird zehn bis zwölf Monate in Barriques ausgebaut – in neuen und gebrauchten. Der Wein werde weicher, sein Geschmack erinnere an Vanille. Der größere Rest reift in traditionellen Fässern aus slawonischer Eiche. Beide Partien werden am Ende der Lagerzeit miteinander vermählt. Zu den kompromißlosen Modernisten zählt Travaglini aber nicht. Denn zum einen produziert er noch Gattinara nach der alten Methode – mit einer Maischezeit von ungefähr sechs Tagen (wobei der Maischehut täglich nach alter Art getaucht wird). Zum anderen will der die Barrique-Technik nicht weiter vorantreiben, weil er befürchtet, daß der Wein bei einem Übermaß an Barrique-Ausbau seine Identität verliert. In zwei Versionen bietet Travaglini seinen geschmeidigen, fruchtigen Gattinara an: als Basiswein und als Riserva.

Der Riserva-Gattinara wird nur in guten Jahren gekeltert; die Trauben werden im Weinberg selektioniert. Ergänzt wird das Angebot durch rote und weiße Tafelweine, die unter dem Phantasienamen Proposta (Vorschlag) verkauft werden. Der rote Proposta wird zu fünfundachtzig Prozent aus der Rebsorte Nebbiolo und zu fünfzehnt Prozent aus den Sorten Bonarda und Vespolina gekeltert. Der weiße besteht zu zwei Dritteln aus Chardonnay und Sauvignon, zu einem Drittel aus weiß gekeltertem Pinot nero und Pinot grigio. Ein Teil des Mostes, ungefähr ein Viertel, wird in Barriques vergoren, der große Rest in Edelstahltanks. Am Ende werden beide Partien miteinander vermischt. Der Proposta ist ein jugendlicher Wein; er ist für baldigen Genuß, nicht zum Altern gedacht. Das Haus Travaglini ist stark exportorientiert. Fast neunzig Prozent der Produktion von gut zweihunderttausend Flaschen (hiervon entfallen zwanzig- bis dreißigtausend Flaschen auf Proposta) werden ins Ausland geliefert – vor allem in die Vereinigten Staaten. Jede zweite Flasche, die hier exportiert wird, nimmt ihren Weg nach Amerika.

AN-NÄHERUNG AN DIE MODERNE

Travaglini, Gattinara.
Besitzer: Giancarlo Travaglini
Weinbau, Abfüllung, Verwaltung: Cimzia Travaglini Collanto; Weinberge und Kellerwirtschaft: Massimo Collanto

Gattinara, Ghemme gegenüber gelegen, auf der anderen Seite des Flusses Sèsia

Giancarlo Travaglini eifert in der Vinifikation seiner Weine den Modernisten aus Barolo nach

EINE BASTION DES ALTEN STILS

Das Bekenntnis ist eindeutig: Der Wein wird so produziert, wie es seinem Charakter, wie es der Überlieferung entspricht. Experimente zählen nicht zum Alltag, die Skepsis gegenüber der neuen Schule prägt das Tun. Denn Alberto Antoniolo ist überzeugt davon, daß die supermodernen Techniken – wie die radikale Verkürzung der Maischezeit auf nur noch drei Tage – dem Wein letztlich schaden und ihn seiner Struktur und seines typischen Charakters berauben. Alberto führt fort, was Rosanna Antoniolo, seine Mutter, vorgegeben und zum Grundsatz erhoben hat: Die Pflege des traditionellen Gattinara, der erkundet werden will, der Geduld erfordert, der nicht geglättet und modisch verfeinert vorschnell den Geschmacksnerven schmeichelt. Der Stil Antoniolo ist geprägt von Kraft und Urwüchsigkeit, von robustem und ländlichem Charme. Daß diese Weine dennoch überzeugen und von ernsthaften Weinfreunden immer wieder hoch gelobt werden, liegt an ihrem hohen Niveau. Der Gattinara der Antoniolos ist ein Muster an Güte, ein Beispiel für kompromißlose Qualitätspolitik. Alberto verarbeitet nur Trauben, die in seinen eigenen Weinbergen gewachsen sind. Er kauft nichts hinzu, denn die Winzer lieferten – im Gegensatz zu früher – kaum noch gute Ware (die besten Trauben keltern sie meist selbst). Zum anderen beschränkt er konsequent die Menge. Er erntet allenfalls vierzig bis fünfzig Doppelzentner je Hektar, was einem Weinertrag je Hektar von ungefähr dreißig bis fünfunddreißig Hektolitern entspricht (fünfundsiebzig Doppelzenter sind nach dem Gattinara-DOCG-Statut erlaubt). Und außerdem verwendet er für den Gattinara nur den Tropfwein; der Preßwein wird nach dem Keltern ausgesondert. Drei bis vier Jahre reift der Wein in traditionellen Eichenfässern. Dann wird er filtriert, manchmal auch geschönt, abgefüllt und noch ein weiteres Jahr im Betrieb gelagert. In einem Fall allerdings weichen die Antoniolos von der Überlieferung ab: Der Gattinara mit der Lagenbezeichnung

Antoniolo, der Klassiker von Gattinara, dem nördlichen Nebbiolo-Gebiet des Piemont. Alberto Antoniolo – er kümmert sich mit Hingabe um die Weinberge und die Vinifikation

Vigneto Castelle wird in Barriques ausgebaut – ungefähr sechs bis zwölf Monate lang. Der Castelle, der 1985 zum ersten Mal produziert worden ist, steht neben den anderen beiden Lagenweinen der Domäne: neben den Crus Osso S. Grato und San Francesco, die den traditionellen Stil des Hauses repräsentieren (dazu kommt noch eine einfache Gattinara-Version). Die Lagenweine, die nur in guten Jahren produziert werden, entsprechen in ihrer Qualität einer Riserva; sie bringen es auf dreizehn Volumenprozent Alkohol (obwohl sie nicht angereichert werden). Manchmal, nach besonders schlechten Jahrgängen (wie 1992), wird überhaupt kein Gattinara aufgelegt – weder ein Cru noch die einfache Version. Die Trauben werden dann zu dem Wein Juvenia verarbeitet, einem Coste della Sèsia Nebbiolo DOC. Während die Gattinara reine Nebbiolo-Weine sind, enthält der Juvenia neben dem Nebbiolo auch kleine Anteile der Rebsorten Vespolina und Bonnarda Novarese. Abgerundet wird das Programm durch einen kräftigen, fruchtigen Nebbiolo-Rosé (der allerdings auch nur in guten Jahren produziert wird) sowie durch einen Erbaluce di Caluso. Zwölf Hektar sind auf der Azienda derzeit mit Reben bepflanzt; fünfzehn sollen es in Zukunft werden.

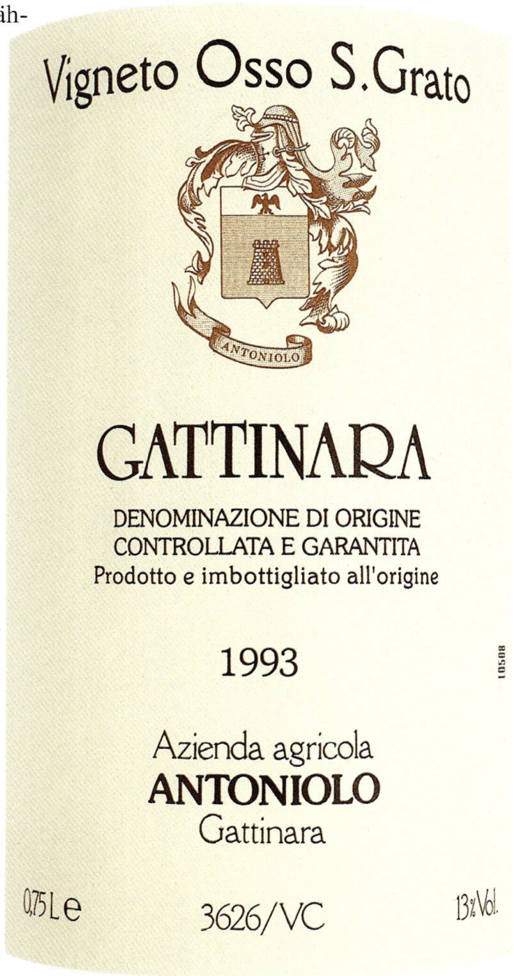

Azienda Agricola Antoniolo, Gattinara.
Besitzer: Rosanna Antoniolo
Weinbau und Kellerwirtschaft: Alberto Antoniolo
Rechnungswesen: Lorella Antoniolo
Önologe: Giancarlo Scaglione

Seite 42
Inmitten der Weinberge Erinnerungen an die Vergangenheit

Die Cantina Braida di Giacomo Bologna in Rocchetta Tanaro: neu, geschmackvoll und funktionsstüchtig

Seite 46

Die Barriques, die kleinen neuen Eichenfässer, liegen im ersten Stock der neuen Kellereihalle

DER BARBERA-KÖNIG

Als er 1990 starb, nur wenig älter als fünfzig Jahre, war er schon eine Legende. Er hatte mit seinem ungestümen Tatendrang Land und Leute wachgerüttelt, hatte dem Barbera, dem mißhandelten Wein seiner Heimat, wieder zu Ansehen verholfen. Giacomo Bologna war der Inbegriff der Rastlosigkeit, des Frohsinns und der Lebenslust. Er war die Verkörperung der Tafelfreuden – im wahren Sinn des Wortes. Sein Weingut, das er als junger Mann in Rocchetta Tanaro, in der Hügellandschaft des Monferrato, gegründet und nach seinem Spitznamen Braida benannt hatte, wurde den italienischen Weinfreunden schnell zum Begriff – vor allem durch den fruchtigen, temperamentvollen Barbera La Monella (die Spitzbübin), der 1961 zum ersten Mal produziert worden war. Bologna war zutiefst davon überzeugt, daß der Barbera zu einem Star auf der Weinbühne werden könnte, wenn man ihn nur richtig pflegte. Und er wußte auch, wie es zu schaffen ist: durch die Rückbesinnung auf kleine Mengen, durch eine strenge Begrenzung der Produktion. Bologna ging mit gutem Beispiel voran: Er drosselte die Ernten energisch, zuweilen auf fast die Hälfte der erlaubten Menge. International bekannt wurde er dann in den achtziger Jahren, als er seine Neuschöpfung, den Bricco dell'Uccellone, vorgestellt hatte – den ersten Barbera Italiens, der vollständig in Barriques ausgebaut wurde. Der beachtliche Erfolg, den er mit diesem Wein erzielen konnte, ermunterte ihn zu weiteren Barbera-Kreationen: 1985 produzierte er zum ersten Mal den Bricco della Bigotta, 1989 den Ai Suma (Bolognas Freudenschrei: „Wir haben es geschafft!"). Beide Weine reifen in kleinen Eichenfässern, der erste sechzehn, der zweite sechs Monate lang. Was Bologna mit viel Geschick und Phantasie aufgebaut hat, wird nun von Anna Bologna, der Witwe, und den Kindern, den Weintechnikern Raffaela und Guiseppe, mit Fleiß bewahrt und vermehrt: 1991 ist der Moscato d'Asti Vigna Senza Nome in den Markt eingeführt worden, 1994 der Rotwein Il Baciale (im piemontesischen Dialekt: Ehevermittler) – eine Cuvée aus Barbera und Pino nero; und 1995 hat die neue, mit viel Geschmack und großem Aufwand errichtete Kellerei ihre Arbeit aufgenommen. Die nächsten Pläne liegen schon in der Schublade: Raffaela und Giuseppe wollen den Besitz erweitern. Denn die eigenen Weinberge – rund achtzehn Hektar – reichen nicht für die Befriedigung der Nachfrage, obwohl inzwischen dreihundertfünfzigtausend Flaschen im Jahr verkauft werden, wovon hundertfünfzig- bis zweihunderttausend Flaschen auf den Barbera entfallen. Der Bricco dell'Uccellone bringt es auf dreißigtausend, der Bricco della Bigotta auf zwölftausend und der Ai Suma auf achttausend Flaschen. Vervollständigt wird das Sortiment durch die Spezialitäten Grignolino, Brachetto und Dolcetto. Zwei Weißweine (ein Chardonnay und eine Cuvée aus Chardonnay, Riesling und regionalen Sorten) kommen aus dem Weingut Serra dei Fiori in Trezzo Tinella, einem Gemeinschaftsbesitz der Familie Bologna und den Brüdern Renzo und Valerio Giacosa aus Neive.

Cantina Braida di Giacomo Bologna, Rocchetta Tanaro. Besitzer: Anna, Raffaela und Giuseppe Bologna; Weinbau und Kellertechnik: Giuseppe Bologna Marketing: Raffaela Bologna

Die Cantina Sociale in Vinchio – eine der besten Genossenschaften Italiens

DIE GUTEN GENOSSEN VON VINCHIO

Amtlich dokumentiert ist es nicht, aber jeder akzeptiert es als die Wahrheit: In Vinchio, im Zentrum des Astigiano, liegen hervorragende Weinberge, vermutlich die besten im ganzen Monferrato. Die Winzer dieses kleinen Weindorfes sind sich dieses natürlichen Kapitals bewußt. Sie pflegen den Weinstock mit Ehrgeiz und Hingabe. Fast alle sind Mitglied der örtlichen Genossenschaft. Die Fläche, die jeder bearbeitet, ist klein. Sie beträgt in den meisten Fällen nicht mehr als einen Hektar. 1959 ist die Genossenschaft gegründet worden; dreißig Weinbauern hatten sich damals zusammengeschlossen. Heute sind es zweihundertdreißig, wobei auch Winzer aus der Nachbargemeinde Vaglio Serra sowie aus Nizza Monferrato, Cortiglione und Incisa der Cantina Sociale beigetreten sind. Es sind aber nicht nur die guten Weinberglagen, die der Genossenschaft die Produktion guter Weine ermöglichen. Anteil am Erfolg hat auch das strenge Statut der Organisation. Alle Mitglieder sind verpflichtet, alles, was geerntet wird, an die Cantina abzuliefern. Mit dieser Bestimmung hat die Genossenschaft von vornherein ausschließen können, worunter viele andere Unternehmungen dieser Art leiden: daß die Genossen die guten Trauben selbst keltern und vermarkten und das Mittelmaß der Genossenschaft überlassen. Das Prunkstück im Angebot der Cantina ist der Barbera d'Asti Vigne Vecchie. Die Trauben stammen aus den besten Weinbergen, die Rebstöcke sind älter als vierzig Jahre. Die Menge ist klein;

Cantina Sociale Vinchio/Vaglio Serra, Vinchio. Besitzer: Genossenschaft; 230 Mitglieder; Direktor: Giancarlo Cellino; Stellvertretender Direktor: Ernestino Laiolo; Önologe: Giuliano Noè

sie erreicht allenfalls fünfundzwanzig bis dreißig Hektoliter je Hektar. Die Trauben werden nach Reife und Gesundheitszustand streng ausgelesen – im Weinberg und vor der Verarbeitung in der Kellerei. Der junge Wein reift fünf bis sechs Monate in Barriques, teils neuen, teils zwei Jahre alten. Der Wein ist knapp; aber er bringt gutes Geld. Die Winzer erhalten für die Vigne Vecchie-Trauben fast den doppelten Preis. Auch mit dem Gros der Weine hat sich die Cantina in Vinchio einen Namen gemacht. Das gilt für den Barbera d'Asti Superiore wie für die einfachen Barbera-Qualitäten. Die Hälfte der Produktion von zweihundertfünfzigtausend Flaschen entfällt auf die Weine dieser Rebsorte. Vervollständigt wird das Angebot durch die Weißweine Cortese Dorato (in Barriques vergoren) und Chardonnay, durch den Spumante Tre Serre und die mehr oder weniger perlenden Roten Barbera del Monferrato und Brachetto. Obwohl die Genossenschaft erfolgreich arbeitet, plagen den Vorstand böse Ahnungen: Der Altersaufbau ist wenig zukunftsträchtig; die meisten Genossen sind schon fünfundfünfzig Jahre alt. Die jungen Leute kehren der ländlichen Region den Rücken und suchen ihr Glück in der Stadt. Sind die Tage der guten Genossen gezählt?

Die Genossen der Cantina Sociale in Vinchio können sich rühmen, die besten Weinberge der Gegend zu bewirtschaften

MOSCATO, PIN & CO

La Spinetta, Castagnole Lanze. Besitzer: Giuseppe (Pin) Rivetti Weinbau: Bruno und Carlo Rivetti, Kellerwirtschaft und Verkauf: Giorgio Rivetti

Mit drei Buchstaben sind sie berühmt geworden: mit P, I und N. Pin ist der Kosename des Vaters, Giuseppe Rivetti; Pin heißt aber auch ihr Phantasiewein, der inzwischen zum Kultwein der Modernisten in Piemont geworden ist. 1989 haben Bruno, Carlo und Giorgio Rivetti, die drei Brüder, die das väterliche Weingut La Spinetta in Castagnole Lanze versorgen, den Wein zum ersten Mal produziert – zunächst als Experiment. Doch die Mischung aus Nebbiolo und Barbera, in neuen kleinen Eichenfässern ausgebaut, war so erfolgreich, daß sich die Rivetti-Brüder, allen voran das Temperamentsbündel Giorgio, dazu entschlossen, den schwarzroten, konzentrierten, üppigen Wein fest in das Programm aufzunehmen. Heute werden achtzehntausend Flachen Pin jährlich angeboten, wovon mehr als zwei Drittel exportiert werden. Die Cuvée ist inzwischen modifiziert worden; zum Nebbiolo (fünfzig Prozent) und dem Barbera (dreißig Prozent) ist der Cabernet mit zwanzig Prozent hinzugekommen. Achtzehn bis zwanzig Monate wird der Wein in Barriques ausgebaut – stets in neuem Holz. Mit Pin ist Georgio Rivetti, der Wortführer der drei Weinbrüder, in den engen Kreis der Neuerer in Piemont aufgerückt – neben Elio Altare, Enrico Scavino, Domenico Clerico und den anderen. Daß die neue Schule, die sich am sogenannten internationalen Stil orientiert, die richtige Schule ist, die erfolgversprechende, steht für ihn außer Frage. Den Traditionalisten gibt er nur noch wenig Chancen. So ist denn auch sein Chardonnay – Lidia genannt, nach dem Vornamen der Mutter – ein treues Abbild des burgundischen, mehr noch des kalifornischen Stils. Der mächtige, fast fett wirkende Wein wird in neuen Barriques nicht nur gelagert, er wird in den kleinen Eichenfässern auch vergoren. Ähnliches gilt für das neueste Produkt der Rivettis, für den Barbaresco. Auch dieser Wein wird nicht – wie es der Tradition entspräche – in größeren Fässern aus slawonischer Eiche ausgebaut, sondern ausschließlich in neuen Barriques (ungefähr achtzehn Monate lang). 1995 ist der erste Rivetti-Barbaresco gekeltert worden; inzwischen stehen drei Crus auf dem Programm: zwei aus Neive, einer aus Treiso. Bei aller Lust an der Moderne haben die Rivettis allerdings nicht vergessen, womit ihr Weingut La Spinetta in Italien bekannt geworden ist, womit sie noch immer ihr Brot verdienen: mit dem fruchtigen, feinsüßen und erfrischenden Moscato. Ungefähr zweihundertundachtzig- bis dreihunderttausend Flaschen Wein werden jährlich verkauft, mehr als zweihunderttausend davon entfallen auf den Moscato d'Asti. In fünf Versionen bieten die Rivettis ihren Moscato an (als Vigneto Biancospino, Vigneto Muscatel Vej, Vigneto San Rumu, Vigneto Lapassot und Vigneto Bricco Quaglia), wobei allenfalls unterschiedliche Bodentypen zu Geschmacksdifferenzierungen führen. Produziert werden sie alle nach derselben Methode – in Edelstahltanks, die unter Druck stehen. Die Nachfrage nach diesem leicht schäumenden Dessertwein ist so stark, daß der Moscato meist schon im Frühjahr ausverkauft ist. Auch im Ausland sind Weinfreunde auf den typischen italienischen Wein aufmerksam geworden; jede zweite Flasche wird exportiert.

Giorgio Rivetti, die treibende Kraft im Weingut La Spinetta, mit seinem Vater Giuseppe (Pin) Rivetti
Seite 52:
Die Weinberge, wo die Trauben für den erfrischendsüßen Rivetti-Moscato wachsen

WINZER UND BÜRGERMEISTER

Azienda Agricola Giovanni Almondo, Montà d'Alba (Roero). Besitzer: Familie Almondo; Weinbau, Kellerwirtschaft, Verwaltung: Domenico Almondo

Sein Herz schlägt für den Roten, doch sein Ansehen gründet auf dem Weißen. Domenico Almondo, Winzer und Bürgermeister in Montà d'Alba, einige Kilometer nördlich von Canale im Roero gelegen, gilt in der Region als ein großer Arneis-Künstler. Die Weine sind – für einen Arneis nicht gerade die Norm – ungewöhnlich fein und gehaltvoll. Zwei Typen von Arneis produziert der promovierte Landwirt der Turiner Schule: die Cuvée Vigne Sparse und den Cru Bricco delle Ciliege. Die Cuvée stammt von vielen kleinen Parzellen, sie wird im Edelstahltank ausgebaut. Der Bricco delle Ciliege kommt aus der Lage gleichen Namens; er reift im Edelstahl und in kleinen Eichenfässern: Zwei Drittel bleiben nach der Gärung im Tank, ein Drittel kommt für sechs Monate in Doppelbarriques (mit vierhundertfünfzig Litern Inhalt). Im April nach der Ernte werden die beiden Partien miteinander vermählt. Die Barrique-Note in diesem Wein ist verhalten, die Frucht ist präsent, die Art ausgesprochen fein. Dreieinhalb Hektar Weinberge sind mit Arneis-Rebstöcken bepflanzt; die Parzellen liegen auf dreihundertfünfzig bis dreihundertneunzig Metern Höhe – auf einem für den Arneis idealen Vegetationsniveau. Was Almondo mit dem Arneis schon erreicht hat, will er nun auch mit seinem Roero, seinem Rotwein aus der Nebbiolo-Traube, schaffen. Auch mit diesem Wein will er in die erste Liga der piemontesischen Weinproduzenten vordringen. Den Aufstieg hat er nahezu geschafft; vor allem mit seinem saftigen Bric Valdiana findet er großen Beifall. Der Most wird in senkrecht stehenden Edelstahltanks mit Maischerührwerken vergoren; die Mazeration dauert eine gute Woche. Zur ersten Reife kommt der junge Wein für ein Jahr in die Barriques, wobei Almondo für die Zukunft eine Änderung anstrebt: Der Wein soll nicht mehr nur in neuen Eichenfässern ausgebaut werden, sondern auch in gebrauchten, in zwei bis drei Jahre alten, und zwar in normalen und in Doppelbarriques. Mit dieser Umstellung in der Lagertechnik hofft Almondo seinem Ziel am besten nahezukommen: Der Rotwein soll zwar – vor allem zugunsten der Reinheit und der früheren Trinkreife – in kleinen Eichenfässern ausgebaut werden, er soll in seiner Art aber dem traditionellen Stil ähneln und keinesfalls durch eine zu kräftige Holznote auffallen. Almondo will die Überlieferung und Herkunft nicht leugnen. Obwohl die Familie schon seit mehreren Generationen den Rebstock kultiviert, ist sie in der Weinbranche letztlich ein Neuling. Denn erst seit zwanzig Jahren wird der Wein unter eigenem Etikett verkauft. Sieben Hektar Weinberge werden derzeit bewirtschaftet, zehn sollen es in den nächsten Jahren werden. Die Produktion erreicht fünfundvierzigtausend Flaschen, der größte Teil, ungefähr zwei Drittel, entfällt auf den Arneis. Den Rest füllen der Roero (als einfache Version und als Bric Valdiana) mit fünfzehntausend Flaschen sowie der Freisa und der Brachetto mit jeweils dreitausend Flaschen (und eine kleine Partie Barbera).

In den Arkaden von Canale, der Weinhauptstadt des Roero

FINE
AS 449 ZE

1996
Bric Valdiana

FLIRT MIT DEM NEBBIOLO

Azienda Agricola Malvirà, Canale (Roero). Besitzer: Roberto und Massimo Damonte Weinbau: Massimo Damonte; Kellerwirtschaft: Roberto Damonte

Die Domäne Malvirà – am Anfang stand zwar der Weißwein, doch jetzt kommt das Weingut immer mehr mit seinem Rotwein ins Gespräch

Angefangen haben sie mit dem Weißwein. Zwar war die Region bis in die siebziger Jahre als Rotweingebiet bekannt – unter anderem mit der damals weit verbreiteten Rebsorte Bonarda. Doch am Markt war plötzlich eine schüchterne Belebung der Nachfrage nach Weißwein zu spüren. Roberto und Massimo Damonte, Nachfahren einer alten Bauern- und Winzerfamilie in Canale (Roero), witterten eine Chance. Sie wollten die Gunst des Marktes nutzen und einem alten Wein zu neuen Ehren verhelfen: dem Arneis, der vermutlich schon im 15. Jahrhundert in der Region kultiviert worden war. 1972 begannen sie mit der Produktion. Die erste Ernte war klein; nur dreihundertfünfzig Liter konnten gefüllt werden. Aber der Start mit dem eigenen Etikett war verheißungsvoll. Der Wein, der unter dem Namen Malvirà angeboten wurde, fand schnell seine Liebhaber. Und als 1989 der Arneis offiziell zum Roero-Ursprungswein (DOC) aufgewertet wurde, hatten die Damontes das Spiel endgültig gewonnen. Heute werden jährlich hundertzwanzigtausend Flaschen Malvirà-Arneis verkauft, wobei vier verschiedene Varianten zur Auswahl stehen: der Basiswein (eine Cuvée aus mehreren Lagen) sowie die Crus Renesio, Trinità und Saglietto. Der einfache Arneis und der Lagenwein Renesio werden in Edelstahltanks vergoren und ausgebaut, die beiden anderen Weine zum Teil in kleinen Eichenfässern (Doppelbarriques): der Arneis Trinità zu zwanzig Prozent, der Saglietto zur Hälfte. Haben Roberto und Massimo Damonte schon mit ihrem breiten Angebot an sauberen, herzhaften und reich duftenden Arneis-Weinen demonstriert, daß sie mit einigem Recht eine Ausnahmerolle in der Roero-Region beanspruchen, kommen sie mit ihren Rotweinen nun noch stärker ins Gespräch. Vor allem ihr Roero Superiore, der zu fünfundneunzig Prozent aus Nebbiolo und zu fünf Prozent aus alten Sorten der Region gekeltert wird, findet Beifall für seine Eleganz, Tiefe und Langlebigkeit. Die Trauben stammen aus mehreren alten Weinbergen; jede Lage wird getrennt vinifiziert. Der größere Teil des Mostes liegt bis zum Ende der Fermentation im Edelstahltank, der Rest beendet die Gärung in Holzfässern. Nach der Vermählung der beiden Partien wird der junge Wein dann zwölf bis achtzehn Monate in Doppelbarriques ausgebaut. Roberto Damonte, der Önologe, und Massimo, der Elektroniker, sind ganz auf Wachstum eingestellt. Sie haben ein Weingut hinzugekauft, um die stetig steigende Nachfrage nach ihren Weinen befriedigen zu können. Vierzig Prozent der Produktion werden exportiert, bis in den fernen Osten, nach Japan und Brasilien.

Seite 58:
Die Cru-Weine der Damontes reifen in kleinen Eichenholzfässern

MALVIRA'
MALVIRA'

MALVIRA'
MALVIRA'

DER REIZ DES ROTEN

Azienda Agricola Deltetto, Canale (Roero). Besitzer: Antonio Deltetto

Das Risiko hat er nie gescheut. Obwohl die Alten fest davon überzeugt waren, daß guter Wein nur Rotwein sein kann, ließ er sich nicht davon abbringen, mit weißen Sorten zu flirten. Auf den Arneis hatte er es vor allem abgesehen, der von den Weinfreunden eher belächelt als ernst genommen wurde. 1977, er war kurz zuvor als Gesellschafter in die Kellerei seines Vaters eingetreten, brachte er seinen ersten Arneis auf die Kelter. Was daraus werden würde, war ungewiß. Doch der junge Weinproduzent, Absolvent der Önologenschule von Alba, hatte die Entwicklung richtig eingeschätzt: Aus dem mißachteten Gewächs wurde ein geliebter Wein. Deltetto zählt heute zu den wichtigen Produzenten dieses Weins in der Region Roero. Mehr als die Hälfte seines Angebots entfällt auf den Arneis, den er in einer einfachen Version und als Barrique-Variante (San Michele) – zu dreißig Prozent in kleinen Eichenfässern und siebzig Prozent im Edelstahltank ausgebaut – auf den Markt bringt. Ähnlich energisch hat der Mann aus Canale das väterliche Unternehmen in den vergangenen Jahren umgewandelt: von einer

Kellerei in einen Winzerbetrieb. Was die Deltettos über viele Jahre ihren Kunden angeboten hatten, war auf dem Boden anderer gewachsen. Da aber immer mehr Winzer dazu übergingen, ihre Trauben selbst zu keltern und den Wein unter eigenem Etikett zu verkaufen, mußte sich die Kellerei Deltetto nach einer neuen Rohstoffbasis umsehen. Antonio Deltetto begann, Weinberge zu kaufen – so gut es ging. Inzwischen hat er den Eigenbesitz – neben der ursprünglichen Kellerei – auf vierzehn Hektar ausgeweitet, der von einer selbständigen Azienda Agricola mit einer Produktion von achtzigtausend Flaschen im Jahr verwaltet wird. In Zukunft soll das Angebot des Weinbaubetriebs auf hundertfünfzigtausend Flaschen jährlich wachsen. Vor allem soll dann auch der Rotwein den Charakter des Weingutes mitbestimmen. Denn Deltetto hat sich das ehrgeizige Ziel gesetzt, mit den bekannten Winzern aus den Langhe zu wetteifern. Vor allem mit

seinen Roero-Varianten, seinen Weinen aus der Nebbiolo-Rebe, will er sein Ansehen mehren. Zwei Weine dieser Art bietet er gegenwärtig an: einen Basistyp und die Barrique-Variante Madonna dei Boschi; ein dritter wird in Kürze folgen. Für die Produktion des Rotweins hat sich Deltetto ein nicht alltägliches Verfahren ausgedacht: Die Maische wird zu Beginn der Fermentation auf dreißig Grad erhitzt – zur besseren Extraktion der Farbe. Schon nach zwei bis drei Tagen wird die Maische gepreßt – zu einem Zeitpunkt, da der Wein (Most) noch fünfzig Prozent seines ursprünglichen Traubenzuckers enthält. In Edelstahltanks gärt der Wein dann zu Ende – ohne Schalen, bei niedrigen Temperaturen. Deltetto schwört auf diese Methode: Der Wein zeichnet sich durch tiefe Farbe und viel Frucht aus, er werde nicht durch harte Tannine belastet. Ein Jahr lang wird der junge Wein dann in kleinen Eichenfässern gelagert – in neuen und in gebrauchten.

Die Azienda Agricola Deltetto – einer der wichtigsten Produzenten des Roero-Arneis

EIN GLÜCKSFALL FÜR DAS ROERO

Azienda Agricola Matteo Correggia, Canale (Roero). Besitzer: Matteo Correggia; Weinbau, Kellerwirtschaft, Verwaltung: Matteo Correggia

Seit Generationen sind sie Bauern und Winzer. Doch was sie geerntet haben, ist zumeist in die Anonymität des allgemeinen Angebots eingegangen. Seit zehn Jahren ist das anders; der Name Correggia wird genannt. Zu danken ist der Ausbruch aus der Namenlosigkeit dem jüngsten Erben des familiären Besitzes: Matteo Correggia mußte von heute auf morgen den Betrieb übernehmen, denn sein Vater war urplötzlich gestorben. Bis zu diesem Tag hatte die Familie keinen Wein abgefüllt; die Trauben waren an Kellereien verkauft oder ohne Etikett verarbeitet worden. Nach zwei Jahren Vorbereitungszeit trat Correggia an die Wein-Öffentlichkeit: Er bot die ersten Weine unter eigenem Namen an. Die Durststrecke des Neulings war kurz: schon nach zwei Jahren war Correggia einem kleinen Kreis von ernsthaften Weinfreunden ein Begriff. Und als der junge Winzer aus Canale, aus der Roero-Region, dann 1989 seine beiden Neuschöpfungen – den Barbera Bricco Marun und den Nebbiolo La Val dei Preti – präsentierte, war der Durchbruch geglückt: Die verwöhnte Weinwelt spendete uneingeschränkt Beifall, Correggia war in kurzer Zeit zum Idol einer Weinregion aufgestiegen, die immer im Schatten der großen Piemonteser Weine gestanden hatte. Correggia hatte bewiesen, daß die Rebsorten Nebbiolo und Barbera auch im Roero zu bemerkenswerten Weinen verarbeitet werden können. Beide Weine werden nach den Ideen der neuen Schule produziert. Die Gär- und Mazerationszeit ist verkürzt worden (beim tanninreichen Nebbiolo auf fünf bis sieben Tage, beim Barbera auf acht bis zehn), der junge Wein wird achtzehn Monate lang in Barriques ausgebaut, wovon siebzig Prozent in jedem Jahr erneuert werden. Der Ertrag ist niedrig, denn die Trauben stammen von sehr alten Rebstöcken. (Einige sind schon vor mehr als achtzig Jahren gepflanzt worden). Das Angebot, das Correggia jährlich freigeben kann, ist ensprechend klein. Nur je fünftausend Flaschen werden auf die Kunden verteilt. Ergänzt wird das Angebot durch einen Barbera d'Alba, der in gebrauchten Barriques und in Stahltanks reift, durch einen Roero (aus Nebbiolotrauben), einen Brachetto und einen Arneis, so daß Corregia derzeit ungefähr fünfhundertvierzigtausend Flaschen verkaufen kann. Zehn Hektar Weinberge sind mit Reben bepflanzt. Die Weine, die Correggia produziert (auch die einfacheren Versionen), sind ungewöhnlich dicht und aromatisch, sie sind kraftvoll und von bemerkenswerter Farbintensität. Auf seinen Erfolgen will sich der heute Sechsunddreißigjährige natürlich nicht ausruhen – im Gegenteil: Auf einer kleinen landwirtschaftlichen Domäne, die er vor kurzem gekauft hat (mit vier Hektar Weinbergen), will er einen großen Roero Lagenwein produzieren, der aber nur in besonders guten Jahren gekeltert werden soll. Wie der Wein heißen wird, weiß Correggia noch nicht; er denkt an Rocche della sete – den Namen der Lage, der mit „Felsen, die Durst haben" übersetzt werden könnte.

Das Weingut Matteo Corregia – ein Symbol für die Renaissance von Roero

Seite 62:
Die Konzentration ihrer Aromen verdanken die Correggia-Weine auch ihrer sorgfältigen Reifung in Barriques

MTL

FAST SCHON EIN DENKMAL

Azienda Agricola Poderi Aldo Conterno, Monforte. Besitzer: Aldo Conterno, Franco, Giacomo und Stefano Conterno; Weinbau und Keller: Aldo, Franco und Stefano Conterno Verwaltung und Rechnungswesen: Giacomo Conterno

Die Modernisten verehren ihn. Obwohl er der Tradition noch eine Chance gibt, obwohl er das neue Denken nur partiell akzeptiert, haben ihn die Neuerer in der Barolo-Region in ihre Loge aufgenommen. Papa nennen sie ihn voller Respekt – als Zeichen der Anerkennung und des Dankes. Dem sie wissen: Nur wenige im Land haben das Ansehen der Region und des Weines so gemehrt wie der Mann von Bussia, wie Aldo Conterno. Der sympathische, hilfsbereite Aldo Conterno ist fast schon ein Denkmal. Seit 1958 steht er im Dienst des Piemonteser Weins – nach seiner Rückkehr aus Amerika. Er hatte, zusammen mit seinem Bruder Giovanni, den elterlichen Betrieb übernommen. Doch die Zusammenarbeit der beiden Individualisten war nicht von Dauer. Trotz großer gemeinsamer Erfolge – zum Beispiel mit den Jahrgängen 1961, 1964 und 1967 – mehrten sich die Meinungsverschiedenheiten über die rechte Art, Wein zu produzieren. 1969 trennten sie sich. Aldo erwarb in der Bussia bei Monforte ein eignes Weingut. Das Rezept, das Conterno seiner Arbeit zugrunde legt, ist ebenso einfach wie erfolgreich-kompromißloses Streben nach Qualität, Beschränkung der Menge, angenehme und saubere Weine. „Nice and clean" heißt seine Weinformel; der Rest sei Auslegungssache. Das Attribut „nice" hat entscheidende Konsequenzen. Es macht Conterno zum Grenzgänger zwischen Tradition und Moderne. Der Barolo soll kein rauher, tanninüberfrachteter Wein mehr sein, der viele Jahre lagern muß, bevor man ihn trinken kann (wie es der alten Tradition entspricht). Er soll vielmehr fruchtig, duftig und frisch ausgebaut werden – mit sanften Tanninen, die schon im jungen Alter Genuß zulassen (wie es die Neuerer fordern), die dennoch ein langes Leben garantieren. Conterno löst die Aufgabe glänzend – doch ohne das Hilfsmittel, dessen sich die Modernisten in immer stärkerem Maß bedienen: ohne Barri-

Aldo Conterno, das Vorbild für die junge Winzergeneration

ques. Er lehnt die kleinen französischen Eichenfässer ab. Der Barolo sei von sich aus perfekt, er sei charaktervoll und eigenständig, er sei auf das unterstützende Aroma des frischen Holzes nicht angewiesen. Conternos Barolo wird folgerichtig in den traditionellen großen Holzcuves gelagert. Conterno verkürzt zwar – im Gegensatz zu den Traditionalisten – die Gär- und Maischezeit deutlich: auf nur noch vier bis sechs statt bisher neun bis zehn Tage (zum Schutz des Weins vor Oxydation und vor zu viel Tannin). Doch die Lagerung des Weins vollzieht sich nach überliefertem Ritus. Seine drei Söhne, Franco, Stefano und Giacomo, teilen seine Meinung, und so ist der Senior davon überzeugt, daß die kraftvollen, fruchtigen und eleganten Barolos auch in Zukunft den Stil des Hauses prägen: allen voran die machtvolle Riserva Granbussia, die erst sechs Jahre nach der Ernte auf den Markt kommt, sowie die übrigen Lagen-Barolos Bricco Bussia, Colonello und Cicala. Ein grundsätzlicher Gegner des Barriques ist Conterno aber nicht. Für einige Weine aus seinem Sortiment nutzt er sie auch: für den Barbera und den Favot, der aus der Barolo-Rebe Nebbiolo gekeltert wird (bei beiden Weinen hat Conterno eine Pionierrolle in Piemont gespielt) sowie für den Chardonnay Bussiador, der in den neuen kleinen Eichenfässern nicht nur ausgebaut, sondern auch vergoren wird. Ungefähr zweiundzwanzig Hektar Rebfläche stehen derzeit unter Ertrag (Conterno verarbeitet nur eigene Trauben), hundertzwanzig- bis hundertvierzigtausend Flaschen werden jährlich in der penibel gepflegten Kellerei gefüllt: neben dem großen Barolo, dem süffigen Barbera, dem „fetten" Chardonnay und dem charmanten Il Favot auch Dolcetto, Grignolino und Freisa.

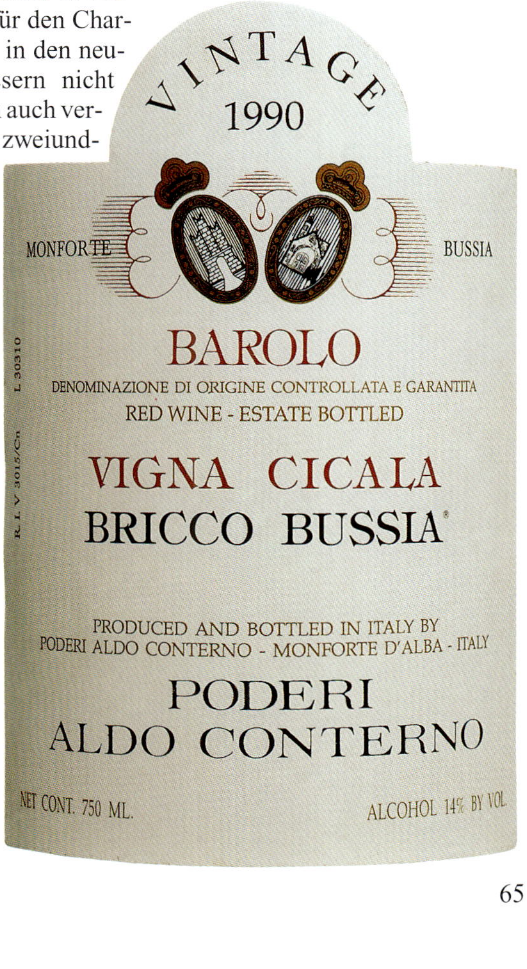

Seite 66:
Das Weingut Aldo Conterno imponiert auch durch seinen ungewöhnlichen Baustil

Die Empfangs- und Probierstube der Azienda Azelia. Die alte Holzuhr hat einer der Vorfahren selbst gebaut

EIN ENERGISCHER AUFSTEIGER

Das Wichtigste ist der Weinberg. Luigi Scavino, für das Familiengut Azelia in Castiglione Falletto verantwortlich, wird nicht müde, auf den Wert des Rebstocks hinzuweisen. Die Qualität wachse in der Natur, nicht im Keller. Was der Rebstock nicht hergebe, könne der Kellermeister nicht nachholen. Luigi pflegt seine Weinberge mit Hingabe, verhindert alles, was den Weinstock überfordern könnte. Die Menge wird begrenzt – durch den kurzen Anschnitt im Frühjahr und durch das Ausdünnen des Behangs kurz vor der Reifeperiode im Sommer („grüne Ernte"). Auch das Blattwerk wird gelichtet, damit sich die Trauben ausreichend sonnen können. Wie dankbar der Rebstock auf all diese Fürsorge reagiert, demonstriert Scavino an den Jahrgängen 1991 und 1992. In diesen Jahren sei die Qualität deutlich hinter dem Potential zurückgeblieben. Dennoch sei es ihm geglückt, einige gute Weine zu produzieren: durch kompromißloses Ausdünnen des Behangs und des Blattwerks. Nach der „grünen Ernte" seien allerdings nur noch vierzig Prozent des normalen Ertrags übriggeblieben. Wie seine Freunde und Weggefährten will Scavino einen Barolo in die Flasche bringen, der weich und fruchtig ist, der schon nach wenigen Jahren Reife getrunken werden kann, der dennoch ein gutes Alter erreicht. Vorbild sind die Pioniere der Region: Elio Altare zum Beispiel, Domenico Clerico und vor allem Enrico Scavino, Luigis Onkel, der unmittelbare Nachbar. Wesentliches hat sich geändert. Die Trauben werden vollständig entrappt; das harte Tannin der Stengel soll den Geschmack des Weins nicht strapazieren. Der Most wird in modernen Gärtanks vergoren, die ein oder mehrmals in der Stunde die Maische bewegen und so ei-

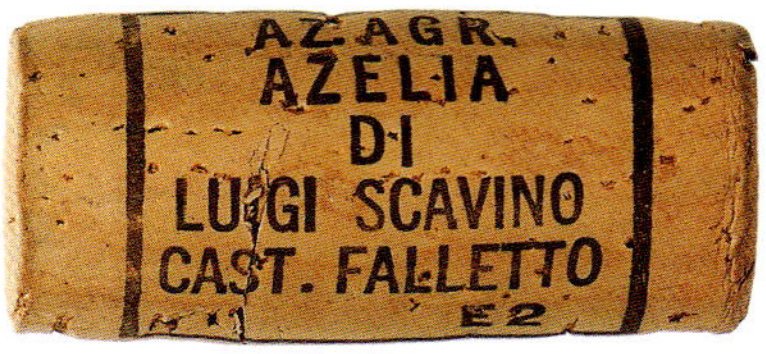

nen intensiven Kontakt des Mosts mit den Farbe und Tannin spendenden Schalen der Beeren ermöglichen. Die Maische- und Fermentationszeit kann daher auch deutlich verkürzt werden (im Weingut Azelia auf nur noch sechs bis zehn Tage); die harten und bitteren Tannine werden nicht gelöst, die Frucht wird geschützt. Das Weingut Azelia („Azelia" ist im Dialekt der Name für eine Blume) ist 1948 aus der Teilung des alten Scavino-Familienbesitzes hervorgegangen. Die eine Hälfte hatte Enrico Scavinos Vater übernommen, die andere war an Luigis Großvater gegangen (Enricos Vater und Luigis Großvater waren Brüdern). Heute bewirtschaftet Luigi sieben Hektar. Knapp vierzig Prozent sind mit Nebbiolo-Reben bepflanzt (für den Barolo), dreißig mit Dolcetto, der Rest mit Barbera. Drei verschiedene Barolo bietet Scavino an: eine einfache Generique-Version, die Lage Bricco Fiasco aus Castiglione Falletto und den neuen Cru San Rocco aus Serralunga. In Jahren mit normaler Ernte wird Scavino fünfzehn- bis achtzehntausend Flaschen Barolo anbieten können, dazu noch vierzigtausend Flaschen Dolcetto und Barbera. Drei Viertel der Produktion werden exportiert: in die Vereinigten Staaten, nach Japan, in die Schweiz und, natürlich, nach Deutschland. Der Barolo ist elegant und reintönig, er ist zurückhaltend fruchtig und außerordentlich differenziert.

Azienda Agricola Azelia, Castiglione-Falletto. Besitzer: Luigi Scavino Weinbau, Kellerwirtschaft, Verwaltung: Luigi Scavino

Strenge Qualitätskriterien sichern den Brüdern Seghesio den Erfolg
Seite 72

Moderner Barolo aus den besten Lagen von Castelletto Monforte

DIE PERFEKTEN VON CASTELLETTO

Das Glück der Tüchtigen hat Pate gestanden. Nach zwei Vorläufen wollten Aldo und Riccardo Seghesio professionell in den Markt einsteigen. Mit den Jahrgängen 1988 und 1989 hatten sie perfektes Handwerk demonstriert. Jetzt, mit dem Jahrgang 1990, wollten sie der Weinwelt zeigen, daß sie auch zu Meisterleistungen fähig sein würden. Der Zufall half bei dieser Meisterprüfung kräftig mit; denn der neue Jahrgang war einer der besten seit langem. Das meisterliche Können der beiden Winzer paarte sich mit den Segnungen der Natur. Die Brüder Seghesio waren sofort im Gespräch. Wer der Sache noch nicht so recht traute, mußte seine Skepsis bald korrigieren. Denn die folgenden Jahrgänge übertrafen noch den Neunziger. Der körperreiche, so konzentrierte Barolo mit dem sanften Tannin und dem dunklen Rot fand in kurzer Zeit einen festen Platz auf der Hitliste der Region. Mit dem Weinbau sind die Seghesios seit langem vertraut; schon der Vater hat den Rebstock kultiviert. Doch erst seit dem Ende der achtziger Jahre wird der Wein unter dem Etikett „Seghesio" verkauft. Vorher sind die Trauben und der Wein an den Handel geliefert worden. Vater Seghesio hat den spektakulären Erfolg seiner Söhne noch erleben können. Bis zu seinem Tod 1996 hat er mit Stolz und Genugtuung beobachtet, wie die Jungen sein Vermächtnis gekrönt haben. Acht Hektar Rebfläche werden derzeit bewirtschaftet. Vier Hektar sind mit der Rebsorte Nebbiolo bepflanzt (für den Barolo), jeweils zwei Hektar mit Dolcetto und Barbera. Die Nebbiolo-Parzellen liegen in der Lage La Villa bei Castelletto (Monforte); sie zählen zum besten, was in dieser Barolozone zu finden ist. Das Weingut liegt in unmittelbarer Nähe zu der Spitzenlage; der Blick ins Tal und nach Serralunga hinüber ist ebenso gewaltig und faszinierend wie der Wein, der auf diesem kleinen Stück Boden wächst. Aldo und Riccardo, der eine fünfunddreißig, der andere zweiundvierzig Jahre alt, sind sich allerdings bewußt, daß eine gute Lage allein noch keine Garantie für einen guten Wein ist. Qualität muß der Winzer wollen. Aldo und Riccardo setzen hier früh an: Die Reben, zum guten Teil schon fünfzig Jahre alt, werden mit Hingabe gepflegt, die Erträge im Weinberg strikt begrenzt. Auch bei der Verarbeitung der Trauben werden strenge Maßstäbe angelegt. Die Maische wird mehrmals am Tag umgewälzt (auch nachts), die Gärtemperatur wird sorgsam bei achtundzwanzig bis zweiunddreißig Grad gezügelt. Zwei Jahre lang wird der junge Barolo dann in Holzfässern ausgebaut – in Barriques und fusti (mit sechshundert Litern Inhalt); danach werden die einzelnen Partien miteinander vermählt. Im Normalfall bietet das Weingut nur einen Barolo an, den Barolo La Villa. In weniger guten Jahren werden die Trauben streng selektioniert. Nur die besten werden dann zu La Villa verarbeitet (die übrigen zu einem Barolo ohne Lagenangabe). Ergänzt wird das Sortiment der Azienda Seghesio durch Nebbiolo Langhe, durch Barbera und Dolcetto, wobei der Barbera als einfache Abfüllung oder als Cru (Vigneto della Chiesa) angeboten wird. Der Barbera wird ähnlich vinifiziert wie der Barolo, zum Teil auch in Barriques gelagert. Das schöne Ziel, das die beiden Brüder anstreben, haben sie erreicht: In der Balance zwischen Tradition und Moderne einen Barolo herstellen, der nicht tanninlastig ist und der schon nach wenigen Jahren getrunken werden kann.

Azienda Vitivinicola di Seghesio, Castelletto (Monforte). Besitzer: Aldo und Riccardo Seghesio Weinbau und Kellerwirtschaft: Aldo und Riccardo Seghesio

Elio Grasso – ein Barolo aus den besten Lagen von Castelletto-Monforte

EIN MANN GEHT SEINEN WEG

Azienda Agricola Elio Grasso, Monforte. Besitzer: Elio Grasso Weinbau und Kellerwirtschaft: Elio und Gianluca Grasso Verwaltung und Verkauf: Marina Grasso

Er fühlt sich weder als strenger Traditionalist noch als feuriger Moderner. Er will weder Mauro Mascarello sein noch Domenico Clerico. Elio Grasso aus Monforte geht seinen eigenen Weg. Aus beiden Schulen wählt er aus, was er für gut und richtig hält. So lehnt er für den Barolo die Barrique-Technik ab (die Nebbiolo-Rebe sei eigenständig, sie komme ohne frisches Holz aus), für den Barbera dagegen läßt er sie gelten. Seinen Weinstil hat er klar definiert: diskreter Umgang mit dem Holz, Schutz der natürlichen Frucht, Individualität. Zum Wein ist der stille, überaus seriös wirkende Elio Grasso spät gekommen. Erst als er dreißig Jahre alt gewesen sei, habe er Gelegenheit gefunden, sich mit dem Wein anzufreunden – auch als Konsument. In der Jugend habe ihm der Zugang gefehlt – er sei im Kolleg von Priestern erzogen worden, dort habe es keinen Wein gegeben. Und später im Beruf hätten andere Aufgaben keine Zeit für die schönste Nebensache der Welt gelassen. Doch Ende der siebziger Jahre bahnt sich der Wechsel an. Elios Vater, Romano Grasso, stirbt – im Alter von zweiundneunzig Jahren (er hatte erst mit fünfundfünfzig geheiratet). Weinberge bester Güte warten auf die Erben. Elio nimmt die Herausforderung an. Zunächst wirkt er als Feierabend- und Urlaubs-Winzer, 1983 gibt er seinen Posten als Bankdirektor in Turin auf. Langsam, aber stetig verschafft er dem Familienbesitz Renommee, drückt er den Namen „Grasso“ in die Elitegruppe der Barolo-Winzer. Vierzehn Hektar Weinberge sind derzeit bepflanzt. Der größte Teil der Anbaufläche liegt direkt

unterhalb des väterlichen Anwesens, in der Zone Ginestra, wo Grasso soeben eine neue Kellerei gebaut hat – mit einem atemraubenden Blick zur Barolo-Gemeinde Serralunga hinüber. Fünfzig- bis siebzigtausend Flaschen kann Grasso in normalen Jahren produzieren, wovon ungefähr fünfundzwanzigtausend Flaschen auf Barolo, zwölftausend auf Barbera, achttausend auf Dolcetto und viertausend Falschen auf Chardonnay entfallen. Der Rest wird als Nebbiolo Langhe verkauft. Die Erträge, die Grasso dem Rebstock zumutet, sind begrenzt; sie erreichen bei der Barolo-Rebsorte Nebbiolo und beim Chardonnay allenfalls dreißig bis fünfunddreißig Hektoliter je Hektar. Der Barolo wird in Eichenfässern (zu fünfundzwanzig Hektolitern) und in fusti (sechshundert Liter Inhalt) ausgebaut, Chardonnay und Barbera in Barriques. Die Hälfte des Angebots wird exportiert. Vor einigen Jahren war die Exportquote sogar auf fünfundsiebzig Prozent gestiegen. Doch seit die Weinfreunde den kulinarischen Reiz der Region entdeckt haben und in Scharen in die Langa reisen, hat sich ein Teil des Absatzes in die heimische Gastronomie verlagert. Elio Grasso, der auch auf den zweiten Blick kaum als Winzer zu erkennen ist (er gleicht eher einem Landedelmann), hat einen tüchtigen Mitstreiter gefunden: seinen einundzwanzigjährigen Sohn Gianluca. Und Marina, Elios Ehefrau, sorgt mit viel Sprachtemperament für den reibungslosen Ablauf in der Verwaltung und im Verkauf, in Haus und Keller.

EIN TRIO STREBT ZUR SPITZE

Azienda Agricola Conterno Fantino, Monforte (Ortsteil Bricco Bastia). Besitzer: Guido Fantino, Claudio Conterno, Diego Conterno Kellerwirtschaft: Guido Fantino, Claudio Conterno; Weinbau: Diego Conterno

Mit dem Wein waren sie längst verbrüdert – als Mitarbeiter in einer renommierten Kellerei in Alba und als Besitzer guter Weinberge in Monforte Doch was sie auf eigenem Grund und Boden ernteten, verarbeiteten sie nicht selbst. Sie verkauften ihre Trauben an andere Produzenten. Anfang der achtziger Jahre erwachte der Ehrgeiz und das unternehmerische Gespür. Sie legten ihre Weinberge zusammen und gründeten ein eigenes Weingut: die Azienda Agricola Conterno Fantino. Mit den Startschwierigkeiten wurden sie schnell fertig; schon nach wenigen Jahren hatten sie sich ins Gespräch gebracht. Inzwischen zählt das erfolgreiche Trio zur ersten Garnitur in der Region: Guido Fantino, Claudio Conterno (Guidos Cousin) und Diego Conterno (Guidos Schwager) bereichern die Spitzengruppe der modernen Barolo-Erzeuger. Das Ziel, das sich die drei Winzer gesetzt haben, deckt sich mit dem Credo der neuen Schule: Schneller trinkbar soll der Barolo sein, weniger belastet mit harten Tanninen, eleganter und zugänglicher. Schon Ende der achtziger Jahre waren sie ihrer Vorgabe nahegekommen; ihre feinen, gut proportionierten Weine wurden von den Weinfreunden mit Begeisterung aufgenommen. Der Jahrgang 1990 markierte dann den ersten Höhepunkt, und mit dem Jahrgang 1996 hat nun endgültig die Neuzeit begonnen. Denn die Ernte dieses Jahres ist zum ersten Mal in einem Rotortank verarbeitet worden, der eine schonende und kurze Gärung und Mazeration erlaubt – zugunsten der sanften Tannine und der intensiven Farbe. Aber auch im Ausbau des Weins folgt das Trio den Neuerern in der Region. Die Weine werden – je nach Art und Rebsorte – zum guten Teil in Barriques gelagert – wenn auch die kleinen Fässer eher behutsam und zurückhaltend genutzt werden. Der Barolo zum Beispiel reift nur zu einem Viertel in neuen Barriques; die übrigen Partien verbringen ihre erste Reifezeit in den traditionellen großen Fässern. Vierzehn Hektar Weinberge stehen unter Ertrag, acht Hektar davon in der Anbauzone Ginestra. Die Produktion erreicht im Durchschnitt rund hunderttausend Flaschen, in ertragsschwachen Jahren, wie 1995, deutlich weniger – bis zu 35 Prozent. Die Spitzenweine im Sortiment sind die Barolos Sori Ginestra und Vigna del Gris, die sich in ihrem Charakter deutlich unterscheiden. Der Ginestra ist der komplexe, tiefe, dunkelfarbene Typ, der Vigna del Gris der elegante, charmante. Der eine wächst auf kalkhaltigen Böden, der andere auf leichteren Sandböden. Aber auch die übrigen Weine des Sortiments stehen ihren „ernsten Brüdern“ in Art und Güte nicht nach – der herb-geschmeidige Barbera Vignota, der geradezu beispielhaft den modernen Barbera-Stil verkörpert, ebenso wie der fruchtig-frische Dolcetto Bricco Bastia und der Tafelwein Monprà, eine Neuschöpfung. Guido Fantino, der Kellerchef, hat niemals eine Weinbauschule besucht; er schwört auf die eigene Erfahrung im Keller. Und an seinen Leistungen gemessen, hat er inzwischen ein Höchstmaß an Erfahrung gesammelt.

Die berühmte Weinbaugemeinde Monforte – von hier aus kann man bei gutem Wetter die schneebedeckte Alpenkette sehen

BAROLO
SORÌ GINESTRA
PRODUCT OF ITALY
RED WINE
CONTERNO FANTINO
MONFORTE D'ALBA - ITALIA
L 6210
PRÀ
1994

DER FILIGRANE VON LA MORRA

Azienda Agricola Corino, La Morra (Ortsteil Annunziata). Besitzer: Familie Corino; Kellerwirtschaft: Renato Corino Weinbau, Verwaltung, Verkauf: Renato und Giuliano Corino

Giovanni, der Vater, hat sich zurückgezogen; er mischt sich nicht mehr ein. Denn was seine beiden Söhne, Renato und Giuliano, im Weinberg treiben, wird er nie verstehen. Früher, als seine Generation die Weinberge kultiviert und gehütet hat, sind üppige Ernten ein Segen gewesen. Es ist alles verwertet worden, was der Weinstock hergegeben hat. Heute werden die Ernten rigoros beschränkt – jedenfalls in jenen Weingütern, die allein in der Steigerung der Qualität ihre Aufgabe sehen. Giovanni Corino weiß zwar aus Erfahrung, daß zu hohe Erträge im Weinberg gute Qualitäten nicht zulassen, aber den rabiat kurzen Anschnitt der Reben im Frühjahr und das Ausdünnen des Behangs kurz vor Beginn der Reifezeit („grüne Ernte") hält er für etwas Frevelhaftes. Renato und Giuliano respektieren die Bedenken des Seniors, aber sie lassen sich von ihrem Weg nicht abbringen. Denn sie haben Erfolg: Ihre Weine sind von hoher Güte, ihr Ruf ist makellos. Ihr filigraner, eleganter Barolo wird ebenso gerühmt wie ihr dichter, dunkelfarbener Barbera. Die Corinos stehen in einer Reihe mit den namhaften jüngeren Winzern der Region, die durch ihr kompromißloses Qualitätsstreben den Wein ihrer Heimat geadelt haben. Vor zehn Jahren ist in der Azienda Corino in La Morra die Neuzeit eingezogen. Moderne Gärtanks, die eine exakte Temperatursteuerung erlauben, sind installiert worden, französische Barriques haben die alten Fässer abgelöst. In dem Bestreben, einen modernen – fruchtigen und früher trinkbaren – Barolo zu produzieren, ist die Gär- und Maischezeit auf nur noch zehn Tage verkürzt und der Ausbau des Weins verfeinert worden. Der Barolo reift jetzt vollständig in Barriques, wobei allerdings dreißig Prozent der Fässer Doppelbarriques (sechshundert Liter) sind. In diesen Fässern, berichtet Renato Corino, könne der junge Wein seine Frucht besonders gut bewahren, der Barolo werde feiner und differenzierter. Zwei Jahre bleibt der Barolo im Faß (siebzig bis achtzig Prozent der Eichenfässer werden jährlich erneuert), ein Jahr reift der Wein dann noch in der Flasche. Auch der Barbera wird vollständig in Barriques ausgebaut (in normalen, nicht in Doppelbarriques), und zwar fünfzehn bis achtzehn Monate lang. Drei Viertel der kleinen Fässer werden in jedem Jahr ausgewechselt. Die Spitzenweine der Azienda Corino sind der Barolo Vigna Giachini, der Barolo Rocche sowie der Barbera Vigna Pozzo. Der dunkle, fast schwarze Vigna Pozzo ist in Italien so stark gefragt, daß für den Export nur wenige Flaschen bleiben. Der komplexe, üppig-aromatische Wein stammt von alten Reben, die Trauben von hoher Güte aber nur winzigen Mengen liefern. Dem Vigna Pozzo steht der Standard-Barbera des Hauses zur Seite, der zwar an das Niveau des Cru nicht heranreicht, dennoch weit über dem Durchschnitt der gewöhnlichen Barbera-Qualität liegt. Ergänzt wird das Angebot durch Dolcetto und Nebbiolo. Ungefähr vierzigtausend Flaschen bieten die Corinos jährlich an; fünfzigtausend Flaschen sollen es in Zukunft werden. Drei Viertel der Produktion werden exportiert, vor allem in die Vereinigten Staaten, nach Deutschland, Österreich und die Schweiz. Renato Corino ist fest davon überzeugt, daß den Weinen aus Piemont die große Zeit erst noch bevorsteht. Was er meint, demonstriert Renato an den jüngsten Jahrgängen. Der Fünfundneunziger und der Sechsundneunziger seien von Natur aus zwar nicht so groß wie die Jahrgänge 1989 und 1990, aber sie könnten dennoch das Maximum dessen werden, was ein Barolo zu bieten habe.

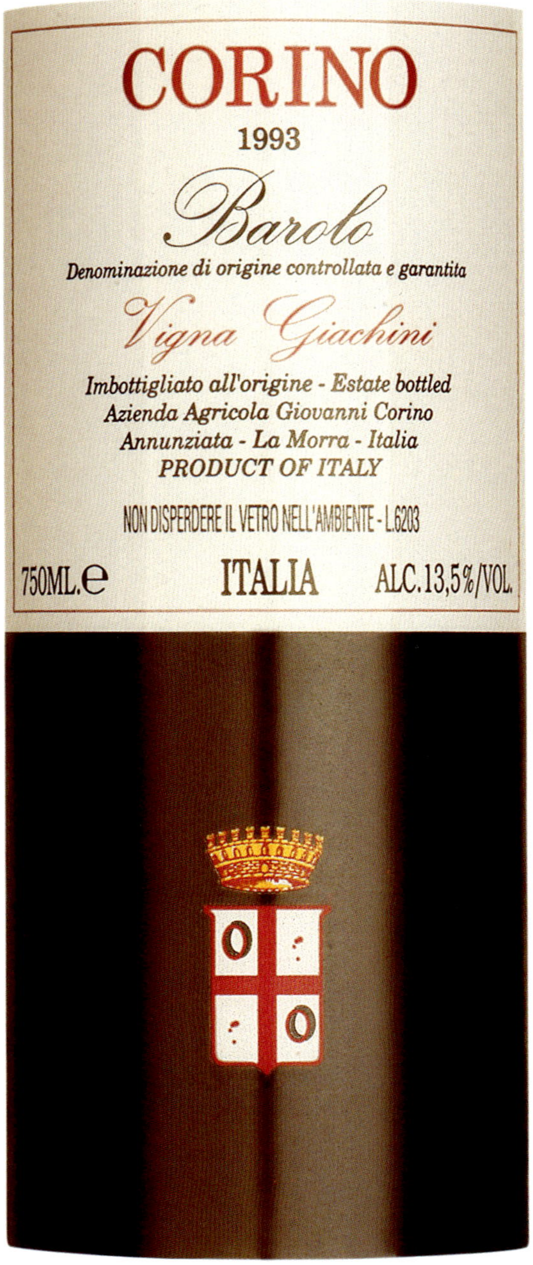

Die jungen Corinos haben sich über die Bedenken der Alten hinweggesetzt: seine Zukunft habe der Wein aus Piemont noch vor sich

Über den zeitgemäßen Barolo-Stil wird lebhaft gestritten. Die Neuerer, die in ihrem Disput mit den Traditionalisten schon viel Terrain gewonnen haben, kämpfen für den weichen, eleganten Stil – für den Barolo, der mit weniger Tannin belastet ist, der nach wenigen Jahren getrunken werden kann. Die Traditionalisten dagegen beschwören die alte Art – den kräftigen, tanninhaltigen Barolo, der in seiner Entwicklung Geduld von den Weinfreunden fordert. Die neue Schule will den Barolo „internationalisieren" – unter anderem durch den Ausbau des jungen Weins in neuen kleinen Eichenfässern nach französischem Vorbild; die Klassiker wollen den überlieferten Stil als den originären Typ der Region retten. Die Diskussion läßt zuweilen vergessen, daß schon vor dem Methodenstreit einige Weingüter versucht haben, aus der strengen Tradition auszubrechen und weiche, fruchtige, elegante Barolos anzubieten. Die Brüder Ceretto gehören dazu, vor allem aber Renato Ratti aus Annunziata bei La Morra. Der angesehene Kämpfer für die gute Qualität – die offiziellen Regeln für die Barolo-Herstellung (DOC-Statut) sind wesentlich sein Werk – hat bis zu seinem Tod 1988 für den Brückenschlag zwischen Tradition und Moderne, zwischen regionaltypischer Eigenständigkeit und einem reformierten Stil geworben. Seine Nachfolger – sein Neffe Massimo Martinelli, der heutige Präsident des Konsortiums Barolo und Barbaresco, sowie seine Söhne Pietro und Giovanni – gehen den Weg weiter: Der Barolo aus dem Hause Ratti, aus den Antiche Cantine dell'Abbazia, erfreut durch Frucht und Duft, durch Geschmeidigkeit und Eleganz, aber auch durch die Fähigkeit, gut altern zu können. Der Wein ist schon nach wenigen Jahren trinkreif, er kann gleichwohl ein hohes Alter erreichen. Trotz der neuen Tugenden ist der Ratti-Barolo ein traditioneller Wein. Die Fermentations- und Maischezeit folgt mit zwölf bis vierzehn Tagen eher dem alten Muster, der junge Wein wird noch immer in den traditionellen Fässern aus slawonischer Eiche ausgebaut. Massimo Martinelli und Pietro Ratti haben zwar mit Barriques experimentiert, doch überzeugt haben sie die Versuche nicht. Wer den Weingeschmack und nicht den Holzton im Barolo favorisiere, könne letztlich nicht mit den kleinen Eichenfässern arbeiten; der Nebbiolo, die Barolo-Rebsorte, vertrage das frische Eichenholz nicht. Striktes Hausverbot haben die Barriques im Hause Ratti aber nicht. Die Tafelweine Villa Pattono und I Cedri, die nicht aus der Rebsorte Nebbiolo gekeltert werden (Villa Pattono ist eine Cuvée aus Barbera, Freisa und Uvalino, und I Cedri ist ein Cabernet Sauvignon), reifen in diesen kleinen Fässern. Allerdings wird das frische Holz vorsichtig dosiert; die jungen Weine bleiben nur wenige Monate in den Barriques. Die Rebfläche des Weingutes ist in den vergangenen Jahren ausgeweitet worden; in der Barolo-Zone werden jetzt zwölf Hektar bewirtschaftet. Die besten Parzellen liegen in der Lage Marcenasco – in direkter Nachbarschaft zu der kleinen Abteikirche, die dem Weingut den Namen gegeben hat. Wenn der Jahrgang gut gelingt, wird der Wein getrennt nach den beiden Crus Rocche und Conca ausgebaut, sonst als Assemblage Marcenasco. Komplettiert wird das Angebot – zum Barolo und zu den Tafelweinen Villa Pattono und I Cedri – durch Barbera, Dolcetto, Nebbiolo und Barbaresco. Nicht viel mehr als hundertdreißigtausend Flaschen, davon vierzigtausend Flaschen Barolo, werden jährlich verkauft. Die Hälfte davon wird exportiert: in die Vereinigten Staaten vor allem, nach Deutschland und in die Schweiz – aber auch nach Australien, Neuseeland und Brasilien. Renato Ratti, der frühere Mitinhaber des Weingutes, ist aber nicht nur durch seinen Wein bekannt geworden. Er hat, ein bedeutendes Verdienst, einst für die Barololagen auch eine Klassifizierung entworfen, die heute noch allgemein als gültig beachtet wird.

DIE FEINE WEICHE ART

Renato Ratti Antiche Cantine dell' Abbazia, La Morra (Ortsteil Annunziata). Besitzer: Massimo Martinelli, Pietro und Giovanni Ratti Verwaltung: Giovanni Ratti; Weinbau und Kellerwirtschaft: Massimo Martinelli und Pietro Ratti

Das Weingut Renato Ratti – ein Refugium für die Erneuerung der großen Barolo-Tradition

Seite 80: Unberührte Vergangenheit – im Weinzentrum der Antiche Cantine dell'Abbazia

Ein Panorama
wie im Bilderbuch –
die Alpen am
Nordrand des Weinbaulandes Piemont

DER ÖKOWINZER VON LA MORRA

Einem Ökoverband gehört er nicht an. Er habe schon nach ökologischen Grundsätzen gearbeitet, als in Italien der Begriff „Öko“ weithin noch ein Fremdwort gewesen sei. Inzwischen werde zwar viel über den naturschonenden Weinbau geredet, aber das meiste sei nicht mehr als modischer Zierrat. Es fehle der feste Wille, den schönen Worten Taten folgen zu lassen. Roberto Voerzio in La Morra ist ein Täter. Seit zehn Jahren düngt er seine Weinberge allein mit Humus – selektiv, je nach Bedarf; und nach der Blüte spritzt er nur noch mit der Bordelaiser Brühe. Außerdem wird die Ernte drastisch beschränkt – durch einen kurzen Anschnitt im Frühjahr und durch mehrmaliges Ausdünnen des Behangs im Juli und August („grüne Ernte“). Zehn Hektar Rebfläche werden derzeit bewirtschaftet. Fünf Hektar sind für den Barolo reserviert – in den Crus Brunate, La Serra Cerequio und Capalot; der Rest verteilt sich auf Dolcetto, Barbera und Chardonnay. In der Vinifizierung geht Voerzio einen mittleren Weg. Er läßt sich weder der neuen noch der traditionellen Schule zuordnen. Die Trauben werden vor der Gärung entrappt, die Fermentation (nur mit natürlichen Hefen) und die Maischezeit werden auf zehn bis zwölf Tage ausgedehnt (die Modernisten kommen mit der Hälfte der Zeit aus), der Hut wird mehrmals am Tag getaucht – zur besseren Extrakt- und Farbausbeute. Im Dezember kommt der junge Wein in die Fässer, wobei Voerzio auch hier die Balance zwischen der alten und der neuen Schule hält: der Barolo wird jeweils zur Hälfte in Barriques (zwei Drittel davon sind stets neu) und in klassischen Fuderfässern aus slawonischer Eiche ausgebaut. Seine Reifezeit beträgt mindestens zwei Jahre, manchmal auch deutlich länger – wie beim Jahrgang 1993 mit dreißig Monaten. Nach der Lagerung im Faß wird der Wein mit frischem Hühnereiweiß geschönt, und zwar – wie Voerzio behauptet – mit Eiern von freilaufenden Hühnern, entsprechend dem Grundsatz des durchgängig ökologischen Verhaltens. Auch der Barbera wird in Barriques ausgebaut. Entspricht die Ernte der normalen Menge, reift die Hälfte des Weins in Barriques (der andere Teil in traditionellen Fässern), fällt die Ernte witterungsbedingt knapp aus, werden alle Barbera-Partien in den Barriques gelagert. Ebenso reift der Chardonnay im frischen Holz; er kommt drei Tage nach Beginn der Gärung in die Barriques – für ungefähr elf Monate. Auch bei diesem Wein wird der Ertrag streng beschränkt. Achtzig Hektoliter je Hektar hätte Voerzio 1996 ernten dürfen, mit fünfundvierzig Hektolitern hat er sich am Ende begnügt. Der Öko-Praktiker aus La Morra hat einen tadellosen Ruf. Seine eleganten, feinen Weine sind begehrt, die Preise entsprechend hoch. Vor zehn Jahren habe er seine Weine zu billig verkauft; aber er habe als Neuling im Markt Opfer bringen müssen. Opfer bringt er jetzt nicht mehr. Er kann sich seine Kunden aussuchen: Privatleute vor allem und die gehobene Gastronomie. Die Weinfreunde im Ausland halten dem musikliebenden Lockenkopf seit langem die Treue, der die Ressourcen schont.

Azienda Agricola Roberto Voerzio, La Morra. Besitzer: Roberto Voerzio Weinbau und Kellerwirtschaft: Roberto Voerzio

CEREDA

Azienda Agricola Paolo Scavino di Enrico Scavino, Castiglione-Falletto. Besitzer: Enrico Scavino; Weinbau und Kellerwirtschaft: Enrico Scavino Öffentlichkeitsarbeit und Verwaltung: Enrica Scavino

BRUCH MIT DEM ALTEN

Noch vor gut zehn Jahren fühlte er sich dem alten Handwerk verpflichtet. Zwar studierte er fleißig die neuen Techniken, blieb in der Praxis aber eher auf der konservativen Linie. Die Fermentations- und Maischezeit des Barolos wurde auf drei bis vier Wochen ausgedehnt – zur besseren Farb- und Tanninausbeute. Und der Ausbau des jungen Weins vollzog sich – der Überlieferung entsprechend – in den großen, mehrere Jahre alten Holzcuves. Von der Barrique-Technik war er nicht überzeugt. Heute, nach dem Bruch mit der Tradition, schämt sich Enrico Scavino fast für die Weine aus seiner Frühzeit. Sie seien nicht zeitgemäß, sie folgten einer Philosophie, die der Konsument heute nicht mehr verstehe. Der rauhe, tanninhaltige und lange Reifezeit erfordernde Barolo sei ein Relikt. Scavino und seine Freunde definieren den neuen Stil kurz und präzis: elegant soll der Barolo sein, weich (mit „süßen" Tanninen), früher trinkbar, aber dennoch langlebig. Die Produktionsmethode hat Scavino entsprechend geändert. Der Most wird in neuentwickelten Rotortanks vergoren, die eine rhythmisch gesteuerte Umwälzung der Maische und damit einen intensiven Kontakt des Mosts mit den Schalen der Beeren erlauben. Die Extraktion der Farbe und des Tannins wird beschleunigt, die Fermentation und Mazeration kann auf vier bis sechs Tage verkürzt werden, die harten und bitteren Tannine werden nicht gelöst (zumal sich die Kerne der Beeren in einer Rinne am Boden des Tanks absetzen und nicht umgewälzt werden). Anschließend wird der junge Wein in neuen, kleinen Eichenfässern ausgebaut, die nur ein bis drei Mal verwendet werden. Es seien nicht unbedingt die Barriques nach französischem Vorbild, die ihn nun

überzeugten, sondern das frische Holz. Scavino verwendet daher auch verschiedene Faßtypen: das klassische Barrique mit zweihundertfünfundzwanzig Litern Inhalt, Gebinde mit dreihundertfünfzig Litern und – als Experiment – die sogenannten Zigarillos mit hundertsechzig Litern. Achtzehn Monate reift der Barolo in den kleinen Eichenfässern. Anschließend werden die einzelnen Partien in Edelstahltanks miteinander vermählt und – vor der Abfüllung – nochmals sechs bis acht Monate gelagert. Nach drei Jahren kommt der Barolo auf den Markt (die Riserva nach fünf Jahren). Auch den Barbera baut Scavino in kleinen Eichenfässern aus, den normalen Typ in gebrauchten und die Selektion in neuen. Die Reifezeit beträgt hier zehn bis achtzehn Monate. Zwölf Hektar Rebland bewirtschaftet Scavino heute. Die Spitzen im Barolo-Angebot sind der exzellente Rocche dell' Annunziata, der elegante, konzentrierte Bric del Fiasc und der feine Cannubi. Nicht jeder in der Region versteht die neuen Wege, die der sympathische Perfektionist Enrico Scavino, der inzwischen von seiner Tochter Enrica unterstützt wird, in der Weinherstellung geht. Immer wieder muß er sich der Frage stellen, ob sein Produkt noch als wahrer Barolo definiert werden kann. Die Antwort gibt der Markt. Der samtene, dunkle Barolo neuen Stils mit der verführerischen Frucht ist, was niemanden wundert, schnell vergriffen.

Vater und Tochter – ein Herz und eine Seele: Enrico und Enrica Scavino

Seite 86

Ein Blick von La Morra, in die großartige Landschaft des Barolos

EIN ELEVE DER NEUERER

Azienda Agricola Silvio Grasso, Annunziata (La Morra). Besitzer: Alessio Federico Grasso Weinberg und Kellerwirtschaft: Alessio Federico Grasso Verwaltung und Vertrieb: Marilena Grasso

Der Vater hat Wein angebaut, auch der Großvater. Aber ein eigenes Etikett gab es nicht. Die Grassos verkauften ihren Wein anonym an die großen Kellereien. Mitte der achtziger Jahre kam die Wende. Alessio, der Junior, der viele Jahre mit seinem Vater in den Weinbergen und im Keller zusammengearbeitet hatte, ließ sich von seinen Freunden zur Eigenständigkeit überreden. Er begann, seinen Wein selbst abzufüllen. Aber bei der Eigenabfüllung allein blieb es nicht. Alessio Grasso wollte mehr. Er wollte das elterliche Weingut, die Cascina Luciano in Annunziata (La Morra), zu einem Qualitätsbetrieb umformen – nach dem Beispiel der Reformer Altare, Clerico und Scavino, denen er nacheiferte und die ihm mit Rat und Tat zur Seite standen. Er beschränkte die Erntemengen (durch kompromißlosen Rebschnitt im Winter und durch Ausdünnen des Behangs kurz vor der Reifezeit), und er modernisierte die Kellerwirtschaft. Der Jahrgang 1985, erinnert sich Alessio heute, sei der erste Grasso-Barolo gewesen, der an strengen Qualitätsmaßstäben gemessen werden könne. Der neuen Barolo-Schule folgt Grasso ohne Wenn und Aber. Erste Barrique-Erfahrungen hatte Grasso schon Mitte der achtziger Jahre gesammelt – mit einem Barolo aus dem Jahrgang 1986, den er zum Teil im frischen Holz, zum Teil in traditionellen großen Fässern gelagert hatte. Inzwischen reifen alle Spitzenweine in Barriques: die Lagen-Barolos Bricco Luciani und Ciabot Manzoni ebenso wie der Barbera Fontanile und der Nebbiolo Langhe. Selbst die einfache Version des Barberas und der Dolcetto werden für kurze Zeit in Barriques ausgebaut – allerdings in Fässern, die schon drei Jahre alt sind. Nur der einfache Barolo, der nicht als Cru ausgebaut wird, reift nach wie vor in großen Fässern. Sechs Hektar Weinberge werden derzeit bewirtschaftet, dreißig- bis vierzigtausend Flaschen können jährlich angeboten werden (davon knapp fünfundzwanzigtausend Flaschen Barolo). Der Exportanteil des Weingutes ist beträchtlich; ungefähr achtzig Prozent werden ins Ausland geliefert – in die Vereinigten Staaten vor allem, nach Japan, in die Schweiz, nach Österreich und Deutschland. Grassos Weine sind gut strukturiert, sie sind feinfruchtig und geschmeidig. Sie machen der neuen Schule alle Ehre. Nur Alessios Bruder scheint der Sache nicht zu trauen. Denn als Grasso damit begonnen hatte, die Ernten zugunsten der Qualität rigoros zu kürzen, kam es zum Zerwürfnis. Inzwischen sind die Fronten klar abgesteckt; es herrscht wieder Eintracht. Alessio kümmert sich um den Wein, der Bruder konzentriert sich auf die Landwirtschaft und den Agrotuorismus. Doch Alessio steht in der Familie nicht allein. Marilena, seine Frau, ist von seiner Sache tief überzeugt. Sie hilft im Weinberg und im Keller – und sie ordnet den Vertrieb.

Vor dem Aufstieg nach La Morra – das Weingut Silvio Grasso

Die Tradition werden sie nicht zur Tradition machen. Marco und Tiziana, die Geschwister Parusso, haben sich der Moderne verschrieben. Sie stehen in einer Reihe mit den Neuerern, die den Barolo zu einem internationalen Wein aufwerten wollen. Nicht mehr rauh soll er sein, nicht mehr tanninlastig und verschlossen, sondern elegant und fruchtig, sauber und weich (mit „süßen“ Tanninen) und früher trinkbar. Viel Geld haben die Parussos ausgegeben, um den Stilwechsel zu vollziehen. Sie haben neuartige Gärtanks installiert, die eine drastische Verkürzung der Fermentations- und Maischezeit ermöglichen – zum Schutz des jungen Weins vor den bitteren und harten Tanninen. Und sie erneuern Jahr für Jahr mehr als ein Drittel ihrer Barriques, weil sie im neuen Holz eine Garantie für den optimalen Ausbau des Weins sehen. Aber auch im Weinberg orientieren sie sich an Erfordernissen des modernen Qualitätsweinbaus. Die Erntemengen werden energisch beschränkt – durch einen kurzen Anschnitt im Frühjahr und durch das Ausdünnen des Behangs kurz vor Beginn der Reifephase im Sommer („grüne Ernte“). Die Azienda ist jung. Erst 1974 hatte sich Armando Parusso, der Vater, für den Wein entschieden. Marco und Tiziana versuchen nun, in die Spitzenklasse aufzusteigen. Ihrem Ziel, Anschluß an die berühmten Weingüter in Piemont zu finden und in die Meisterklasse aufzusteigen, sind Marco und Tiziana nah. Mit ihren Leistungen in den vergangenen fünf Jahren haben sie im Kreis der launischen und kritischen Weinliebhaber beachtliches Aufsehen erregt. Vor allem ihr Sauvignon blanc, der Bricco Rovella Bianco, ein für die Region untypischer Wein, findet großen Beifall. Der im kleinen Eichenfaß (Barrique oder Zigarillo) vergorene und gereifte Wein gilt inzwischen als der beste Sauvignon Piemonts (er enthält neben der Rebsorte Sauvignon blanc noch zehn Prozent Chardonnay). Auch mit dem anderen von der Tradition nicht gedeckten Wein, dem Bricco Rovella Rosso, haben die Parussos viel Ansehen gewonnen. Dieser Wein, eine Mischung aus jeweils fünfzig Prozent Barbera und Nebbiolo, der in neuen und gebrauchten Barriques ausgebaut wird, gilt wie der Sauvignon als ein gelungenes Beispiel für die „neuen Piemonteser“. Inzwischen haben die Geschwister auch mit ihrem Barolo Boden gutgemacht. Ihre Spitzenerzeugnisse, der Bussia Vigna Munie und der Bussia Vigna Rocche, werden hoch bewertet. Beide Weine werden nur in neuen Barriques ausgebaut – ungefähr zwei Jahre lang. Sie sind sauber und elegant, sie betören durch feinen Duft und delikate Aromen. Die Spitzenweine der Azienda Parusso werden zum guten Teil exportiert, nach Amerika und in die Schweiz. Auch die deutschen Weinfreunde kommen langsam auf den Parusso-Geschmack.

AUF DEM WEG IN DIE MEISTERKLASSE

Azienda Agricola Armando Parusso, Monforte (Ortsteil Bussia). Besitzer: Familie Parusso; Kellerwirtschaft: Marco Parusso Verwaltung und Verkauf: Tiziana Parusso

Der Flirt mit der Moderne – Marco und Tiziana Parusso haben sich der neuen Schule verschrieben

Seite 90

Nach den Regeln der Neuerer – der Barolo reift in den kleinen Eichenfässern

EIN PIONIER DES NEUEN BAROLOS

Azienda Agricola Clerico, Monforte. Besitzer: Domenico Clerico; Weinbau, Kellerwirtschaft, Verwaltung: Domenico Clerico

„Ein großer Wein muß von Anfang an groß sein, nicht erst nach vielen Jahren Lagerung.“ In diesem Satz bündelt Domenico Clerico seine Meinung zum Disput über den neuen und alten Barolo-Stil. Doch das stürmische, viel gelobte Temperament aus Monforte bezieht nicht nur klar Position in dieser Auseinandersetzung, Clerico zählt auch zu den Pionieren des modernen Barolo-Typs. Schon 1980 hat er versucht, einen Barolo zu produzieren, der sich vom alten Stil deutlich abhebt und der letztlich schon alle Merkmale des neuen Typs trägt: weiche Tannine, Reintönigkeit, lebendige Frucht und frühe Trinkreife. Und drei Jahre später bringt er seinen ersten Wein auf den Markt, den er in Barriques, in neuen kleinen Eichenfässern, ausgebaut hat. Er nennt ihn Arte – auf Anregung seines umtriebigen Agenten Marc de Grazia. Dieser Wein, zu fünfundneunzig Prozent aus Nebbiolo und zu fünf Prozent aus Barbera gekeltert (heute nur noch aus Nebbiolo), macht den Einunddreißigjährigen schlagartig bekannt und öffnet ihm die internationalen Märkte. Bei seinem Barolo hält er sich mit der Barrique-Technik allerdings noch zurück nicht aus Zweifel am Sinn dieser Methode, sondern – wie er später freimütig zugibt – aus Mangel an Erfahrung. Heute baut Clerico alle Barolos in neuen Eichenfässern aus: in Barriques, in Fässern mit siebenhundert Litern Inhalt und in sogenannten Zigarillos (hundertsechzig Liter). Die Fässer werden nur zwei Mal verwendet, der junge Wein bleibt, je nach Jahrgang ungefähr zwei Jahre im Holz. Arte wird rund achtzehn Monate gelagert – in stets einjährigen Fässern, und auch der Dolcetto und der Barbera verbringen die ersten Monate ihres Lebens im Eichenfaß (nur der leicht schäumende Freisa, eine piemontesische Spezialität, kommt nicht ins Holz). Die Fermentations- und Maischezeit hat Clerico inzwischen drastisch verkürzt, damit der Barolo mit Tannin

Domenico Clerico – einer der führenden Neuerer der Barolo-Region Seite 94

Die Trattoria della Posta, eine typische Heimstatt der piemontesischen Küche

nicht überfrachtet und früher genußreif wird. Das Tannin, das der junge Wein aus den Eichenfässern zieht, stört ihn nicht. Denn im frischen Holz seien feine, weiche Tannine. Das starke Interesse, das die Weine auf den Märkten finden, hat den quirligen Barrique-Künstler, der mit einem Strom von Worten seine Gäste zu begeistern weiß, in den vergangenen Jahren dazu bewogen, die Anbaufläche des Weingutes deutlich aufzustocken. 1990 hat er sich im Pajana-Weinberg eingekauft, und 1995 hat er fünf Hektar der Lage Percristina in der Zone Mosconi in Monforte erworben. Zweieinhalb Hektar im Cru Percristina hat Clerico schon bepflanzt – mit Dolcetto, Barbera, Nebbiolo und Pinot nero. Wenn alle Parzellen, die in letzter Zeit hinzugekommen sind, bestockt sein werden, wird die Rebfläche des Weingutes fünfzehn Hektar betragen. Clerico ist auf die neuen Weinberge dringend angewiesen, denn die Nachfrage nach seinen Weinen ist beträchtlich. Vor allem die Barolo-Freunde haben immer wieder das Nachsehen, wenn sie nicht rechtzeitig nach der Ernte Ware vorbestellen. Gegenwärtig bietet Clerico jährlich rund achtzehntausend Flaschen Barolo und ungefähr fünfunddreißigtausend Flaschen Dolcetto, Barbera, Arte und Freisa an. Vierzig Prozent der Produktion werden exportiert. Vor allem seine Barolos, die durch Frucht und Farbe, durch gute Struktur und weiche Tannine verführen, finden großen Zuspruch: der Ciabot Mentin Ginestra ebenso wie der Pajana und der Briccotto Bussia. Der Stil seiner Weine deckt sich mit seiner Leidenschaft – mit seiner Begeisterung für Château Margaux in Médoc und den roten Burgunder aus der kleinen Gemeinde Musigny an der Côte de Nuits. Allerdings bleibt er bei seinem Superlativ: Der beste Rotwein der Welt ist der Barolo.

TRATTO

A DELLA POSTA

Er hat nie daran gezweifelt: Dem traditionellen Stil würde er immer die Treue halten. Vor dreißig Jahren hat er den väterlichen Betrieb in Monchiero übernommen, und seit dreißig Jahren verteidigt er die alte Schule. Mauro Mascarello hat sich von der Moderne nicht anstecken lassen. Im Streit um den „richtigen" Barolo-Stil bringt Mascarello die Neuerer in Verlegenheit. Denn seine Spitzenweine tragen nicht den Makel, den die Modernisten als Argument gegen den Barolo des herkömmlichen Stils vortragen. Sie sind zwar reich an Tanninen, und sie brauchen auch einige Jahre, bis sie trinkreif sind. Doch sind die Tannine nicht ruppig und hart, sondern weich und elegant. Und außerdem präsentieren sich die Weine mit einer Fülle an Aromen, wodurch sich besonders Mascarellos Spitzenwein, der Monprivato, auszeichnet. Das Bekenntnis zur alten Schule spiegelt vor allem Mascarellos Abneigung gegen die Barriques. Er hat zwar mit den kleinen Eichenfässern experimentiert, aber die Ergebnisse haben ihn enttäuscht. Die Barrique-Weine verlören durch die Holznote ihre Eigenständigkeit; sie glichen einander auf der ganzen Welt. Der Wein verliere seine Individualität, der Charakter des Bodens werde durch das frische Holz verdeckt. Mascarello bleibt beim Ausbau der Weine deswegen bei der überlieferten Methode; er lagert sie in großen Fässern, in den alten botte aus slawonischer Eiche – den Barbera acht bis zwölf Monate, den Barolo zweieinhalb bis drei Jahre. Auch in der Vinifizierung orientiert sich der Mann aus Monchiero an der Übung der Väter: Die Maischezeit wird nicht verkürzt, wie es die neue Schule fordert; Mascarello dehnt die Gärung und die Mazeration für den Barolo vielmehr auf vier Wochen aus. Das Ergebnis sind kräftige, purpurfarbene Weine mit einer langen Lebenserwartung. Siebzehn Hektar Weinberge sind in Mascarellos Azienda agricola bepflanzt, knapp sieben Hektar davon in der Superlage Monprivato bei Castiglione-Falletto, die ihm allein gehört. Ungefähr vierzigtausend Flaschen werden in Monchiero jährlich gefüllt, davon achtzehn- bis fünfundzwanzigtausend Flaschen Barolo. Der Rest verteilt sich auf Barbera, Dolcetto, Nebbiolo und Freisa. Das Spitzenprodukt Monprivato ist Mascarellos Exportschlager. Neun von zehn Flaschen werden ins Ausland geliefert – nach Deutschland und in die Schweiz vor allem, nach England und, natürlich, in die Vereinigten Staaten. Die Klasse, die der Monprivato in fast allen Jahren erreicht, begründet Mascarello vor allem mit der besonderen Lage. Der Weinberg sei optimal nach Südwesten geneigt, er sei vom Klima besonders begünstigt. Wenn auf den anderen Weinbergen noch Schnee liege, zeige sich im Monprivato schon schüchtern neues Grün. Aber auch die strenge Produktionsbegrenzung verhilft seinen Weinen zu besonderer Qualität. Der Ertrag je Hektar liegt beim Monprivato, aber auch bei dem anderen Spitzenwein, dem Barolo Bricco, deutlich unter vierzig Hektoliter. Und außerdem läßt sich Mascarello viel Zeit mit der Ernte. Die Trauben hängen lange am Stock, sie reifen voll aus – zugunsten feiner und eleganter Tannine. In Castiglione-Falletto, der Monprivato-Gemarkung, ist er meist der letzte Winzer, der die Trauben lesen läßt. Für die Zukunft seiner Azienda hat Mauro Mascarello schon vorgesorgt. Sein Sohn Giuseppe studiert zwar Jura und Philosophie. Doch nach dem Studium, so ist es zwischen Vater und Sohn fest vereinbart, wird der Filius das Winzerhandwerk erlernen. Und was Mauro am meisten freut: Der Sohn denkt in der Frage des Barolo-Stils genauso wie der Vater. Er will unbeugsam die Tradition bewahren, am alten Stil festhalten.

BAROLO DER ALTEN SCHULE

Azienda Agricola Giuseppe Mascarello, Monchiero.
Besitzer: Mauro Mascarello
Weinbau und Kellerwirtschaft: Mauro Mascarello

Ein unbeugsamer Traditionalist – Mauro Mascarello in Monchiero wird der strengen traditionellen Schule immer die Treue halten

HÜTER DER TRADITION

Azienda Vitivinicola Giacomo Conterno, Monforte. Besitzer: Giovanni Conterno; Weinbau und Kellerwirtschaft: Giovanni und Roberto Conterno

Er ist sich seiner Sache sicher: Die neue Barolo-Schule, repräsentiert durch die Barrique-Epigonen der Region, wird das Kräftemessen mit den Traditionalisten nicht gewinnen. „Wir haben so schöne originäre Weine. Warum sollen wir diese Weine durch Barriques kaputtmachen? Warum sollen wir französische Weine produzieren?" Giovanni Conterno, Winzer in Monforte, der ältere Bruder des ebenso erfolgreichen Aldo Conterno, ist das weithin strahlende Symbol der alten Schule. Seine Weine sind wuchtig und tanninreich, sie sind überaus gut strukturiert und komplex, sie sind dunkelfarben und langlebig. „Mein Barolo kann vierzig bis fünfzig Jahre altern. Was aus den neuen Barrique-Weinen wird, weiß noch niemand." Obwohl Conterno mit Überzeugung weiterspinnt, was der Vater und der Großvater als gut und richtig festgelegt haben, hat er nicht kritiklos die Praktiken seiner Vorfahren übernommen (in der Familie wird seit 1770 Wein produziert). Zum Wohl des Weins, zugunsten der Reinheit und der Frische, hat er einiges korrigiert, ohne die Überlieferung zu verraten. So hat er die Maischezeit von ehedem fast zwei Monaten auf dreißig Tage verkürzt (was nach den Regeln der neuen Schule, die mit vier bis acht Tagen auskommt, noch immer sündhaft lang ist), und er begrenzt die Temperatur während der Gärung: auf achtundzwanzig Grad für alle Weine – für den Barolo, den Barbera und den Dolcetto (nur seinem Spitzenwein, der Riserva Monfortino, gönnt er eine etwas höhere Temperatur bei der Fermentation). Vergoren werden die Weine in modernen Edelstahltanks, gelagert werden sie – nach alter Väter Sitte – in großen Fässern aus slawonischer Eiche (fünfundfünfzig, fünfundsiebzig und hundertsechs Hektoliter Inhalt). Die Reifezeit im Faß ist beträchtlich, wenn Conterno auch hier von der Überlieferung leicht abweicht. Doch mit vier Jahren für den Barolo Cascina Francia und sieben Jahren für die Riserva Monfortino setzt er sich deutlich von den Modernisten ab, die ihren Barolo allenfalls noch zwei Jahre ausbauen. Nach der Reife im Faß ruht

der Wein noch einige Zeit in der Flasche, bis er an die Kunden, die alle Jahre voll Ungeduld auf den neuen Jahrgang warten, ausgeliefert wird. Conterno läßt sich nicht zur Eile drängen; er hält ehern an seinem Grundsatz fest: „Wenn mein Wein abgefüllt ist, kann man ihn auch trinken." Das Geheimnis der Qualität liegt aber natürlich nicht nur in der allerdings perfekten Beherrschung der alten Techniken. Conterno beschränkt auch rigoros die Erntemenge – auf weniger als vierzig Hektoliter je Hektar. Und in schwachen Jahren, wenn nur mäßige Qualität gewachsen ist, läßt Conterno den Barolo-Jahrgang ausfallen: wie 1991 und 1992 zum Beispiel, wo er den Wein anonym als Faßware verkauft hat. Fünfzehn Hektar Weinberge hat Conterno in seinem Besitz. Alle Parzellen liegen in der Gemeinde Serralunga, in der erstklassigen Lage Cascina Francia. Eigene Weinberge hatte die Familie zunächst nicht; die Conternos verarbeiteten Trauben, die sie bei Winzern der Region gekauft hatten. Giovanni ist es dann gewesen, der wagemutig den Betrieb zu einem Weingut mit eigenen Weinbergen ausgebaut hat. Seit 1980 arbeitet er in seiner neuen Kellerei, die nur einen Steinwurf vom Spitzenrestaurant der Barolo-Region, von Giorgio Roccas „Giardino da Felicin", entfernt liegt. Die Hälfte der Produktion verkauft Conterno ins Ausland. Vor der Zukunft ist dem Traditionalisten nicht bange. Denn sein Sohn Roberto, den er bald zum Kompagnon machen wird, denkt genauso wie der Vater, ja er übertrifft ihn noch in der Verehrung der traditionellen Schule. Die Tradition wird leben.

Giovanni Conterno hat mit seinem Barolo Monprivato bewiesen, daß die Traditionalisten die Neuerer das Fürchten lehren können

Seite 98

Giorgio Rocca (rechts) – eine der Symbolfiguren der großen piemontesischen Küchenkunst, mit seinem Koch Franco Gioelli

IMMER AUF HOHEM NIVEAU

Rocche dei Manzoni, Monforte. Besitzer: Valentino und Jolanda Migliorini Weinbau, Kellerwirtschaft, Verkauf: Valentino Migliorini

Winzer oder Kellermeister ist er von Hause aus nicht. Valentino Migliorini hat Kaufmann gelernt und in der Gastronomie Karriere gemacht. Und dennoch beherrscht er das Metier perfekt. Seine Weine sind von gleichbleibend hoher Qualität, sein Ruf in der Zunft ist makellos. Mit der Kunst des Weinmachens hat er sich sehr früh beschäftigt. Sein Restaurant in Piacenza, das erste in der gleichnamigen Provinz, das vom Guide Michelin mit einem Stern ausgezeichnet worden war, hat ihm zwar nur wenig Zeit für die Nebenbeschäftigung gelassen. Doch die Versuchung Wein ist stark. 1974 entschließt er sich, das Hobby zum zweiten Beruf zu machen; er kauft die zweihundert Jahre alte Azienda Rocche dei Manzoni in Monforte. Viel Arbeit und Geld steckt Migliorini in das alte Gut, das er Schritt für Schritt renoviert und erweitert. Das Doppelleben als Gastronom und Winzer wird ihm aber allmählich zu viel; er schließt daher 1988 sein Restaurant in Piacenza – zugunsten des Weins im Piemont. Migliorini ist ein experimentierfreudiger Mensch. Er gibt sich nicht mit der Überlieferung zufrieden, er sucht neue Wege. So wird er zu einem entscheidenden Neuerer in der Barolo-Region, ohne daß er seine Vorreiterrolle jemals werbeträchtig ausgespielt hätte: er ist der erste in der Region, der Barolo in Barriques ausbau hat; er ist der erste, der Barbera und Nebbiolo mischt (er nennt diesen Tafelwein Bricco Manzoni); und er ist der erste, der in der Barolo-Zone Chardonnay und Pinot nero pflanzt. Nur beim Winzer-Spumante muß er einem anderen die Rolle des ersten Pioniers Überlassen: Bruno Giacosa aus Neive. Migliorini bewirtschaftet inzwischen sechzig Hektar Weinberge. Er zählt damit zu den großen Domänen in Piemont. Vierzig Hektar sind im Eigenbesitz, sie verteilen sich auf die Azienda Rocche dei Manzoni und die Nebengüter; zwanzig Hektar sind gepachtet. Die eine Hälfte der Anbaufläche ist für den Barolo reserviert, die andere für Barbera, Chardonnay, Pinot nero und Dolcetto. Der Most für den Barolo wird in modernen, automatisch arbeitenden Edelstahltanks vergoren; die Fermentations- und Maischezeit beträgt ungefähr zwei Wochen. Ausgebaut wird der junge Wein in den traditionellen botte (zehn bis zwanzig Hektoliter Inhalt) oder in kleinen Fässern – je nach Typ. Die drei Crus Vigna Big, Vigna Santo Stefano und Vigna d'la Roul und der Barbera-Nebbiolo-Tafelwein Bricco Manzoni reifen zum guten Teil im frischen Holz, wobei Migliorini sowohl Barriques (zweihundertfünfundzwanzig Liter), Zigarillos (hundertsechzig) und Minifässer (hundertvierzig Liter) verwendet. Der einfache Barolo kommt nur in die großen Fässer. Was Migliorini dann abfüllt, ist ein körperreicher Wein mit feinen Tanninen und ausgeprägten Aromen (Trüffel, Kakao, Gewürze). Die Weine sind lange haltbar, sie gewinnen von Jahr zu Jahr an Schönheit und Harmonie. Besonders stolz ist Migliorini auf seinen Chardonnay, den er in zwei Versionen produziert: als Barrique-Wein unter dem Namen Angelica und als einfachen Chardonnay (Manzoni bianco), der im Edelstahltank ausgebaut wird. Aber auch mit seinen eleganten Schaumweinen (metodo classico) kann sich der padrone von Rocche dei Manzoni sehen lassen. Der Grundwein aus Chardonnay-Trauben wird in Barriques vergoren, der fertige Spumante sechsunddreißig bis sechzig Monate auf der Hefe (in der Flasche) gelagert. Migliorinis Weine finden großen Zuspruch, vor allem im Ausland: „Ich könnte die gesamte Produktion im Ausland absetzen."

Valentino Migliorini ist immer einer der ersten gewesen – im Hinblick auf Neuerungen und Verbesserungen

Seite 102
Von den Weinhügeln um die Kapelle Santo Stefano aus schweift der Blick weit über die Rebhänge der Langa

GIOVALE
ROCCHE DEI MANZONI

Der Kopf der Modernisten. Was Elio Altare verkündet, ist die reine Lehre

Seite 106

Barolo in Barriques – die Neuerer schwören auf diese Methode der Veredelung

DER ALTAR DER MODERNE

Angefangen hatte alles vor zwanzig Jahren, mit einer Reise nach Burgund. Der junge Altare, Sohn eines traditionsbewußten bäuerlichen Winzers in La Morra, wollte sehen, wie es die anderen machen, wollte wissen, worauf der Ruhm der französischen Konkurrenz gründete. Er wurde schnell fündig. Der Barolo alten Stils war ein tanninreicher, rauher Wein, der viele Jahre reifen mußte, der Burgunder dagegen zeigte schon nach wenigen Jahren seine Klasse: Geschmeidigkeit und Harmonie, Feinheit und Eleganz. Außerdem zahlten die Weinfreunde für den Burgunder erheblich mehr als für den Wein seiner Heimat. Elio Altare, auf der Suche nach einer neuen (besseren) Zeit, zog die Konsequenzen: Er begann, den Burgunderstil auf den Barolo zu übertragen. Zuerst beschränkte er die Erntemengen – zugunsten besserer Qualität. Sein Vater, der in großen Ernten einen Segen und in den großen alten Fässern den Fortbestand der Tradition sah, war entsetzt. „Zwischen uns beiden", erinnert sich Altare heute, „tobte der Krieg." Aber der Junior blieb standhaft; er ging seinen Weg unbeirrt weiter. Und 1985, als sein Vater starb, erregte er erstmals Aufsehen – mit seinem Barolo aus dem Jahrgang 1982. Von nun an sorgte Altare für Gesprächsstoff. Seine eleganten, weichen Barolos mit der dunklen Farbe und der feinen Frucht wurden zum Modell für die junge Generation, seine kleine Domäne im Ortsteil Annunziata zur Pilgerstätte der Moderne. Wo immer auf hohe Weinkultur Wert gelegt wurde, fand Altare Einlaß. Doch nicht nur sein Barolo machte bald Geschichte. Auch sein Barbera, vor allem der Vigna Larigi, der inzwischen fast zum Kultwein geworden ist, eroberte sich schnell einen großen Freundeskreis. Bei allem Drang, einen neuen Weg zu gehen, ist Altare nie der Ideologie erlegen. Er differenziert, er hält Maß. Den Barolo baut er keineswegs – wie einige seiner Mitstreiter – kompromißlos in neuen kleinen Eichenfässern aus. Nur zwanzig Prozent des Weins reifen in frischen Barriques, der überwiegende Teil in traditionellen großen Fässern (bis zum Jahrgang 1993 ist der Barolo überhaupt noch nicht mit frischem Holz in Berührung gekommen). Der Barbera dagegen sowie die sogenannten Tafelweine Vigna Arborina (aus Nebbiolo gekeltert) und La Villa (eine Cuvée aus Barbera und Nebbiolo) werden vollständig oder überwiegend in neuen Fässern gelagert. Aber nicht nur durch die Beschränkung der Menge und den Ausbau der jungen Weine in Barriques schafft Altare die Voraussetzungen für den neuen Stil. Er begrenzt auch deutlich die Fermentations- und Maischezeit: auf nur noch zwei bis sechs Tage. Bei längerer Maische ziehe der Wein zuviel Tannin; der Wunsch nach früher Trinkreife – das eigentliche Ziel der Neuerer – werde darin zur Illusion. Allerdings äußert sich der wortgewaltige Mann aus Annunziata vorsichtig: „Gegenwärtig gibt uns die Zeit durchaus recht. Wir haben großen Erfolg. Aber es bestehen keine festen Regeln. Wer weiß, ob sich der Geschmack in den nächsten Jahren nicht ändern wird." Daß Elio Altare wirklich an die Möglichkeit einer Sinnesänderung glaubt, ist indessen unwahrscheinlich. Allzu sehr ist er vom neuen Stil überzeugt – wie seine begeisterten Kunden in aller Welt.

Azienda Elio Altare, La Morra (Ortsteil Annunziata). Besitzer: Elio Altare Weinbau, Kellerwirtschaft und Verwaltung: Elio Altare

AM
2Y

EIN MEISTER DER FINESSE

Azienda Agricola Mauro Molino, La Morra. Besitzer: Mauro Molino; Weinbau und Kellerwirtschaft: Mauro Molino

Mit dem Wein hat Mauro Molino schon lange einen Pakt geschlossen: Er ist promovierter Önologe aus der Schule von Alba, hat längere Zeit in der Emilia Romagna für eine Genossenschaft Lambrusco produziert und kultiviert seit vielen Jahren die Weinberge der Familie in La Morra. Als Vollerwerbswinzer allerdings steht er erst seit sechs Jahren auf seinem Hof. Bevor das Unternehmerische in ihm erwachte, Anfang der achtziger Jahre, hatte er die Trauben an die Genossenschaft verkauft. 1982 füllte er dann die ersten Flaschen, 1985 dann seine ganze Ernte. Da er aber nur zwei Hektar Weinberge besaß, mußte er sich zunächst noch außer Haus ein Zubrot verdienen. 1991 kam dann die Stunde der Unabhängigkeit. Er hatte seinen Weinbergsbesitz auf eine rentable Größe ausgeweitet und konnte nun seine ganze Arbeitskraft auf den eigenen Betrieb konzentrieren. Heute bewirtschaftet Molino acht Hektar. Sechs davon sind sein Eigentum; sie sind auf verschiedene Lagen in La Morra verteilt. Die übrigen zwei (ebenfalls in La Morra sowie in Perno, in der Nähe von Monforte) hat er gepachtet. Fünfunddreißig bis vierzigtausend Flaschen bietet er jährlich an; fünfzigtausend sollen es in Zukunft werden. Molino arbeitet nach einem klaren Konzept: Der Wein müsse auf den ersten Schluck das terroir, seine Herkunft, erkennen lassen, auch wenn er nach neuen, für die Region bisher unüblichen Methoden produziert worden sei. Was er meint, ist vor allem der Ausbau des Weins in Barriques. Die kleinen neuen Eichenfässer sollen dem Wein dienen, sie sollen ihn mit ihren Geschmackskomponenten aber nicht beherrschen. Die typische Frucht und die Art des Weins, vor allem des Barolos, müsse erhalten bleiben und dominieren. Mit den Weinen aus Kalifornien kann er sich daher nicht anfreunden. Denn diese Weine seien im Geschmack von Holztönen überfrachtet; ihnen fehle das Fruchtige und die differenzierte Art. Wie es sein soll, demonstriert Molinos Barolo auf überzeugende Weise: Der Wein begeistert nicht nur durch hohe Qualität, er offenbart sofort auch seine Identität. Er ist in seiner Art ein klassischer La Morra: elegant und weich, gut strukturiert, würzig-fruchtig. Und er hat Finesse – eine Eigenschaft, die Molino meisterhaft in diesem Wein zu wecken weiß. Aber noch eine Aufgabe hat sich der sympathische, stille Mann aus La Morra zur Pflicht gemacht: Sein Wein soll schon nach wenigen Jahren trinkbar sein. Er sieht jedenfalls keinen Sinn darin, daß die Weinfreunde zehn bis fünfzehn Jahre auf die große Stunde warten sollten. Mit dem heutigen Wissen und der modernen Technik sei es durchaus möglich, einen Wein zu produzieren, der schon nach wenigen Jahren Reife zu begeistern vermöge. Zwei Barolos bietet Molino derzeit an: eine Standardcuvée, die noch in traditionellen Fässern ausgebaut wird, und den Cru Conca, der zwei Jahre in (neuen und gebrauchten) Barriques reift. Dazu kommt die Spezialität Acanzio (eine Mischung aus den Rebsorten Nebbiolo und Barbera; dieser Wein wird ebenfalls in Barriques ausgebaut) sowie der Dolcetto und der Chardonnay Livrot. Den Chardonnay hat Molino erst seit drei Jahren im Programm; er wird nicht nur in Barriques gelagert, er wird in den kleinen Eichenfässern auch vergoren. Früher, berichtet Molino, sei der Barolo häufig nur in guten Jahren abgefüllt worden. Sein Wunsch ist es jetzt, auch in schwachen Jahren gute Weine zu keltern. Die Voraussetzung dafür sieht er in der Pflege der Weinberge und in der Begrenzung der Produktion. Wer die gesetzlichen Möglichkeiten in der Produktion voll ausreize, werde im Durchschnitt hängen bleiben. Nur in der Beschränkung liege der Schlüssel zur wahren Qualität.

Am Rande von La Morra – die Azienda Mauro Molino reiht sich gut in die Gruppe der Modernisten ein

Vor zehn Jahren noch hat er die Trauben an die Genossenschaft geliefert. An die eigene Weinherstellung war nicht zu denken, den Lebensunterhalt verdiente er mit dem Obstbau. Doch die allgemeine Aufbruchstimmung, die in der Region viele junge Winzer erfaßt hatte, steckte ihn an. Er wollte dabeisein, er wollte an der Erneuerung des Weinbaus mitarbeiten, zumal er seinen Schwager, den schon mit viel Vorschußlorbeeren verwöhnten Domenico Clerico in Monforte, vor Augen hatte. Inzwischen hat Eraldo Viberti aus Santa Maria / La Morra seine Reifeprüfung als selbständiger Winzer bestanden. Seine Mitstreiter und Konkurrenten loben ihn, die Weinfreunde sind begeistert. Was Viberti in den vergangenen Jahren präsentiert hat, deckt sich mit dem Ideal der Modernisten von Piemont: Die Weine sind sauber und reintönig, fruchtig und delikat, ihre Tannine weich und mürbe, sie sind schneller trinkbar als die Weine der alten Schule. Und sie überraschen mit einer Struktur, die für die Weine von Santa Maria eigentlich ungewöhnlich ist. Vibertis Azienda ist klein. Vier Hektar Weinberge stehen unter Ertrag; der Besitz erstreckt sich auf drei kleine

Parzellen in der Heimatgemeinde. Jeweils eineinhalb Hektar sind mit Barbera- und Dolcetto-Reben bepflanzt, ein Hektar ist für den Nebbiolo (Barolo) reserviert. Dem riskanten Mengendenken ist Viberti nicht erlegen. Die Menge, die anbietet, ist klein; sie schwankt zwischen fünfzehn- und zwanzigtausend Flaschen jährlich. Neun von zehn Flaschen werden exportiert – nach Deutschland zum Beispiel, in die Schweiz, nach Japan, nach Österreich und in die Vereinigten Staaten. Wie es sich für einen engagierten Mitstreiter der neuen Schule gehört, schwört Viberti auf den Ausbau der Weine in den Barriques. Die ersten Experimente mit den kleinen Eichenfässern hat er schon im Jahr 1987 gewagt – mit seinem ersten Jahrgang, mit einer kleinen Partie Barolo (der größere Teil ist noch in Fässern aus slawonischer Eiche gelagert worden). Ein Jahr später hat er die Barrique-Experimente auf den Barbera ausgedehnt, und vor vier Jahren ist er voll auf die kleinen Eichenfässer umgestiegen. Nur den Dolcetto, den Wein, der jung getrunken wird, baut er noch auf die traditionelle Weise aus. Vergoren werden die Weine in Edelstahltanks. Die Fermentations- und Mazerationszeit

beträgt nur noch fünf bis sechs Tage (wie es die neue Schule fordert); die Gärtemperatur wird bei dreißig bis dreiunddreißig Grad gezügelt. Trotz seiner Vorliebe für die Barriques bleibt Viberti vorsichtig. Der Barolo reift fünfzehn bis achtzehn Monate in den kleinen Fässern, der Barbera ein Jahr. Viberti reizt – im Gegensatz zu manchem seiner Kollegen – die mögliche Reifezeit im Holz nicht voll aus. Die Frucht habe Vorrang vor der Holznote, sie dürfe durch den Barrique-Ton nicht überlagert werden. Aus dem gleichen Grund verbringt der Barolo nach der Barrique-Phase den Rest seiner Ausbauzeit in Edelstahlbehältern. Die Schlußphase im Edelstahl halte den Wein frischer, mache ihn eleganter. Die Zurückhaltung bei den Barriques stempelt Viberti nicht zum Abweichler. Die Vorsicht zeigt, daß der stille Aufsteiger aus Santa Maria kein Mitläufer, sondern ein kritischer Beobachter ist. Viberti, der alle Arbeiten im Weinberg und im Keller selbst verrichtet (Vater und Mutter helfen, wenn Not am Mann ist), hat inzwischen so viel Erfahrung gesammelt, daß er es sich leisten kann, die Dogmen einer Schule nach eigenem Gutdünken auszulegen. Seinen Weinen bekommt das glänzend. Sein Barolo und sein Barbera lassen den Holzton mitschwingen, aber nicht im Fortissimo, sondern im Mezzoforte. Viberti, wer wollte daran zweifeln, beherrscht das Metier.

DER IDEALIST VON SANTA MARIA

Eraldo Viberti, Santa Maria/LaMorra. Besitzer: Eraldo Viberti; Weinbau und Kellerwirtschaft: Eraldo Viberti

Eraldo Viberti aus Santa Maria – ein Meisterschüler der Barolo-Modernisten

AM RANDE DER MODERNE

Vietti, Castiglione-Falletto. Besitzer: Familien Currado und Cordero Weinbau und Kellerwirtschaft: Mario Cordero, Alfredo Currado, Luca Currado

Alfredo Currado, der Senior, hatte sich lange gesträubt. Mit Barriques wollte er nichts zu tun haben; er lehnte die kleinen Eichenfässer als untypisch für die Region ab. Inzwischen hat er den Widerstand aufgegeben. Barriques gehören jetzt ebenso zum Handwerkszeug der Cantina Vietti wie die traditionellen großen Fässer. Die junge Generation, angeführt von Mario Cordero, dem Schwiegersohn, und Luca Currado, dem jüngsten Sohn des Hausherrn, hat sich durchgesetzt. In das Lager der kompromißlosen Neuerer sind die Weinmacher von Castiglione-Falletto aber nicht übergelaufen. Wesentliche traditionelle Elemente sind erhalten geblieben, der Betrieb steht nur am Rand der Moderne. So werden keinesfalls alle Barolos in den kleinen Eichenfässern ausgebaut; der Rocche di Castiglione zum Beispiel reift nach wie vor in den großen Fässern, ebenso der Villero (Riserva). Denn der Charakter des Weinbergs und der Stil ihres Hauses, beteuern Cordero und Currado, müsse erhalten bleiben, die Holznote dürfe den klassischen Barolo-Geschmack nicht verdecken. Die Barrique-Technik sei kein Selbstzweck; das frische Holz diene nur als Hilfsmittel, keinesfalls als Geschmackslieferant. Der Barolo, der in Barriques ausgebaut wird, reift daher nur sechs bis zehn Monate in den kleinen Fässern; die restliche Zeit der Reife verbringt der Wein in den traditionellen großen botte. Das Wichtigste sei die Typizität des Weinbergs. Wenn man eine Flasche Vietti öffne, müsse man den Weinberg erkennen. In der Vinifizierung ist trotz moderner Technik die Überlieferung noch präsent. Die Fermentations- und Maischezeit ist bisher nur wenig verkürzt worden; sie kann sich noch immer bis zu zwanzig Tage hinziehen. Und wenn der Jahrgang gut ausfällt, wird nach einer Methode gearbeitet, die von der neuen Schule geächtet wird: cappello sommerso, Gärung mit getauchtem Tresterhut. Das Angebot ist also keinesfalls homogen: Neben dem traditionel-

Das Weingut Vietti in Castiglione-Falletto zählt zu den Traditionisten der Region. Doch die neue Generation flirtet sachte mit der Moderne

Seite 112

Weinberge von Castiglione-Falletto, einer der berühmten Weingemeinden der Barolo-Region

len, dem tanninreichen, lange Lagerzeit erfordernden Barolo steht der Wein neuen Stils. Allerdings ist nicht zu übersehen, daß der moderne Typ – der weniger tanninhaltige, der elegantere und früher trinkbare Barolo – mehr und mehr den Vietti-Charakter bestimmt. Die Spitzenweine des Hauses jedenfalls, der Lazzarito und der Brunate, sind vom neuen Barolo-Stil schon spürbar geprägt. Auch in der Struktur des Unternehmens hat sich in den vergangenen Jahren Wesentliches geändert: Die Kellerei, die Cantina Vietti, hat sich zu einem Weingut entwickelt, zu einer Azienda Agricola, die nur die eigene Ernte verarbeitet und keine Trauben mehr von anderen Winzern kauft – bis auf einen Rest, eine kleine Menge Dolcetto, Barbera, Arneis und Nebbiolo. Sechzehn Hektar Weinberge können inzwischen bewirtschaftet werden. Sie liegen in Serralunga, in Castiglione-Falletto, in La Morra und in Novello. Gut die Hälfte der Fläche ist mit Nebbiolo-Reben für den Barolo bestockt. Unabhängig von der Frage nach dem „richtigen" Barolo-Stil arbeiten die drei Weinmacher von Castiglione-Falletto nach strengen Kriterien für die Qualität. Die Produktion wird strikt begrenzt – für den Barolo auf rund vierunddreißig Hektoliter je Hektar (1995 sind sogar nur zweiundzwanzig Hektoliter geerntet worden). Und wenn der Jahrgang schwach ausfällt, wie 1992 zum Beispiel, wird kein Barolo gefüllt; der Wein wird zu Nebbiolo abgestuft. Ungefähr hundert- bis hundertfünfzigtausend Flaschen Wein können das Weingut und die Cantina Vietti jährlich anbieten – neben Barolo (fünfundvierzigtausend Flaschen) auch Barbera, Barbaresco, Dolcetto, Nebbiolo, Arneis, Moscato und die Cuvée Fioretto (aus Nebbiolo und Barbera gekeltert). Drei Viertel der Produktion werden exportiert, auch nach Deutschland, wo der Name „Vietti" dank des Importeurs Antonio Tristano schon seit vielen Jahren ein fester Begriff ist.

DIE LUST AN DER TRADITION

Tenuta Vitivinicola Cavallotto (Bricco Boschis), Castiglione-Falletto. Besitzer: Olivio und Gildo Cavallotto Weinbau: Gildo Cavallotto; Kellerwirtschaft: Olivio, Alfio und Giuseppe Cavallotto Öffentlichkeitsarbeit: Laura Cavallotto

Strenge Traditionalisten nennen sie sich. Ihr Wein soll mit kräftigen Tanninen gefüttert sein, er soll sich seiner Wucht nicht schämen, er soll sich gemächlich entwickeln. Entsprechend wird der Wein produziert und ausgebaut: Die Gär- und Maischezeit wird auf ungefähr drei Wochen ausgedehnt – je nach Jahrgang; der junge Wein liegt verhältnismäßig lang im Faß – bis zu fünf Jahren. Die moderne Schule, vor allem den Ausbau des Weins in neuen Barriques, lehnen die Cavallottos ab. Der Wein, allen voran der Barolo, verliere seine Eigenständigkeit und Identität, er werde uniform. Außerdem sei er von Natur aus mit so viel Charakterstärke ausgestattet, daß er auf die Unterstützung des frischen Holzes nicht angewiesen sei. Als Unternehmer, als Weingutsbesitzer, dürfe man zwar nicht den Markt aus dem Auge verlieren. Doch trotz des großen Renommees, dessen sich die Barrique-Weine seit einigen Jahren erfreuten, habe sich die Familie, die von den Brüdern Olivio und Gildo angeführt wird, für die Tradition entschieden. Und doch scheint die neue Schule nicht völlig ohne Einfluß auf das Weingut Bricco Boschis in Castiglione-Falletto zu bleiben. Denn wie die Vertreter der jungen Generation, Laura Cavallotto und ihre beiden Brüder Giuseppe und Alfio, berichten, habe der Wein zur Reife früher oft noch länger im Faß gelegen: die Jahrgänge 1989 und 1990 zum Beispiel sechs Jahre. Außerdem wird jetzt mit einer modernen Gärmaschine gearbeitet, die eigentlich zum Ausrüstungszeug der kompromißlosen Neuerer zählt: Dies läute aber nicht den Abschied von der alten Schule ein, wird beteuert.

Dreiundzwanzig Hektar werden von der Winzerfamilie Cavallotto heute bewirtschaftet. Die Weinberge liegen bis auf wenige Parzellen direkt hinter dem Weingut – auf dem Hügel Bricco Boschis, der dem Besitz den Namen gibt und der als Cru eingetragen ist. Die Hälfte der Fläche ist für die Barolo-Rebsorte Nebbiolo reserviert, der andere Teil für den Barbera und den Dolcetto, für den Nebbiolo Langhe und Grignolino, für den Freisa und Pinot nero sowie für die weißen Weine Chardonnay und Pinot bianco. Zu den besten Erzeugnissen zählen die Lagen-Barolos Bricco Boschis San Giuseppe, Bricco Boschis Punta Marcello und Bricco Boschis Colle Sud-Ovest. Die Weine sind körperreich, sie erfreuen durch reife Frucht, sie sind langlebig. Der größte Teil des Barolos wird exportiert; ungefähr fünfundachtzig Prozent des Weins werden im Ausland getrunken. Für die gute Qualität der Weine nennen die Cavallottos einfache Gründe: die hohe Zahl der Rebstöcke je Hektar, die entsprechend wenigen Fruchtansätze je Rebe, das Entlauben der Stöcke und die Ausdünnung des Behangs kurz vor Beginn der Reifeperiode im Juli. Die Ernten fallen entsprechend klein aus. Statt der gesetzlich erlaubten Mengen von sechsundfünfzig Hektoliter je Hektar werden auf dem Weingut Bricco Boschis im Durchschnitt nur vierundvierzig bis sechsundvierzig Hektoliter geerntet. Zudem haben sich die Cavallottos schon vor Jahren dazu entschlossen, die Weinberge nach ökologischen Grundsätzen zu bewirtschaften. Die Rebflächen sind vollständig mit Gras bewachsen – zur besseren Versorgung der Böden mit natürlichen Nährstoffen, aber auch zum Schutz vor Erosion; auf chemikalische Hilfsmittel, vor allem auf Pestizide, wird fast ganz verzichtet.

Cavallotto ist ein Programm: Barolo der tanninreichen, wuchtigen Art

CAVALLOTTO
BRICCO BOSCHIS
CASTIGLIONE

EIN WEIN FÜR FROHE STUNDEN

Honneur et Fidelité, Ehre und Treue, steht auf dem Wappen der alten Savoyer Familie. Die Verpflichtung zur Treue aber hatte auch ihren Haken. Neues in der Weinherstellung wurde kaum wahrgenommen, an der Überlieferung wurde bedingungslos festgehalten. Die Treue zur Barolo-Tradition war Ehrensache. Paolo Cordero di Montezemolo, der legendäre Patron des Familiengutes Monfalletto in Annunziata bei La Morra, verteidigte die Familientradition in der sechzehnten Generation, Giovanni und Enrico, seine beiden Söhne, setzten sein Werk nach seinem Tod 1987 fort. Doch die Zeit war nicht stehengeblieben. Die Kellertechnik war verfeinert und verbessert worden, der Markt hatte sich verändert. Der große Ruf des Weingutes drohte zu verblassen. Inzwischen interpretieren Giovanni und Enrico das Familienmotto neu: als Verpflichtung zur Qualität, als Bereitschaft zum Wandel, als Achtung vor dem Grund und Boden. Seit dem Jahrgang 1993 wird das neue Denken spürbar, hat sich die Bindung zur Tradition gelokkert. Die Moderne hinterläßt ihre Spuren, der Wein findet wieder Beachtung. In der Vinifizierung und dem Ausbau des Weins hat sich Entscheidendes geändert: Die Zeit der Gärung und Mazeration ist auf vier bis fünf Tage verkürzt worden – getreu den Vorgaben der neuen Schule; für den Ausbau des jungen Weins werden mehr und mehr Barriques verwendet. Das klassische große Faß hat zwar noch nicht ausgedient: Ein Teil des Barolos wird noch immer in den traditionellen großen botte aus slawonischer Eiche gelagert (und später mit den Barrique-Partien vermählt). Doch in Zukunft soll der Barolo in den guten Jahrgängen nur noch in den kleinen französischen Eichenfässern ausgebaut werden. Sechsundzwanzig

Hektar Weinberge werden auf der Azienda Monfalletto bewirtschaftet. Vierzehn Hektar davon sind mit der Barolo-Rebsorte Nebbiolo bepflanzt – zwölf Hektar in Annunziata, direkt am Weingut, und zwei Hektar in Castiglione-Falletto, in der Spitzenlage Villero. Der Barolo, der aus den Parzellen in Annunziata stammt, wird als Monfalletto verkauft (er ist charmant, leicht und blumig), der Wein aus der Lage Villero heißt Enrico VI – benannt nach dem heutigen Mitbesitzer Enrico Cordero, dem sechsten Sohn Paolos. Dieser Barolo ist kräftig und elegant, er hat das Potential für einen großen Wein. Fünfundzwanzigtausend Flaschen Barolo bieten Giovanni und Enrico jährlich an. Der große Rest, ungefähr fünfundneunzigtausend Flaschen, verteilt sich auf die klassischen Sorten Dolcetto und Barbera (der Barbera wird jetzt fast nur noch in Barriques ausgebaut), sowie auf Nebbiolo und den Weißwein Arneis. Komplettiert wird das Angebot durch den Chardonnay Elioro und durch eine kleine Partie Pinot nero, die in Barriques gelagert wird. Ungefähr sechzig Prozent der Produktion werden exportiert – vor allem nach Japan und Korea, nach Deutschland, Amerika und Kanada. Den Stil des Weingutes, das seit 1340 im Besitz der Familie ist, bringen die beiden heutigen Besitzer auf eine einfache Formel: „Wir wollen Weine produzieren, die dem Verbraucher Freude machen, die der Markt verlangt." Allerdings sehen die beiden Brüder in ihrer Bereitschaft, dem Markt zu folgen, eine Grenze: „Wir werden unsere Weine nicht mit Barrique-Tönen überfordern, wir werden keine Holzweine herstellen, der Wein muß seine Frucht behalten". Daß sie bald wieder in der vorderen Reihe der Weingüter stehen werden, ist für Giovanni und Enrico keine Frage: „Kaum jemand in La Morra hat so gute Weinberge wie die Azienda Monfalletto."

Azienda Agricola Monfalletto di Cordero di Montezemolo, La Morra (Ortsteil Annunziata). Besitzer: Giovanni und Enrico Cordero di Montezemolo; Weinbau und Kellerwirtschaft: Giovanni Cordero Verwaltung: Enrico Cordero Beratender Önologe: Gianfranco Cordero

Das Weingut Monfalletto di Cordero di Montezemolo. Die alte Zeder ist das Erkennungszeichen

Seite 118

Die klassischen großen Fässer aus slawonischer Eiche bergen immer noch einen guten Teil der Barolos von Monfalletto

HL
1036

35
HL
10920
36

Tenimenti di Barolo e Fontanafredda, Serralunga. Besitzer: Bankhaus Monte dei Paschi di Siena Vorsitzender der Geschäftsführung: Giovanni Minetti Önologe und technischer Direktor: Livio Testa; Weinbau: Renzo Rattazzo

Das Weingut ist ein Monument. Es gibt keine zweite Domäne in der Region, die so stark das Auge des Betrachters in Anspruch nähme, wie die Tenimenti di Barolo e Fontanafredda. Mit seinen altrosa und sandsteingelb gestreiften Gebäuden demonstriert der Besitz Größe. Noch heute ist Fontanafredda – auf dem Weg nach Serralunga, am Fuß eines langgestreckten Hügelkamms gelegen – ein gut funktionierender Bauernweiler, wo zwanzig Familien arbeiten und leben – mit einer eigenen Schule, einem Park, einem See, einer Kirche und eigener Verwaltung. Hundertundzwanzig Jahre reicht die Geschichte dieses Landguts zurück. Graf Emanuele Guerrieri di Mirafiori, ein Sohn König Viktor Emanuels II., hat es begründet und bald zu einem Wahrzeichen des piemontesischen Qualitätsweinbaus entwikkelt. Seine Sachkenntnis, sein Ehrgeiz und sein kaufmännisches Geschick haben allerdings keine Erben gefunden; sein Sohn Gastone hat den Besitz 1929 verkaufen müssen. Zwei Jahre später, auf einer Versteigerung, hat das Bankhaus Monte dei Paschi di Siena, die älteste Bank der Welt, die Domäne erworben und den Besitz im Laufe der Jahre zum größten Wein-Produktionsbetrieb in Piemont ausgebaut. Hundertzehn Hektar Weinberge werden heute bewirtschaftet, davon siebzig Hektar auf Fontanafredda. Der Rest verteilt sich auf die Gemeinden Barolo, Diano d'Alba und Serralunga. Allerdings reicht der Weinbergsbesitz bei weitem nicht aus, die Produktion der

Fontanafredda – Graf Emanuele Guerrieri di Mirafiori, ein Sohn König Viktor Emanuels II., hat den Grundstein für die Domäne gelegt

Seite 122:
Fontanafredda – fast eine autarke Gemeinschaft: mit eigener Schule, einer Kirche und eigener Verwaltung

Tenimenti Fontanafredda zu befriedigen. Nur zehn Prozent des jährlichen Angebots von ungefähr sechs Millionen Flaschen (einschließlich dreieinhalb Millionen Flaschen Spumante) kommen aus

den eigenen Weinbergen. Neun Zehntel der Weine werden aus Trauben hergestellt, die sechshundert Vertragswinzer im Herbst an Fontanafredda liefern. Auf den Barolo entfallen dabei sechshundert- bis achthunderttausend Flaschen, was einem Marktanteil von rund fünfzehn Prozent entspricht und Fontanafredda zum größten Barolista der Region macht. Im Stil der Weine steuert das Unternehmen einen traditionellen Kurs. Mit den modernen Herstellungsmethoden (stark verkürzte Gär- und Maischezeit, aufwendige Fermentationsmaschinen, Ausbau der Weine in Barriques) können sich die Weinmacher auf Fontanafredda nicht anfreunden. Der Wein verliere seine Identität, seine typische Art; er könne nicht altern. Allerdings wird auf die kleinen Eichenfässer nicht völlig verzichtet. Der amerikanische Geschmack zwingt die Verantwortlichen dazu, einen kleinen Teil des Barolos in den Barriques auszubauen. Die besten Weine allerdings, die Lagen-Barolos, werden nur in den traditionellen, in den großen Fässern gelagert. Fontanafredda bietet nahezu alles, was im piemontesischen Weinbau möglich ist. Neben Barolo werden Barbera, Barbaresco und Dolcetto angeboten, Arneis und Chardonnay, Gavi und Moscato, Spumante (Tank- und Flaschengärung) und Grappa. Über die Art und Güte der Weine wird in Kreisen der Winzer diskutiert. Das Bekenntnis zur Überlieferung wird von den Traditionalisten zwar gelobt, doch die Qualität wird häufig kritisiert: Der Weinproduzent Fontanafredda bleibe zuweilen deutlich hinter seinem Potential zurück. Das schließt nicht aus, daß Fontanafredda auch Erzeugnisse ausliefert, die hohen Qualitätsmaßstäben standhalten: einige Lagen Barolo zum Beispiel – vor allem der Barolo La Rosa und der in Deutschland ungemein beliebte Barolo La Delizia. Das gleiche gilt für den Pinot-nero-Spumante Brut Gattinera und für Contessa Rosa Extra Brut (Pinot nero und Chardonnay), die beide nach der klassischen Flaschengärmethode hergestellt werden.

DER GRÖSSTE DER REGION

REDDA

SOUVERÄN UND WELTOFFEN

Teobaldo Cappellano, der Winzer aus Serralunga, preist das einfache Handwerk, die Tradition: „Wer mit der Maschine Pasta macht, macht zwar immer gute Pasta – aber stets auch uninteressante." Ein Maschinenstürmer ist Cappellano allerdings nicht. Er sucht den Mittelweg: Die Überlieferung wahren und Sinnvolles aus der modernen Technik und Methodik nutzen. Was er meint, demonstriert er am Ausbau seiner Weine im Faß: Er verwendet – neben den klassischen großen Fässern aus slawonischer Eiche – zwar auch die kleinen Barriques, aber immer nur gebrauchte, niemals neues Holz. Denn die frischen Fässer schadeten mit ihrer Holznote der Frucht des Weins, übertönten die natürlichen Düfte und Aromen. Auf die Frage, warum er die kleinen Eichenfässer denn überhaupt nutze, antwortet er lakonisch: Sie seien leicht zu handhaben, man könne gut mit ihnen arbeiten. Cappellano verwaltet ein altes Erbe. Das Gut, nur einen Steinwurf von Fontanafredda entfernt, stammt aus dem vergangenen Jahrhundert; schon der Urgroßvater hat den Rebstock kultiviert. Allerdings verläuft die Familientradition nicht ohne Brüche: Cappellano hat sechsundzwanzig Jahre in Äthiopien gelebt, wo sein Vater als Önologe gearbeitet hat. 1970 ist er zurückgekehrt. Die Azienda Cappellano ist ein kleiner Betrieb. Zweieinhalb Hektar Weinberge stehen unter Ertrag, fünfundzwanzigtausend Flaschen werden jährlich abgefüllt. Da die Ernte für diese Produktion nicht reicht, kauft Cappellano von anderen Winzern Trauben zu – Dolcetto und Barbera. In Zukunft will er sich allerdings mit der eigenen Ernte begnügen, denn es werde immer schwieriger, gute Trauben zu finden. Rund siebzig Prozent seiner Weinberge hat Cappellano mit Nebbiolo (für den Barolo) bepflanzt, den Rest mit den Rebsorten Barbera, Dolcetto und Chardonnay. In der Produktion und im Ausbau der Weine orientiert er sich streng an der Überlieferung. Das Ergebnis sind kräftige (fast wuchtige), fruchtige, tanninhaltige Weine mit einer guten Lebenserwartung. Ihre besondere Art und Güte erklärt Cappellano unter anderem mit der Leistungskraft seiner wurzelechten Rebstöcke. In einigen Parzellen stehen die Reben nämlich noch auf Originalunterlagen, sie sind nicht auf (reblausresistente) amerikanische Unterlagen gepfropft. In den Weinen wird der Unterschied deutlich spürbar. Der wurzelechte Barolo übertrifft die „Amerikaner" deutlich; er hat mehr Frucht und Struktur, er ist eleganter, seine Tannine sind weicher. Der beste Wein, den Cappellano anbietet, ist sein Cru Gabutti „Otin Fiorin", der nach dem Weinberg Otin benannt ist – einem früheren Besitz des Dorfpfarrers Fiorino. Diesen Wein keltert Cappellano aber nur in guten Jahren. Eine andere Spezialität ist der Chinato – ein mit Kräutern und Chinin aromatisierter Barolo, den einst der Onkel seines Vater, der Apotheker des Dorfes, erfunden hat. Der „Chinato" wird als Digestif getrunken; er ist in der Region so beliebt, daß ihn inzwischen andere Anbieter kopieren. Cappellano stört es nicht – ebensowenig die Position, die ihm in der Langa zugewiesen wird: Er gilt als Außenseiter. Der gebildete und weltoffene Gutsherr spielt seine Rolle souverän. Er zählt zu den Charakterköpfen der Region.

Teobaldo Cappellano versucht, einen Mittelweg zu gehen: Die Tradition wahren und das Sinnvolle aus der Moderne nutzen

Azienda Agricola Giuseppe Cappellano, Serralunga. Besitzer: Teobaldo Cappellano Weinbau, Kellerwirtschaft, Verwaltung: Teobaldo Cappellano

G.D.VAJRA
LANGHE
NEBBIOLO
G.D.VAJRA
BAROLO
G.D.VAJRA
DOLCETTO D'ALBA

EIN HERZ FÜR DEN DOLCETTO

„Ich bin weder Traditionalist noch Modernist. Ich verlasse mich auf meine eigenen Ideen.“ Aldo Vajra ist ein gebildeter, nachdenklicher Mann, der dem Markt nicht nachjagt, der sich keiner Mode unterwirft, der nicht lautstark für seine Weine wirbt. Er beobachtet aufmerksam, was sich an neuen Möglichkeiten bietet, und er experimentiert, wenn er es für richtig hält. Aber er geht seine Wege, er schwört auf seine Erfahrungen. Er ist einer der ersten gewesen, die in der Barolo-Region mit Barriques experimentiert haben, und er zählt zu den ersten, die nun vor den kleinen französischen Eichenfässern warnen. Das Barrique sei nicht typisch für die Region, der Wein verliere seine Eigenständigkeit, er werde zu kompliziert. Vajra zieht die Konsequenzen: Er mustert die Barriques wieder aus und ersetzt sie durch die traditionellen großen Fässer. Ebenso hält er es mit der Vinifizierung des Weins. Mit der in Mode kommenden Kurzfermentation kann er sich nicht anfreunden; er setzt auf Zeit – zugunsten des Stils seiner Weine. Und der Vajra-Stil ist klar definiert: Wein, der gut altern kann, Wein mit Rückgrat und kräftiger Statur. Nicht nur der Barolo ist durch diesen Stil geprägt, auch der Barbera und der Dolcetto werden auf diese Weise ausgebaut: Sie sind konzentriert und dunkel, sie sind kräftig und nachhaltig. Sie sind, was Vajra liebt: vins de garde. Dem Dolcetto hat Vajra ohnehin sein Herz geöffnet. Dieser Wein mache Freude; er bringe, gegen den heiligen Ernst des Barolos, die Heiterkeit zurück. Gegenwärtig bewirtschaftet Vajra siebzehn Hektar Weinberge (dreiundzwanzig Hektar sollen es demnächst werden). Der größte Teil der Fläche ist für den Dolcetto reserviert: Sechzig Prozent der Produktion von rund hunderttausend Flaschen entfallen

auf diesen Wein. Der Barbera bringt es auf zwanzig Prozent, der Barolo auf fünfzehn, Freisa und Riesling auf fünf Prozent. Der größte Teil der Produktion wird exportiert; nur ein knappes Drittel bleibt im Land. Vergoren werden die Weine in modernen Gärbottichen aus Frankreich, die ein intensives Tauchen des Tresterhutes während der Fermentations- und Maischezeit erlauben. Vajra hat sich hierfür ein besonderes Computerprogramm entwerfen lassen; alles wird nun automatisch gesteuert. Unmittelbar an die Fermentation schließt sich der biologische Säureabbau an. Denn nur auf diese Weise, weiß Vajra aus Erfahrung, lasse sich die Qualität sichern. Es hätte nicht viel gefehlt, und die Weinfreunde hätten auf den Stil Vajra verzichten müssen. Denn praktizierender Winzer ist Vajra von Hause aus nicht. Er hat zwar Landwirtschaft studiert, doch den Schritt in die Praxis ist er – den Wünschen seines Vaters folgend – zunächst nicht gegangen. Nach dem Studium hat er zuerst als Assistent an der Universität in Turin gearbeitet, dann als Lehrer an einer landwirtschaftlichen Schule. Der geheime Wunsch, dem Großvater nachzueifern und Winzer zu werden, hat ihn dann aber zum Kurswechsel ermuntert: 1972 hat er seinen ersten Wein produziert, und im berüchtigten Hageljahr 1986 hat er zum ersten Mal vom Weinmachen leben können. Mit Herz und Verstand ist Vajra bei der Sache.

Azienda Agricola G. D. Vajra, Vergne (Barolo). Besitzer: Aldo Vajra Weinbau, Kellerwirtschaft, Verkauf: Aldo Vajra

Immer wieder – wie hier bei Barolo – bieten sich Möglichkeiten, die Langa in ihrer majestätischen Schönheit zu bewundern

Seite 128:
Der Vajra-Stil läßt sich klar definieren: Wein mit Rückgrat und kräftiger Struktur

Azienda Agricola Luciano Sandrone, Barolo. Besitzer: Luciano, Luca, Mariuccia und Barbara Sandrone Weinbau: Luciano und Luca Sandrone Kellerwirtschaft: Luciano Sandrone; Verwaltung und Vertrieb: Barbara Sandrone

Als er 1989, nach zweiundzwanzig Jahren, seinen Dienst als Kellermeister bei Marchesi di Barolo quittierte, war Luciano Sandrone ein berühmter Mann. Bekannt gemacht hatten ihn aber nicht seine Leistungen in den Kellern seines Arbeitgebers, sondern sein eigener Wein, den er am Feierabend und in seiner Freizeit zu Hause produzierte. 1978 hatte er den ersten Versuch in die Selbständigkeit gewagt, nachdem es ihm gelungen war, eine kleine Parzelle in der berühmten Lage Cannubi Boschis in Barolo zu erwerben. Heute bewirtschaftet er zusammen mit seinem Bruder Luca, seiner Frau Mariuccia und seiner Tochter Barbara gut zwölf Hektar, wovon sieben Hektar gepachtet sind. Ungefähr fünfzehntausend Flaschen Barolo bietet Sandrone nun jährlich an, dreiundzwanzigtausend Flaschen Dolcetto, acht- bis zehntausend Flaschen Barbera und achttausend Flaschen Nebbiolo d'Alba. Es ist nicht allein die Lust an der Selbständigkeit gewesen, die Sandrone in den eigenen Keller gelockt hat. Er hat vor allem seine Idee vom einem neuen Barolo-Stil verwirklichen wollen. Nicht mehr tanninbeladen, streng und oxydiert sollte der Barolo sein, sondern elegant und fruchtig. Das typische der Rebsorte, Feinheit und Harmonie sollten den Charakter des Weins prägen. Sein Ziel erreicht Sandrone über mehrere Schritte. Zum einen beschränkt er drastisch die Erträge im Weinberg: auf nur noch sechzig bis siebzig Prozent der Menge, die das Gesetz erlaubt. Zum anderen verkürzt er die Gar- und Maischezeit auf acht bis zehn Tage (bei einer Gärtemperatur von höchstens zweiunddreißig Grad). Und schließlich geht er einen Weg, der für die Barolo-Region völlig untypisch ist: ein Gutteil der Trauben, unge-

DER ERFOLGREICHE VON BAROLO

fähr zwei Drittel, wird zwar entrappt, aber nicht gequetscht – ähnlich wie im Beaujolais-Gebiet. Das Ergebnis sind ungewöhnlich fruchtige, lebendige Weine. Auch im Ausbau der jungen Weine arbeitet Sandrone nach eigenem Rezept. Er benutzt zwar kleine Fässer – die sogenannten fusti mit sechshundert Litern Inhalt (dieser Faßtyp entspricht der Tradition der Gemeinden Barolo und Castiglione). Aber Barriques lehnt er ab. Das frische Holz nähme dem Wein das Individuelle, den typischen Rebsorten-Charakter: „Warum soll man eine originäre Sorte wie Nebbiolo oder Barbera wie einen Cabernet behandeln?“ Viele Weinkritiker sympathisieren mit Sandrones Ideen. Schon die ersten Weine, der Jahrgang 1980 zum Beispiel oder der überaus gelungene Zweiundachtziger, sind überschwenglich gefeiert worden. Und für den Neunziger spendierte der einflußreiche amerikanische Weintester Robert Parker neunundneunzig Punkte (von hundert möglichen). Auch die Kunden finden lobende Worte. Sandrone zahlt zu den Stars in Piemont. Wenn der sympathische Mann aus Barolo seinen neuen Barolo-Stil auch längst perfektioniert hat, sieht er noch immer Spielraum für weitere Verbesserungen. Vor allem im Weinberg sei noch manches zu tun. Denn was hier nicht gelinge, könne im Keller nicht nachgeholt werden. Schlechte Reben werden durch leistungsfähiges Material, das Luciano und Luca aus ihren Weinbergen selektionieren, konsequent ersetzt. Früher seien Klone gezüchtet worden, die vor allem große Mengen garantiert hätten. Heute müßten Pflanzen gesetzt werden, die weniger Holz und Blätter entwickelten. Sandrones Erfolg gründet vor allem im Ausland: Fünfundachtzig Prozent seiner Weine werden exportiert.

Mit seinem Barolo Cannubi Boschis aus der gleichnamigen Lage in Barolo ist Luciano Sandrone berühmt geworden

Die Familie war schokkiert. Hatte sich bisher alles Denken und Tun an der Tradition orientiert, drohte plötzlich der Einbruch der Moderne. Chiara, die Tochter des Hauses, Patronin des kleinen Weingutes Pira e Figli in Barolo, war über Nacht in die Fraktion der Neuerer übergelaufen. Sie hatte in einer Blitzaktion die alten Fässer des Weingutes ausgemustert und durch neue Barriques ersetzt, und sie hatte sich endgültig dazu entschlossen, den Wein nach den Regeln der neuen Barolo-Schule zu vinifizieren. Freunde hatten sie zu der Richtungsänderung bewogen – unter anderem Giorgio Rivetti, der kompromißlose Verfechter des neuen Stils aus dem Weingut La Spinetta in Castagnole Lanze, der Chiara Boschis auch heute noch unterstützt und berät. Inzwischen, freut sich die charmante, zierliche Weingutsbesitzerin aus der traditionsreichen Boschis-Familie, sei wieder Friede eingekehrt. Ihre beiden Brüder, die für die Weinproduktion im elterlichen Unternehmen Giacomo Borgogno verantwortlich seien, hätten den neuen Stil schätzen gelernt. Und selbst ihr Vater, der siebzigjährige Patriarch des Hauses, zeige nun Verständnis für ihre Liaison mit der Moderne. Die kleine Domäne ist alt. Die einstigen Besitzer werden schon im siebzehnten Jahrhundert erwähnt – zunächst als Landwirte, später dann auch als Winzer. Über Generationen haben sie Weingeschichte in der Region geschrieben; der Name Pira leuchtet wie ein Stern über der Langa. Vor allem Luigi Pira, der letzte in der langen Reihe, gilt als Symbol für die große Barolo-Tradition. Von seinen Weinen schwärmen die Senioren noch heute. Als Pira 1980 stirbt, droht der Domäne das Ende; die Nachfolge ist nicht geregelt. Die Familie Boschis, mit den Piras befreundet, greift ein und übernimmt 1981 das Gut. Es bleibt zunächst alles so, wie es der Traditionalist Pira vorgegeben hatte und wie es die neuen Eigentümer auch im eigenen Haus, in der Kellerei Giacomo Borgogno, für richtig hielten. Auch als Chiara 1990 die Domäne übernimmt, ändert sich grundsätzlich nichts. Doch die Tradition bröckelt. Die promovierte Ökonomin, die in Turin Wirtschaftswissenschaften studiert hat, flirtet heimlich mit der neuen Schule und beginnt, sich ihre eigenen Gedanken über den Barolo zu machen. 1994 kommt es dann zum Bruch mit der alten Art; für das Weingut beginnt eine neue Zeit. Zweieinhalb Hektar Weinberge sind gegenwärtig bepflanzt. Alle Parzellen liegen in den Spitzenlagen Cannubi und Cannubi San Lorenzo sowie in der Lage Via Nuova. Chiara Boschis kultiviert nur eine Rebsorte: den Nebbiolo, der zu Barolo oder Nebbiolo Langhe verarbeitet wird. Fällt der Jahrgang schwach aus, wie 1991 und 1992, wird kein Barolo abgefüllt. Der Wein wird dann deklassiert und als Nebbiolo verkauft. In der Vinifizierung folgt die Gutsherrin konsequent der neuen Schule. Die Fermentations- und Maischezeit ist

drastisch verkürzt worden – von zwei bis drei Wochen auf allenfalls noch sechs bis sieben Tage; und für den Ausbau des jungen Weins werden nur noch Barriques aus französischer Eiche verwendet. Ungefähr zwei Jahre reift der Wein in den kleinen Eichenfässern. Der größte Teil der Produktion, die im besten Fall fünfzehntausend Flaschen erreichen kann, wird exportiert. Nur dreißig Prozent bleiben im Land. Mit der Wende 1994, beteuert Chiara Boschis glaubhaft, habe sie nicht Anschluß an eine Mode gesucht. Es sei vielmehr ihre feste Absicht gewesen, den Barolo-Stil zu verjüngen. Der Wein solle den Weinfreunden auf Anhieb gefallen – nicht erst nach zehn oder fünfzehn Jahren. Charmant und weich soll er sein, zugleich auch kraftvoll und elegant. Chiara Boschis steht kurz vor dem Ziel.

BAROLO MIT CHARME

Azienda Agricola E. Pira e Figli, Barolo. Besitzer: Chiara Boschis; Weinbau und Kellerwirtschaft: Chiara Boschis

Am Anfang stand die Tradition. Doch nach kurzer Zeit schüttelte Chiara Boschis die Überlieferung ab und schloß sich den Reformern an

Seite 133:
In den kleinen Eichenfässern läßt Chiara Boschis ihren jungen Barolo heranreifen

MOTIV LEIDENSCHAFT

Azienda Agricola Andrea Oberto, La Morra. Besitzer: Andrea Oberto Weinbau und Kellerwirtschaft: Andrea Oberto, Fabio Oberto

Der Weinbau hat Tradition in der Familie; schon zu Großvaters Zeiten ist der Weinstock kultiviert worden. Doch an die Produktion und die Abfüllung eigenen Weins hat lange niemand gedacht. Die Trauben sind an die Kellerei Fontanafredda in Serralunga geliefert worden. In den siebziger Jahren kam die Wende. Andrea Oberto, der Erbe des Besitzes in La Morra, hatte beschlossen, von nun an die Trauben selbst zu verarbeiten und den Wein unter einem eigenen Etikett, unter dem Namen Azienda Agricola Oberto, zu verkaufen. Das Motiv für die Selbständigkeit bringt Oberto heute auf eine einfache Formel: Es sei die Leidenschaft für das Land, für das Terroir, gewesen – der Wunsch, an der Pflege des Weins, an der Weinkultur mitzuwirken. Das sind keine hohlen Worte. Oberto hat längst bewiesen, daß seine Leidenschaft echt gewesen ist: Seine Weine halten hohen Ansprüchen stand, sie sind von gleichmäßig guter Qualität. Auch die eigenen Stilvorgaben hat Oberto erfüllt: Seine Weine sind von guter Struktur, sie sind – im Vergleich zu den Weinen der traditionellen Schule – schneller trinkbar, sie betören durch weiche Tannine, sie sind außergewöhnlich reintönig und sauber. In ein Schema läßt sich Oberto nicht pressen. Er ist weder strenger Traditionalist, noch kompromißloser Neuerer. Er nutzt die neuen Möglichkeiten und Erfahrungen, die Verwendung von Barriques zum Beispiel für den Ausbau der Weine – aber nicht aus zögerlicher Unentschiedenheit oder aus bloßem Prinzip, weil es modern und schick ist, sondern weil diese Technik, wenn sie mit Augenmaß praktiziert wird, der Qualität und der Güte des Weins dienen kann. Andrea Oberto produziert nur Rotwein: Barolo, Barbera und Dolcetto. Sechs Hektar sind sein Eigentum, zweieinhalb Hektar hat er zusätzlich gepachtet. Vierzig bis fünfundvierzigtausend Flaschen bietet er jährlich an, wovon ein beträchtlicher Teil exportiert wird: siebzig Prozent von Barolo und Barbera, fünfzig Prozent vom Dolcetto. Die Vereinigten Staaten und Großbritannien, die Schweiz, Deutschland und Kanada sind seine wichtigsten Märkte. Zu den besten Weinen, die Oberto produziert, zählen seine beiden Barolo-Crus Rocche und Albarello sowie der Barbera Giada. Der Rocche wächst im Ortsteil d'Annunziata (La Morra), der Albarello kommt aus den Weinbergen von Barolo. Giada dagegen ist kein Cru; dieser Barbera ist eine Cuvée, er trägt einen Phantasienamen (Giada ist der Name für einen Edelstein). Mit diesem Wein hat Oberto viele Freunde gewonnen; Giada gilt als gutes Beispiel für den modernen Barbera-Stil. Der Wein, der achtzehn Monate lang in neuen Barriques ausgebaut wird, ist elegant und dicht, er verführt durch einen Hauch von Vanille und ein üppiges Bukett feiner Aromen. Er hat nur einen Nachteil: Er ist knapp, Oberto kann den Weinfreunden nicht mehr als fünftausend Flaschen im Jahr liefern. Auch der Barolo wird in kleinen Eichenfässern gelagert. Doch hier ist der Anteil der neuen Barriques begrenzt. Für den einfachen Barolo, der aber nur in mittleren Jahren produziert wird, verwendet Oberto allenfalls dreißig Prozent neue Fässer, für die beiden Crus Rocche und Albarello vierzig Prozent.

Früher sind die Trauben an die Kellerei Fontanafredda verkauft worden. Seit den siebziger Jahren füllt Andrea Oberto seinen Wein nun selbst ab

Die Cantina Marchesi di Barolo zählt noch immer zu den großen Produzenten in Piemont

Seite 140

Barolo – ein malerischer Platz nahe der Burg. Im Hintergrund eine kleine Bäckerei, deren handgemachte Grissini in der ganzen Region geschätzt werden

EINE ALTE GESCHICHTE

Es ist nicht immer leicht, die Spuren der piemontesischen Weingüter bis zu den Ursprüngen, bis zum Gründungsdatum zurückzuverfolgen. Oft sind die heutigen Domänen aus bäuerlichen Betrieben hervorgegangen, die irgendwann im Lauf der vergangenen hundert Jahre die Landwirtschaft und die Viehzucht aufgegeben und sich auf den Weinbau spezialsiert haben. Viele Betriebe sind zudem Neugründungen der jüngeren Vergangenheit. Das Haus Marchesi di Barolo macht eine Ausnahme, ähnlich wie die Gruppe Fontanafredda: Die Historie läßt sich einigermaßen gut nachzeichnen. Der Herzog Carlo Tancredi Falletti, Schloßherr in Barolo und Serralunga, ist die herausragende Figur in dieser alten Geschichte; er ist der mächtigste Weinproduzent der Region gewesen. 1807 hatte er die Französin Juliette Colbert geheiratet, die nach seinem Tod den Weinbau weiterführt und den Barolo bekanntmacht. Die „Marchesa Barolo", wie sie in der Region genannt wird, markiert den nächsten Höhepunkt in der Geschichte des Hauses. Als sie 1864 stirbt, übernimmt die Stadt Turin die Regie – für mehr als fünfzig Jahre. Nach dem Ersten Weltkrieg fällt der Besitz wieder in private Hände; Pietro Abbona, Winzer in der Gegend von Barolo, erwirbt die Liegenschaften und die Weinberge. Der Betrieb bleibt in der Familie. Heute sind die Nachfahren für den stattlichen Besitz verantwortlich: Piero Scarzello sowie Ernesto und Paolo Abbona. Das Haus Marchesi di Barolo zählt noch immer zu den größten Produzenten in Piemont. Mehr als zwei Millionen Flaschen Wein und Spumante werden jährlich verkauft, davon ungefähr dreihunderttausend Flaschen Barolo. Der Weinbergsbesitz ist zwar auf fünfunddreißig Hektar ausgedehnt worden – mit dem Herzstück in den bekannten Crus Cannubi und Brunate. Doch reicht diese Fläche für die Produktion keineswegs aus. Das Unternehmen muß Trauben in größeren Mengen von unabhängigen Vertragswinzern zukaufen. Im Stil der Weine fühlen sich die „Barolo-Herzöge" der Tradition verpflichtet, wenn auch in die Herstellung zuweilen neue Erfahrungen einfließen: Die Gärtanks arbeiten automatisch, die Maischezeit ist

auf acht bis zehn Tage verkürzt worden. Im Ausbau der jungen Weine dominiert allerdings die Überlieferung. Der Barolo reift zwei- bis dreieinhalb Jahre im Holz, wobei überwiegend traditionelle große Fässer mit dreißig bis hundertundachtzig Hektolitern Inhalt verwendet werden. Einige Fässer sind schon mehr als hundertfünfzig Jahre alt; sie stammen noch aus der Zeit der „Marchesa Barolo". Barriques haben inzwischen auch Eingang in die Keller gefunden. Doch werden diese kleinen Fässer bisher nur in geringem Umfang genutzt – unter anderem für den Ausbau der neuen Barolo-Spezialität Estate Vineyard, die erstmals 1990 gefüllt worden ist. In den nächsten Jahren soll der Barrique-Ausbau allerdings an Bedeutung gewinnen: Die Crus werden nach wie vor im traditionellen Faß reifen, die einfachen Blends und die Riserva-Barolos aber in den neuen Eichenfässern. Lagenreine Crus bieten die Marchesi di Barolo seit 1974 an; sie tragen die Namen der Weinberge: Cannubi und Cannubi Muscatel, Brunate, Sarmassa und Valletta. Obwohl die Kellerei vor allem als Spezialist für den Barolo gilt, präsentiert das Unternehmen nahezu die ganze Piemonteser Palette: Barbaresco und Barbera, Dolcetto und Grignolino, Nebbiolo und Freisa sowie die Weißen Arneis, Gavi und Moscato. Eine Besonderheit ist der weiße Tafelwein Verbesco, der aus den roten Rebsorten Barbera, Freisa und Grignolino (sie werden wie Weißwein gekeltert) und der weißen Sorte Cortese hergestellt wird. Obwohl das Unternehmen nach den Gesetzen eines Großanbieters arbeiten muß, bewahren die Weine ihren Charme.

Cantine Marchesi di Barolo, Barolo. Besitzer: Familie Abbona, Familie Scarzello; Präsident: Piero Scarzello Geschäftsführender Direktor: Ernesto Abbona Export-Leiter: Paolo Abbona Kellermeister: Roberto Vezza; Önologe: Flavio Fenocchio

PANETTERIA
VIA
ROMA

Der alte Kämpfer ist er geblieben. Obwohl er die Siebzig überschritten hat, und obwohl seine Gehfähigkeit eingeschränkt ist, läßt er nichts von Ermüdung und Resignation spüren. Forsch und kompromißlos verteidigt er die Erfahrungen und Erkenntnisse der alten Barolo-Schule – als der „letzte Mohikaner der Region", wie er sich selber nennt. Bartolo Mascarello, der Mann mit der Schiebermütze aus Barolo, hat allen Verlockungen des Zeitgeistes widerstanden und die Tradition zum ehernen Gesetz erklärt. Doch beharrt er auf der Feinabstimmung: „Ich bin nicht konservativ, ich bin Traditionalist." Er habe nie die Rechten gewählt, aber er habe stets die Traditionalisten unterstützt. Mit Hohn und Spott geißelt er die Prediger der neuen Schule, die sich allzu bereitwillig auf Modernismen, auf das scheinbar Fortschrittliche einließen. Für Barriques in den Barolo-Kellern hat er ebensowenig Verständnis wie für die Anbetung der kalifornischen Weinmacher und die Phantasieweine der neuen italienischen Generation. Er sei zwar nicht generell gegen die kleinen Eichenfässer. Doch sollten die Barriques zum Ausbau der jungen Weine nur dort benutzt werden, wo es der Tradition und dem Typ des Weins entspreche. Für den Barolo jedenfalls taugten sie nicht. Seine Abneigung gegen die Barriques artikuliert er aber nicht nur mit Worten. Er zeichnet sie auch: auf Weinetiketten nämlich, die er für seine guten Kunden bereithält. „No barrique", heißt es auf einem dieser begehrten Exemplare, „Il ne faut pas faire des barriques mais des barricades. Robespierre" steht auf einem anderen. Mehr als dreitausend Etiketten mit einer Vielzahl von Motiven hat Mascarello schon produziert – seit er seine Tage am Schreibtisch verbringen muß. Im Weinberg kann er nicht mehr arbeiten, im Keller auch nicht. Sein junger Kompagnon, Alessandro Fantino, hat diesen Part übernommen. Und seine Tocher Maria-Therese kümmert sich um die Verwaltung und den Verkauf. Fünf Hektar Rebfläche werden erwirtschaftet. Die Hälfte davon liegt in der Lage Cannubi, der andere Teil in den Lagen San Lorenzo, Rué und Rocche. Knapp vierzigtausend Flaschen bietet Mascarello jährlich an (nur Rotwein), davon fünfzehn- bis zwanzigtausend Flaschen Barolo. Der Rest verteilt sich nahezu gleichmäßig auf Dolcetto und Barbera. Mit ein paar Flaschen Freisa, der piemontesischen (oft süßlichen und meist perlenden) Spezialität für Kenner und Liebhaber, wird das Programm komplettiert. Bis zu zwei Drittel der Weine werden an Privatkunden verkauft – meist an Schweizer und Deutsche. Wenn Mascarello auch kompromißlos am traditionellen Barolo-Stil festhält, hat er sich in der Herstellungsmethode den Neuerern in einem Punkt etwas genähert: Er hat die Fermentations- und Maischezeit deutlich verkürzt – auf nur noch zehn bis zwölf Tage. Bei allen anderen Produktionsschritten dagegen geht er die alten Wege. Die Gärtemperatur wird nicht kontrolliert: Ist es warm im Herbst, gäre der Most halt schneller durch, ist es kühl, zöge sich die Fermentation eben etwas hin. Wenn er allerdings auch Weißwein kelterte, Arneis oder Favorita zum Beispiel, würde er der neuen Technik folgen und die Temperatur während der Gärung steuern (zugunsten der Frucht und der Frische des Weins). Der Barolo aber habe das nicht nötig; er werde mit jeder Gärtemperatur fertig. Knapp vier Jahre wird der junge Barolo im Faß dann ausgebaut – in traditionellen, mittelgroßen Fässern. Vor der Füllung wird der Wein sanft mit Hausenblase geschönt, aber nicht gefiltert. Und abgefüllt, darauf schwört er, werde nur, wenn der Mond günstig stehe, also nicht bei zunehmendem oder bei Vollmond. Denn zu dieser Zeit sei der Wein unruhig, für die Füllung nicht recht vorbereitet. Mascarellos Barolos sind kräftige, körperreiche Weine mit auffälliger Tanninstruktur, die spielerische Frucht aber nicht vermissen lassen.

WIDER DEN ZEITGEIST

Bartolo Mascarello, Barolo. Besitzer: Bartolo Mascarello, Alessandro Fantino; Weinbau und Kellerwirtschaft: Alessandro Fantino Verwaltung und Verkauf: Maria-Therese Mascarello

Wer vom Altmeister ins Herz geschlossen wird, kann sich auf ein handgemaltes Etikett freuen

Einer der typischen kleinen Läden in den Langhe, die mit den Spezialitäten der Region die Touristen locken

Seite 144: Der Kirchplatz des Weindorfs Barolo – ein Spiegelbild so vieler Dörfer in der Langa

MATT. 7.30-12.30
POM. 16-19
CARNAROLI

BEIFALL AUS AMERIKA

Azienda Agricola Giuseppe Rinaldi, Barolo.
Besitzer: Giuseppe Rinaldi
Weinbau, Kellerwirtschaft, Verwaltung: Giuseppe Rinaldi

In ein starres System will er sich nicht einordnen lassen; von der strikten Trennung zwischen Tradition und Moderne hält er nichts. Dennoch scheut er sich nicht, klar Position zu beziehen: Giuseppe Rinaldi schwärmt für den Barolo des alten Stils – für den Wein, der Zeit zur Reife braucht, der sich nicht anbiedert, der den Weinfreund fordert. Der Barolo sei ein ernsthafter, ein großer Wein. Seine Identität müsse gewahrt werden, er dürfe durch moderne Techniken in seiner Art nicht geglättet, nicht eingeebnet werden, er verdiene Schutz vor der Internationalisierung des Geschmacks, dieser törichten Mode der Zeit. „Der Barolo ist ein Wein, den man leidenschaftlich lieben, den man so nehmen muß, wie er ist, auch wenn er in der Jugend Fehler zeigen sollte.“ Rinaldi findet nur wenig Gehör, obwohl er mit großer Ausdauer reden und argumentieren kann. Die Neuerer beherrschen die Bühne, der Barolo des geglätteten Stils, der Wein, der schon in der Jugend gefällt, gilt als die neue Wahrheit. Dennoch findet Rinaldi vor allem dort großen Beifall, wo eigentlich die Modernisten das Refugium ihrer Argumente wähnen: auf dem Barrique-besessenen amerikanischen Markt. Ein Drittel seiner Weine wird nach Amerika geliefert. Winzer ist Rinaldi zunächst nicht gewesen. Er hat als Tierarzt gearbeitet. Aber als sein Vater 1992 starb, hat er seinen Beruf aufgegeben und das Familienerbe angetreten. Seit fünf Generationen schon wird der Weinstock in der Familie kultiviert. Zuerst sind die Trauben verkauft worden – an Kellereien der Region; Ende des 19. Jahrhunderts wird der erste Wein gekeltert. Drei Rinaldi-Brüder schließen sich zusammen: zur Cantina Barale, der größten Kellerei von Barolo. Doch der neue Betrieb hat nicht lange Bestand; 1920 wird die Kellerei wieder aufgelöst. Die Weinberge werden geteilt, die drei Brüder aus der dritten Generation gehen eigene Wege. Neben Barale entstehen die Domänen Giuseppe und Francesco Rinaldi. Zum Weingut Giuseppe Rinaldi (der heutige Eigentümer, Giuseppe II., ist der Enkel des Namensgebers) gehören gegenwärtig acht Hektar Weinberge und zwei Hektar Wald und Haselnußplantagen. Alle Rebflächen liegen in Barolo – vor allem in den Lagen Brunate und Cannubi. Die Hauptrebsorte ist der Nebbiolo (für den Barolo und den Nebbiolo Langhe); dazu kommen einige Parzellen, die mit Barbera, Dolcetto und Freisa bepflanzt sind. Dreißigtausend Flaschen jährlich kann Rinaldi im besten Fall füllen, davon ungefähr zwei Drittel Barolo. Jede zweite Flasche wird exportiert. In der Produktion orientiert sich Rinaldi an der Überlieferung; vom Ausbau des jungen Weins in Barriques hält er nichts. Der Barolo wird in großen Holzbottichen vergoren, die Maischezeit zieht sich über gut zwei Wochen hin. Die Gärtemperatur wird gezügelt – allerdings nur mäßig, erst oberhalb von zweiunddreißig Grad. Nach der Fermentation sitzt der junge Barolo zwei Monate in Edelstahltanks ab, bis er sauber ist; dann wird er dreieinhalb Jahre in großen Holzfässern (von zwanzig bis sechzig Hektolitern) gelagert. Zwei Typen von Barolo bietet Rinaldi an – je nach Weinberg und Charakter des Jahrgangs. In der einen Cuvèe dominiert die Lage Brunate (im Jahrgang 1993 zum Beispiel mit achtzig Prozent), in der anderen halten sich die Parzellen von San Lorenzo und Ravera meist die Wage. Der Barbera reift ein Jahr im Holz, der Nebbiolo Langhe zwei Jahre. Auch der Dolcetto wird im Holzfaß ausgebaut, was in der Region eher die Ausnahme als die Regel ist. Dem Dolcetto, berichtet Rinaldi aus Erfahrung, bekomme die Reife im Holzfaß gut, denn der Dolcetto von Barolo sei robuster als der klassische Dolcetto von Dogliani. Die meisten Weine verkauft Rinaldi an private Kunden; denn er sucht gern den Kontakt zu seinen Abnehmern.

Das Weingut Giuseppe Rinaldi in Barolo – ein Refugium des traditionellen Barolo-Stils

Die Frage, ob der Barolo in Barriques oder in den traditionellen, großen Fässern reifen sollte, ist eigentlich eine Randfrage. Wichtig ist allein, daß der Wein seine Eigenständigkeit wahrt." Mit dieser Meinungsäußerung zieht sich Marcello Ceretto, zusammen mit seinem Bruder Bruno Besitzer des gleichnamigen Weinimperiums in Alba, elegant aus der Affäre. Denn in der Barrique-Frage haben die Cerettos in bemerkenswerter Weise – nach vielen Diskussionen mit den Barrique-Befürwortern der Region – ihre Meinung geändert: aus den Gegnern sind Nutzer geworden. Der Anteil der kleinen Eichenfässer ist Schritt für Schritt erhöht worden, und seit der Ernte 1996 wird der Barolo zu hundert Prozent in den kleinen Fässern ausgebaut. Das Barrique, bekennt Marcello heute, sei ein gutes Hilfsmittel; der Wein bleibe fruchtiger und frischer, er werde reintöniger. Und noch eine Sinneswandlung prägt die jüngste Unternehmensgeschichte: Die Cerettos, die vor fünfzehn Jahren mit leichten, charmanten, früh trinkbaren Barolos und Barbarescos die Weinwelt überrascht hatten, orientieren sich im Stil von Barolo und Barbaresco wieder an alten Tugenden: der Wein ist wieder markanter, kräftiger und konzentrierter. Die Richtschnur sind der Einundsiebziger und der Achtundsiebziger; die Kraft und die ungewöhnliche Struktur dieser Weine haben es Marcello Ceretto angetan. Allerdings soll der Ceretto-Stil der frühen achtziger Jahre nicht völlig vergessen werden; zwei Stilelemente sollen erhalten bleiben: die Feinheit und die frühere Trinkreife des Weins. Aber nicht nur im Ausbau und im Stil ihrer Weine haben die reformfreudigen Cerettos die Richtung geändert, sie haben ihrem Unternehmen auch einen neuen Charakter gegeben: Sie haben im großen Umfang Weinberge dazugekauft und das Haus Ceretto praktisch zu einem Weingut, zu einer Azienda Agricola, umgewandelt: „Wir sind Winzer geworden." Fünfundfünfzig Hektar zählen jetzt zum Besitz; zwanzig weitere Hektar sind gepachtet. Die Produktion verteilt sich zu jeweils zweihunderttausend Flaschen auf Rotwein, Moscato und Arneis; fünfzigtausend Flaschen entfallen auf Barolo. Vierzig Prozent des Angebots werden ins Ausland geliefert. Zu den besten Weinen zählen – zumindest vom natürlichen Potential her gesehen – die Barolos Bricco Rocche (Castiglione-Falletto), Prapò (Serralunga) und Brunate (La Morra) sowie die Barbarescos Bricco Asili und Faset. Die Palette – Wein aus eigenen Trauben – wird ergänzt durch den Blangè Arneis, einen leicht moussierenden, frischen Weißwein, der dem Haus Ceretto zu großem Erfolg verholfen hat (der Wein ist zum ersten Mal 1985 gefüllt worden), durch den Dolcetto Rossana sowie durch einige neue Weine, die erst seit kurzem kultiviert werden: Chardonnay, Viognier, Cabernet-Sauvignon, Pinot Noir und Syrah. Auch hier haben Marcello und Bruno Ceretto eine neue Position eingenommen; denn ursprünglich hatten sie es abgelehnt, gebietsfremde Rebsorten anzubauen. Die Veränderungen, die das Haus Ceretto in den vergangenen Jahren prägen, sind auch äußerlich sichtbar geworden: das Unternehmen hat die Enge der Stadt verlassen und sich vor den Toren, auf einem Hügel, in der geräumigen Gutsvilla La Bernardina (neunzehntes Jahrhundert) niedergelassen. Ein neuer Betrieb ist hier entstanden, der die bisherigen Kellereien, unter anderem die knapp zwanzig Jahre alte, architektonisch bemerkenswerte Anlage in Castiglione-Falletto und den Betrieb in Barbaresco, auf Bricco Asili, in ihrer Arbeit unterstützt. Mit seinen Weinen ist Marcello Ceretto inzwischen zufrieden. Der Weg in die Zukunft sei sicher abgesteckt.

DIE FLEXIBLEN REFORMER

Fratelli Ceretto, San Cassiano bei Alba. Besitzer: Marcello und Bruno Ceretto; Önologe: Daniele Savio

Das Weinhaus Ceretto – von der leichten Art zurück zu alten Tugenden

Seite 148: Vor den Toren der Stadt, in den Kellern der Gutsvilla La Bernardino, reift der Wein der Cerettos seinen Genießern entgegen

Pio Boffa
kümmert sich nicht
um den
Methodenstreit.
„Wichtig ist
allein, daß wir gute
Weine machen."

ZWISCHEN DEN SCHULEN

Im Disput zwischen den Traditionalisten und den Neuerern im piemontesichen Weinbau hat er sich an der Null-Linie eingerichtet. Er verficht weder den alten Stil noch ist er bedingungslos zu den Modernisten übergelaufen. „Wichtig allein ist, daß wir gute Weine machen." Dennoch – Pio Boffa kann nicht verbergen, daß er gedanklich zuweilen doch von seinem Mittelweg abweicht und Sympathien für die alte Schule erkennen läßt: „Wer den Barolo gut kennt und liebt, wird der traditionellen Art treu bleiben." Pio hat frühzeitig die neuen Möglichkeiten studiert. Schon 1978 experimentiert er mit Barriques – als einer der ersten in der Region. Aber er ändert die Kellertechnik nicht abrupt. Er läßt sich Zeit, er sucht das richtige Maß. In der Verarbeitung der Trauben geht er den neuen Weg; der Most wird (bei ungefähr dreißig Grad) in modernen Edelstahltanks vergoren. Im Ausbau der jungen Weine verknüpft er das Alte mit dem Neuen: Der eine Teil reift in den traditionellen großen Fässern, der andere in den Barriques. Am Ende werden die verschiedenen Partien miteinander vermählt. Spürbar wird der Barrique-Ton in seinen Weinen kaum; denn der Anteil der kleinen Eichenfässer wird (beim Standard-Barolo) auf ungefähr fünfundzwanzig Prozent begrenzt. Ungefähr sechzig- bis siebzigtausend Flaschen Barolo bietet Pio Boffa jährlich an. Drei Viertel der Trauben stammen aus eigenen Weinbergen (in der Gemeinde Serralunga), den Rest liefern Winzer, die schon seit vielen Jahren ihre Trauben an das Haus Pio Cesare in Alba verkaufen. Pio überwacht die Weinbergsarbeiten seiner Vertragswinzer; er gibt die Qualitätskriterien vor – den Anschnitt im Frühjahr, die „grüne Ernte" vor Beginn der Reifephase und ähnliches. Zwei verschiedene Barolos tragen das Etikett des Hauses: der traditionelle Blend Pio Cesare und der Cru Ornato aus Serralunga. Der Ornato wird allerdings nur nach guten Jahrgängen abgefüllt. Dem Barolo zur Seite steht der Barbaresco, der ebenso als Standardblend und als Cru (Il Bricco) angeboten wird. Der Barbaresco wird nur von Trauben aus eigenen Weinbergen (in Treiso) gekeltert. Ergänzt wird das Sortiment durch den Barbera (als Blend und Cru Ornato, zum guten Teil in Barriques ausgebaut), durch die Chardonnays Piodilei und L'Altro (die ebenfalls in kleinen Eichenfässern reifen), durch Dolcetto, Nebbiolo, Grignolino, Gavi, Moscato und einen kräftigen, nur wenig moussierenden Freisa. Rund dreihunderttausend Flaschen kommen auf diese Weise jährlich zusammen, die zu einem hohen Prozentsatz exportiert werden. Der Stil des Hauses, das 1881 von Pio Cesare gegründet worden ist und seither von den Nachfahren ohne Unterbrechung geführt wird, spiegelt die Differenzierung in Standard-Blend und Cru: weiche, duftige, charmante und leicht zugängliche Weine für die Ungeduldigen, die nicht lange warten wollen, kräftige, kompakte, tanninbetonte Weine für die Kenner und Liebhaber, die sich vom alten, nur schwer verständlichen Stil fordern lassen wollen.

Pio Cesare, Alba. Besitzer: Familie Pio Boffa; Leitung und Produktion: Pio Boffa Önologe: Paolo Fenocchio

Unbekannte waren sie nicht. Als Teilhaber des Hauses Prunotto in Alba waren Beppe und Tino Colla, die beiden Brüder, eine feste Größe im piemontesischen Weinbau. Dann kam 1990 die überraschende Meldung: Die beiden Collas hatten sich von ihrem Prunotto-Engagement getrennt und ihre Anteile an das Weinhaus Antinori in Florenz verkauft. Sie arbeiteten bei Prunotto zwar noch einige Jahre weiter – Tino vier, Beppe fünf Jahre. Doch die endgültige Trennung war schon vorgezeichnet. 1994 gründete Tino zusammen mit Beppes Tochter Federica ein neues Unternehmen: die Poderi Colla in Alba, im Ortsteil San Rocco Seno d'Elio, auf halbem Weg zu den Weinbergen von Barbaresco. Beppe, der Ältere der Collas, versprach seine Mitwirkung – als erfahrener Önologe und Weinbergsbesitzer. Schauplatz der neuen Aktivitäten ist die alte Domäne Cascine Drago; hier werden die Weine gekeltert und ausgebaut, von hier aus werden die Poderi Colla verwaltet. Drei Weingüter gehören zu dem neuen Unternehmen: die Tenuta Roncaglia in Barbaresco (Ortsteil Roncaglie), die Azienda Agricola Dardi Le Rose in Monforte (Ortsteil Bussia) und die Cascine Drago. In Monforte, in der Lage Dardi, einer Unterzone von Bussia, sind sieben Hektar mit Reben bepflanzt, allein mit der Sorte Nebbiolo. Die Trauben werden zum Barolo der Poderi Colla verarbeitet, der Ertrag reicht theoretisch für dreißig- bis vierzigtausend Flaschen. Ausgebaut wird der junge Wein in zwanzig bis fünfundzwanzig Hektoliter großen Fässern aus slawonischer und französischer Eiche, also nicht in Barriques; die Reife dauert vierundzwanzig bis achtundzwanzig Monate. Im Weingut Roncaglia sind zehn Hektar mit Reben bestockt – mit Nebbiolo für den Barbaresco sowie mit Barbera und Dolcetto. Auch der Barbaresco reift in traditionellen großen Fässern, die Lagerzeit beträgt zwölf bis vierzehn Monate. Ebenfalls zehn Hektar stehen in der Domäne Drago San Rocco Seno unter Ertrag. Hier wachsen die Rebsorten Nebbiolo (für den Nebbiolo d'Alba), Dolcetto, Pinot nero, Freisa, Chardonnay und Riesling Renano. Der Chardonnay und der Riesling Renano werden zum Weißwein Sanrocco verarbeitet, dem ungefähr fünfzig Prozent hell gekelterter Pinot nero untergemischt werden. In den Cascine Drago wird zudem eine Spezialität produziert, die zu den ersten „Super-Tafelweinen" in Piemont zählt: der Bricco del Drago. Dieser Wein, 1969 von den früheren Besitzern des Hauses, der Familie Degiacomi, zum ersten Mal gekeltert, ist letztlich zwar ein Dolcetto, doch wird der Wein mit rund fünfzehn Prozent Nebbiolo abgerundet. Der Grund für diese Cuvée liegt in der ungewöhnlichen Komplexität und Struktur des Dolcetto vom Hügel Bricco del Drago. Der Wein ist in der Jugend spröde, er muß länger reifen als ein Dolcetto sonst. Doch wenn er dann gealtert ist und trinkbar wäre, erinnert er nicht mehr an die typische Dolcetto-Art. Der Nebbiolo soll ihm daher zu Eleganz und Raffinesse verhelfen, zu früherer Trinkreife. Doch trotz dieser Zähmung bleibt der Dolcetto Bricco del Drago ein ungewöhnlicher, langlebiger, rustikaler Wein. Kein anderer Dolcetto in Piemont, rühmt Tino Colla diesen Wein, besitze eine ähnliche Fähigkeit zum Altern, eine ähnliche Wucht und tiefe Farbe. Doch trotz dieser unter Weinfreunden gerühmten Spezialität sieht das Colla-Dreigestirn die Zukunft des neuen Unternehmens im Barolo und Barbaresco – nicht zuletzt wegen der guten Weinberge, in denen die Trauben reifen. Schon der erste Barbaresco aus der Colla-Neuzeit hat den Anspruch auf Applaus geltend gemacht: Der Dreiundneunziger wurde als einer der Jahrgangsbesten gefeiert.

EINE NEUE KARRIERE

Poderi Colla, San Rocco Seno d'Elvio (Alba). Besitzer: Beppe, Federica und Tino Colla; Weinbau und Kellerwirtschaft: Beppe Colla; Verkauf und Export: Tino Colla Verwaltung und Öffentlichkeitsarbeit: Federica Colla

Der Tafelwein Bricco del Drago ist der große Erfolg, aber nicht der einzige gute Wein, den die Poderi Colla hervorbringen

DER NEUE ALTE STIL

Casa Vinicola Alfredo Prunotto S.R.L., Alba. Besitzer: Marchesi Antinori Verwaltung: Albiera Antinori; Technischer Direktor: Renzo Cotarella; Önologe: Danilo Drocco

Die Revolution hat nicht stattgefunden. Als die erfolgreiche Florentiner Weinfamilie Marchesi Antinori 1990 das Weingut Alfredo Prunotto in Alba gekauft hatte, sahen viele in der Region das Ende der Prunotto-Tradition gekommen. Doch sie hatten sich getäuscht. Der neue Eigentümer, im allgemeinen Experimenten und Neuerungen aufgeschlossen, respektierte das Werk Beppe Collas, des alten Besitzers, und knüpfte an die Überlieferung an. Der klassische Stil des Hauses wurde gewahrt, die Neuerer, die in Piemont immer mehr an Boden gewinnen, wurden nicht gehört. Und da der angesehene Beppe Colla nach dem Besitzwechsel noch vier Jahre im Dienst des neuen Hausherrn als Berater blieb, war die Kontinuität ohnehin gesichert. Doch auch jetzt, da der Önologe Danilo Drocco für den Wein von Prunotto verantwortlich ist, soll sich nichts ändern: „Wir werden Traditionalisten bleiben." Das Bekenntnis zur Tradition schließt allerdings nicht aus, daß über den Stil der Weine und die Methoden der Herstellung nachgedacht wird. Und dieses Nachdenken hat am Ende doch zu einigen Korrekturen geführt. Die Weine sind zwar noch immer, wie es dem traditionellen Stil entspricht, durch überaus kräftiges, wenn auch gut in die Struktur eingebundenes Tannin geprägt. Auch brauchen sie – ebenso wie früher – genügend Zeit zur Reife. Doch überraschen sie jetzt mit deutlich mehr Frucht und Reintönigkeit. Die Vorgabe des neuen Besitzers, das kräftige Tannin mit der Frucht zu kombinieren, ist geglückt. Und noch etwas ist nicht zu übersehen. Trotz der ausgiebigen Reifezeit, die der Wein auch heute einfordert, ist er nun doch etwas früher zugänglich. Streng an der Tradition orientieren sich die Hausherrn aus Florenz beim Ausbau des Weins. Der Barolo und der Barbaresco reifen in traditionellen Fässern aus slawonischer und französischer Eiche (je nach Jahrgang bis zu zwei Jahren), Barriques werden nicht verwendet. Auch die Gär- und Maischezeit entspricht eher der Überlieferung als der Moderne: Sie beträgt noch immer mindestens vierzehn Tage. Der Verzicht auf Barriques heißt aber nicht, daß Antinori die kleinen Eichenfässer voll und ganz aus dem Betrieb in Alba verbannt hätte. Ein neuer Barbera, der zu einem „internationalen Wein" ausgebaut werden soll, reift in solchen Fässern (in dreißig Prozent neuen und siebzig Prozent gebrauchten), wie ebenso etliche Partien Nebbiolo – als Experiment. Und ein kleiner Teil Barolo wird in Doppelbarriques (fünfhundert Liter) gelagert. Grundsätzlich aber gilt für die Cantina Prunotto der alte Grundsatz: Ausbau des Weins in klassischen Fässern. In einem Punkt allerdings haben die Marchesi Antinori eine alte Gepflogenheit aufgegeben. Hat der frühere Besitzer die Trauben für seine Weine von anderen Winzern gekauft (die Cantina Prunotto hatte keine Weinberge), bemühen sich die neuen Eigentümer jetzt um eigenen Weinbergsbesitz. So sind in der berühmten Barolo-Lage Bussia in Monforte schon zehn Hektar erworben worden und in Agliano d'Asti – für Barbera – dreißig Hektar. Dreißig Prozent der Produktion von jährlich fünfhunderttausend Flaschen (davon hunderttausend Flaschen Barolo) kommen jetzt schon von Trauben aus eigenen Weinbergen. Aus der breiten Palette des durchweg anspruchsvollen Angebots ragen einige Weine besonders hervor: die Barolo Bussia und Cannubi (der eine etwas kräftiger und differenzierter, der andere etwas weicher und fülliger), der kraftvolle, fruchtige Barbaresco Montestefano, der Nebbiolo Occhetti (der so manchem Barolo nicht nachsteht), der Barbera Pian Romualdo aus der gleichnamigen Zone in Monforte (der wohl besten Barbera-Lage der Region) sowie der neue (Barrique-) Barbera Costa Miole, der im Herbst 1998 auf den Markt kommen wird. Vierzig Prozent der Produktion werden exportiert; die Weinfreunde aus Deutschland stehen zusammen mit den Amerikanern an der Spitze der Abnehmer.

Das Weinhaus Prunotto-Marchese Antinori führt fort, was der angesehene Beppe Colla, der Vorbesitzer, im Barolo-Stil vorgegeben hat

Seite 154:
Eine deftige Versuchung – Trüffeln und alle Köstlichkeiten, die den Besucher in Alba erwarten

POLENTA
FUNGHI PORCINI

Casa Vinicola Bruno Giacosa, Neive. Besitzer: Bruno Giacosa Verkauf und Öffentlichkeitsarbeit: Bruna und Marina Giacosa; Önologe: Dante Scaglione

KLASSIKER DER KLASSIKER

Bruno Giacosa ist sich treu geblieben. Er macht wenig Worte, er sagt nur das Nötigste – wie er es immer getan hat. Auch über seine Arbeit, über seine Weine, spricht er nur verhalten. Was er produziert, muß sich selbst behaupten. Und dennoch hat sich die Szene in den vergangenen Jahren belebt. Giacosas Töchter, Bruna und Marina, die ihren Vater im Verkauf unterstützen und die auch die Öffentlichkeitsarbeit in die sonst so stille Casa Vinicola eingeführt haben, sorgen nun dafür, daß die Worte im Hause Giacosa munter fließen. Wo ehemals das sparsame Frage-Antwort-Spiel gepflegt worden ist, erwartet den Besucher jetzt eine wortreiche Vortragsveranstaltung – sofern mindest eine der beiden Töchter anwesend ist. Vorzuführen gibt es eine Menge: Barolo und Barbaresco von opulenter Fülle und Tiefe, von Kraft und beispielloser Langlebigkeit, Pinot-nero-Spumante voll Eleganz und Charme, voll Harmonie und vornehmer Art. Den traditionellen Stil des Hauses hat Giacosa bewahrt. Denn für ihn hat es immer schon den richtigen Stil gegeben: den Stil Giacosa. In der Kellertechnik ist er den Neuerern zwar etwas näher gekommen; er hat die Gär- und Maischezeit auf nur noch zwei Wochen verkürzt. Doch liegt hier die einzige Neuerung, die der Weinkünstler von Neive zugelassen hat – und auch nur deshalb, weil in seinem Keller jetzt mit neuen Edelstahltanks gearbeitet wird, deren Rührwerk und Remontagetechnik eine ausreichende Tanninausbeute garantieren. Den Ausbau der jungen Weine in kleinen Eichenfässern lehnt er ebenso ab, wie die artverändernde Begrenzung des Tanningehalts im Barbaresco und Barolo. Ungefähr fünfhunderttausend Flaschen bietet das Haus Giacosa jährlich an. Ein Viertel davon stammt aus eigener Ernte, der große Rest wird aus Trauben gekeltert, die im Herbst von fremden Winzern gekauft werden. Die eigenen Weinberge liegen in den Gemeinden Serralunga und Barbaresco. Die Azienda in Serralunga ist der agrarische Stützpunkt des Hauses Giacosa; hier werden – auf ungefähr zehn Hektar – die Rebsorten Nebbiolo, Dolcetto und Barbera kultiviert. In Barbaresco wächst nur Nebbiolo – in der Lage Asili. Giacosas Meisterstücke sind ohne Zweifel der Barolo, der Barbaresco und der Spumante. Der Barbaresco reift ein bis drei Jahre in großen, traditionellen

Holzfässern, der Barolo ungefähr zwei bis vier Jahre. Die Weine werden vor der Abfüllung mit frischem Hühnereiweiß geschönt, aber nicht gefiltert. Läßt es die Qualität der Trauben zu, fällt der Jahrgang gut aus (wie 1982, 1988, 1989, 1990 und 1993), steigt Giacosa noch einen Rang höher: Dann baut er einige Lagen zu Riserva-Weinen aus – mit einer entsprechend längeren Lagerzeit im Faß. Am Etikett sind die beiden Varianten gut zu erkennen: Für das Standardprogramm (auch für die Crus) benutzt Giacosa weiße Etiketten mit goldener Schrift, für die Steigerung "Riserva" wählt er das edle Kastanienbraun. Der Barolo schlägt mit fünfunddreißig- bis vierzigtausend Flaschen jährlich zu Buch, der Barbaresco mit rund dreißigtausend Einheiten. Auf ungefähr die gleiche Menge bringt es der Spumante, den Giacosa erst seit gut zehn Jahren produziert. Für ihn verarbeitet Giacosa nur den Pinot nero; denn nur diese Traubensorte garantiere kraftvolle, aromatische und harmonische Grundweine. Die Trauben kommen aus dem Weinbaugebiet Oltrepo Pavese in der Provinz Pavia, das – neben den Regionen Franciacorta und Trentino – für die Produktion von Spumante-Grundwein besonders gut geeignet ist. Vervollständigt wird das Giacosa-Programm durch die piemontesischen Klassiker: durch die Rotweine Dolcetto und Barbera einmal und dann durch die Weißen Arneis und Moscato.

Bruno Giacosa, das Weingenie von Neive. Er hat über viele Jahre die Riege der erstklassigen Produzenten angeführt

Seite 158: Neive – eines der drei Dörfer, die zur Appellation Barbaresco DOCG zählen

DOLCETTO DER ANDEREN ART

Azienda Vitivinicola Fratelli Pecchenino, Dogliani. Besitzer: Attilo und Orlando Pecchenino Kellerwirtschaft und Verkauf: Orlando Pecchenino; Weinbau: Attilo Pecchenino

Auf der Weinbauschule in Alba, bekennt er freimütig, habe er nichts gelernt. Es tummelten sich nur die Theoretiker, die zudem noch die falschen Bücher gelesen hätten. Alles, was er heute wisse und könne, habe er sich in der Praxis angeeignet, hätten ihn andere Winzer gelehrt. Aber es sind nicht nur die praktische Arbeit und die Erfahrung, die Orlando Pecchenino zum Meister seines Fachs erzogen haben, es ist auch das untrügliche Gespür für das Machbare, für das sinnvolle Experiment. Sicher, was Orlando zusammen mit seinem Bruder Attilo auf seinem Weingut in Dogliani produziert, ist das typische Produkt der Region: der Dolcetto. Doch der Dolcetto, den die Fratelli Pecchenino ausliefern, ist mit den anderen Weinen dieser Gattung kaum zu vergleichen. Er ist alkoholoreicher, er ist kompakter und tiefer, er ist dunkler in der Farbe, er erinnert in seinem Potential eher an den Barolo. Rein zufällig ist diese Ähnlichkeit nicht. Zum einen gleichen die natürlichen Gegenheiten denen der Nachbarregion Monforte (der Boden ist nicht sand-, sondern kalkhaltig, die Weinberge liegen ziemlich hoch, auf vierhundertfünfzig bis fünfhundert Metern), zum anderen vinifiziert Pecchenino seinen Dolcetto ähnlich wie einen Barolo: die Maischezeit ist mit zehn bis elf Tagen verhältnismäßig lang, die Weine werden zum Teil in Holzfässern, in neuen und gebrauchten Barriques, ausgebaut. In drei Versionen bieten die beiden Brüder aus Dogliani ihren Dolcetto an. Die einfache Variante, Pitabò genannt, wird nach überlieferter Weise ausgebaut – nicht im Holz, sondern in Zement- oder Stahltanks. Der Wein bringt es auf dreizehneinhalb Volumenprozent Alkohol. Die zweite Version, der Siri d'Yerum, reift jeweils zur Hälfte in gebrauchten Barriques (drei Monate lang) und in Stahltanks. Er ist tieffarben, er ist reich an Frucht, er zündet mit seinen vierzehn bis vierzehneinhalb Volumenprozent ein wahres Alkoholfeuer. Der Jüngste im Bund ist der Barrique-Dolcetto Bricco Botti. Dieser Wein, den die Pecchenino zum ersten Mal 1995 aufgelegt haben, wird zehn bis zwölf Monate in neuen Barriques ausgebaut. Warum er den klassischen piemontesischen Alltagsrotwein in Barriques reifen läßt? Er habe beweisen wollen, antwortet Orlando Pecchenino, daß auch der Dolcetto ein großer Wein sein könne. Nach drei bis vier Jahren verliere der Barrique-Dolcetto zwar seine Frische, aber seine feine Frucht bleibe erhalten. Beweisen will Pecchenino in ein paar Jahren noch etwas anderes. Er will zeigen, daß in Dogliani keinesfalls nur guter Dolcetto wächst, sondern daß sich der Boden und das Kleinklima auch für den Nebbiolo eignet. Er ist fest davon überzeugt, daß zwischen dem Nebbiolo von Alba und einem Nebbiolo von Dogliani in der Art und der Güte kaum Unterschiede zu finden sein werden. Daß Dogliani mit dem Dolcetto gleichgesetzt werde, habe vermutlich nur traditionelle und kommerzielle Gründe (noch um die Jahrhundertwende pilgerten die Großstädter in Scharen nach Dogliani zur gesunden Dolcetto-Traubenkur). Sachlich gerechtfertigt sei diese Art der Monokultur aber ganz und gar nicht. Pecchenino hat – wie etliche andere Winzer der Region auch – die einseitige Dolcetto-Kultur längst durchbrochen, wobei er mit seinem Mischwein La Castello vor allem im Ausland erfolgreich ist. Dieser Wein wird zu drei Vierteln aus Barbera, zu einem Fünftel aus Nebbiolo und zu fünf Prozent aus Cabernet gekeltert.

Weinberge in
der Dolcetto-Zone
von Dogliani

DER DOLCETTO-KÜNSTLER

Azienda Agricola Chionetti, Dogliani. Besitzer: Quinto Chionetti; Weinbau und Kellerwirtschaft: Quinto Chionetti

Das Votum war eindeutig: Erster Platz – mit großem Vorsprung vor dem Zweiten. Die Erfahrung, die das Publikum im International Wine Club von New York an jenem Abend machte, war den vertrauten Kennern durchaus geläufig. Denn wenn sich Quinto Chionetti aus Dogliani mit seinem Dolcetto zur Wahl stellt, hat die Konkurrenz nur wenig Chancen – auch die berühmten Namen nicht.

Chionettis Dolcetto, vor allem der Cru Briccolero, ist ein Erzeugnis der Sonderklasse – das Meisterstück eines großen Weinkünstlers. Für den Erfolg nennt der Zweiundsiebzigjährige einfache Gründe: gute Weinberge, genügend Erfahrung und vor allem Ehrlichkeit. Alles hat er, der Dolcetto-Experte, in reichem Maße. Was ihm die Vorfahren übertragen haben (sein Urgroßvater hat im vergangenen Jahrhundert mit dem Weinbau angefangen), hat er bewahrt und gemehrt. Chionetti ist Traditionalist. Er verläßt sich auf die Kraft der Natur, er hilft nur wenig nach. Der Wein soll so sein, wie er im Weinberg gewachsen ist, er soll seine originäre Frucht, seine ursprünglichen Aromen bewahren. Aus diesem Grund lehnt er auch den Ausbaus des Weins in Barriques energisch ab. Selbst in den großen traditionellen Holzfässern würde er diesen fruchtigen Wein nicht reifen lassen. Denn im Holz altere der Wein, und das sollte man dem jugendlich-frischen Dolcetto ersparen. Aber nicht nur die guten Weinberge, die Erfahrung und die Ehrlichkeit sind es, die Chionettis Ruhm begründen, es ist auch sein fester Wille zur Qualität. Dazu zählt vor allem der schonende Umgang mit den Ressourcen und die strikte Begrenzung der Produktion. Neunzig Doppelzentner je Hektar dürfen die Winzer in der Dogliani-Region ernten – dem Gesetz entsprechend; nur sechzig bis fünfundsechzig Doppelzenter aber mutet Chionetti seinen Rebstöcken zu. Der Wein dankt es ihm: Er ist saftig und kraftvoll, von dunkler Farbe, er glänzt durch Fülle und Opulenz. Er ist weit mehr, als dem Dolcetto gemeinhin angedichtet wird: Er ist kein einfacher, angenehmer Alltagswein, Chionettis Dolcetto beansprucht Ernsthaftigkeit und Größe. Der Wein braucht Zeit zur Reife. Man sollte ihn auf keinen Fall schon kurze Zeit nach der Füllung trinken. Und er kann gut altern. Fünf bis zehn Jahre – je nach der Güte des Jahrgangs – steht der Chionetti gut durch (im Gegensatz zu vielen Artgenossen). Zwölf Hektar Weinberge sind derzeit bepflanzt – allein mit der Sorte Dolcetto. Der größere Teil der Rebfläche (rund sieben Hektar) liegt in der Süd-Lage San Luigi, auf vierhundert bis vierhundertfünfzig Metern Höhe. Der Rest verteilt sich auf den Weinberg Sorì Briccolero – einem von Süd-Ost nach Süd-West geneigten Hang. Hier ist die Sonneneinstrahlung weniger intensiv (der Weinberg liegt auch fünfzig Meter höher), was der Frucht und der Eleganz des Weines zugute kommt. Siebzig- bis achtzigtausend Flaschen bietet Chionetti jährlich an, sechzig Prozent davon werden exportiert – eine ungewöhnlich große Menge für diese piemontesische Spezialität. „Ich könnte alles im Ausland verkaufen", berichtet Chionetti. „Aber ich will den italienischen Markt nicht vernachlässigen." Mehr als ein halbes Jahrhundert hat Chionetti das Weingut geführt. Er hat Maßstäbe gesetzt, er hat dazu beigetragen, das Dogliani heute nicht nur den Italienern ein Begriff ist. Andrea, sein Sohn, hat das Werk fortführen sollen. Doch ein tödlicher Autounfall vor zehn Jahren hat der Zukunft ein Ende gesetzt. Quinto Chionetti arbeitet weiter – trotz seines hohen Alters. Er fühlt sich seinem Sohn verpflichtet. Andrea habe ihm und der ganzen Sache des Dolcettos noch einmal starke Impulse gegeben.

Dolcetto, die kleine Süße. Die Beeren sind zwar lieblich süß, doch der Wein ist belebend trocken

Seite 163: Die sanfte Hügellandschaft zwischen der majestätischen Langa und der Dolcetto-Stadt Dogliani

IM HERZEN VON DIANO

**Azienda Agricola
Matteo e Claudio Alario,
Diano d'Alba.
Besitzer: Claudio Alario
Weinbau
und Kellerwirtschaft:
Claudio Alario**

Auf dem Markt ist Claudio Alario ein Neuling. Der Weinbau ist zwar seit vielen Jahren eine feste Größe in der Familie – schon Vater Matteo hat den Rebstock kultiviert; doch ist der junge Wein stets anonym im Faß abgegeben worden – an namhafte Kellereien und Abfüller. 1988 war die Zeit dann reif: Der Name Alario tritt aus der Anonymität, der Wein wird unter eigenem Etikett verkauft. Claudio, der den Familienbetrieb in eigener Verantwortung inzwischen führt, hat Glück – das Glück des Tüchtigen: Seine Weine finden in kurzer Zeit eine gute Position im Markt, sie werden gelobt. Claudio freut sich über den Applaus, aber er bleibt bescheiden. Denn der Erfolg sei nicht allein seinem Können und seiner Leistung gutzuschreiben, sondern auch den natürlichen Gegebenheiten: Seine Weinberge, vor allem die Parzellen für den Dolcetto, lägen in der besten Zone von Diano. Ohne diese natürliche Pfründe wäre der Start vermutlich nicht so schnell und reibungslos geglückt. Aber noch etwas kommt hinzu: Alario schont die Weinstöcke, er schränkt die Erträge erheblich ein – zugunsten der Qualität. Beim Dolcetto zum Beispiel bleiben am Ende nur noch fünfzig Doppelzentner je Hektar übrig (statt der erlaubten achtzig), beim Nebbiolo und Barbera fünfunddreißig bis vierzig. Die Azienda Alario zählt zu den kleinen Betrieben der Region; nur achtundzwanzig- bis dreißigtausend Flaschen können jährlich angeboten werden. Sechs Hektar sind mit Reben bepflanzt: drei Hektar mit Dolcetto-Reben (für den Dolcetto di Diano d'Alba DOC), eineinhalb Hektar mit Barbera und zweieinhalb Hektar mit Nebbiolo (in Diano d'Alba und Verduno). Der Nebbiolo, der in Diano wächst, an den Süd-West-Hängen in Richtung Serralunga, wird zu Nebbiolo d'Alba DOC verarbeitet, der Nebbiolo von Verduno zu Barolo. Der Barolo ist Alarios jüngstes Kind; das Geburtsjahr fällt in den Jahrgang 1995. Großen Wert legt der junge Weinproduzent auf den Hinweis, daß der Nebbiolo d'Alba kein deklassierter Barolo ist (wie der Langhe Nebbiolo in der Barolo-Zone), sondern ein originärer, ein eigenständiger Wein mit besten Charaktereigenschaften (die Gemeinde Diano zählt nicht zur Barolo-Region; der Nebbiolo, der hier kultiviert wird, darf daher auch nicht zu Barolo verarbeitet werden, er wird zu Nebbiolo d'Alba ausgebaut). Im Ausbau der Weine orientiert sich Alario zum Teil an der neuen Schule; jedenfalls arbeitet er seit 1990 mit Barriques. Der Barbera wird zu hundert Prozent in neuen Barriques ausgebaut, der Barolo jeweils zur Hälfte in neuen und in einmal gebrauchten. Alario beherrscht den Umgang mit den kleinen Eichenfässern; die Frucht im Wein wird vom Holz nicht überlagert, die Barrique-Note bleibt verhalten. Der Dolcetto dagegen, Alarios Meisterwerk und wichtigster Posten im Angebot (ungefähr fünfzehntausend Flaschen jährlich), ist „holzfrei“: Der Wein wird im Edelstahltank gelagert. Im Gegensatz zu Barbera, Barolo und Nebbiolo bietet Alario den Dolcetto in zwei Versionen an – entsprechend den unterschiedlichen Weinbergen. Die eine heißt Costa Fiore (die Weinberge nach Süd-Osten geneigt, der Boden tuffhaltig), die andere Version ist der Montagrillo (Neigung der Weinberge nach Süd-Osten, lehmhaltiger Boden). Doch in einem entscheidenden Punkt gleichen sie einander: Beide Versionen zählen zum Besten, was in der Region angeboten wird. Sie sind voll und rund, sie sind reich an Aromen, sie erfreuen durch eine gute Farbe. Es kommt jedenfalls nicht von ungefähr, daß der Name Alario inzwischen auch im Ausland zum Begriff wird. Der Export nimmt zu, die Schweizer und die Amerikaner sind schon gute Kunden. Die deutschen Weinfreunde halten sich noch zurück, doch das Interesse wächst merkbar. Claudio Alario ist zuversichtlich, daß auch die Deutschen Diano d'Alba bald entdeckt haben werden.

Das Weingut Alario – in der besten Weinbergszone von Diano d'Alba

DER JUNGSTAR VON MONTELUPO

Azienda Agricola Ca'Viola, Montelupo. Besitzer: Giuseppe Caviola; Sozius: Maurizio Anselmo

Mit dem Wein ist er seit langem vertraut. Er hat in einem Labor gearbeitet – als Weinberater und Analysentechniker. Die Arbeit hat ihn gut ernährt, aber nicht befriedigt. Der Wunsch, Winzer zu sein und selbst Wein zu produzieren, hat ihn ruhelos gemacht. Und als ihn dann die neuen Weinkönige der Region – Elio Altare aus La Morra, Domenico Clerico aus Monforte und Enrico Scavino aus Castiglione-Falletto – dazu ermuntert haben, seinem dunklen Drange nachzugeben, hat er 1991 den entscheidenden Schritt gewagt: Er ist Winzer geworden, er hat ein Weingut gegründet. Inzwischen ist Giuseppe Caviola schon fast ein Star. Mit seinem kleinen Weingut in Montelupo, das er zusammen mit seinem Freund Maurizio Anselmo bewirtschaftet, setzt er Maßstäbe in der Region: Als Epigone der neuen Schule, als konsequenter Verfechter der Qualität. Geheimnisvolles steckt nicht hinter dem Erfolg; Caviola und Anselmo setzen nur konsequent um, was jeder gute Winzer aus Erfahrung

weiß: Die Ernten werden rigoros beschränkt, der Weinberg wird mit Hingabe gehegt und gepflegt, der Rebstock wird geschont. „Der Weinberg ist das Fundament für ein gutes Weingut." Deshalb haben Caviola und Anselmo ihr Geld in die Weinberge investiert; Repräsentation ist zunächst zweitrangig gewesen. Erst jetzt, da der Name Ca'Viola zu klingen beginnt, wird die kleine Azienda aufpoliert – aber noch immer im bescheidenen Stil. Der erste Weinberg ist gepachtet gewesen, einige Parzellen hat Giuseppes Vater, der Metzger des Dorfes, zugelegt. Das Angebot ist noch immer klein; nur achtzehntausend Flaschen sind im vergangenen Jahr gefüllt worden. Die Produktion soll wachsen – aber nicht über die Größe eines mittleren Betriebes hinaus. Sechs bis sieben Hektar seien genug. Caviola will dann nur noch Winzer sein; er wird dann das kleine Labor schließen, das er gegenwärtig noch – neben seiner Azienda – zur Aufbesserung des Budgets betreibt. Mit dem Dolcetto hat Caviola 1991 angefangen (mit dreitausend Flaschen), mit dem Dolcetto legt er auch die große Ehre ein. Der Wein ist ungewöhnlich dicht gewebt, er dürfte in seiner Konzentration kaum Konkurrenz in der Region finden. Der Barturot, eine der beiden Dolcettovarianten, bringt es auf vierzehn Volumenprozent Alkohol. Nicht weniger Aufmerksamkeit schenkt Caviola seinem Pinot nero, den er 1992 gepflanzt und 1994 zum ersten Mal gekeltert hat (die Setzlinge stammen aus Frankreich). Er liebt diese Rebsorte, auch wenn er seine Pinot-Kultur als Spaß, als Divertimento sieht. Zu zwei Produkten wird diese Rebsorte verarbeitet: zum Rangone, der sortenrein ausgebaut und zwölf Monate in Barriques ausgebaut wird, sowie zum Bric du Luv – einer Cuvée aus neunzig Prozent Barbera und zehn Prozent Pinot nero. Der Bric du Luv wird länger als der Rangone im Faß gealtert, nämlich fünfzehn Monate. Dieser Wein vertrage eine längere Reife in den kleinen Eichenfässern, weil die Trauben von sehr alten Weinstöcken stammen. Beide Weine werden als Langhe Rosso DOC deklariert. Im Streit über die Barriques bezieht Caviola eine pragmatische Position: Die kleinen Eichenfässern seien zwar ein gutes Hilfsmittel, der Wein, der im Barrique reife, zeichne sich durch besondere Sauberkeit und Reintönigkeit aus; das kleine Faß könne aber nicht dazu beitragen, aus einem schlechten einen guten Wein zu machen. Die Weine der Azienda Ca'Viola spiegeln die Philosophie des Erzeugers: Sie sind klar und sauber, sie sind fruchtig und aromatisch, sie sind konzentriert und gut strukturiert, sie lassen erkennen, wo sie gewachsen sind.

Giuseppe Caviola und Maurizio Anselmo, die beiden Freunde, wollen mit ihrem neuen Weingut in Montelupo in die Spitze vordringen

Seite 168: Die Piemonteser lieben es, mit Backsteinen zu bauen

PIEMONTESE, ITALIENER, KOSMOPOLIT

Azienda Agricola Gaja, Barbaresco. Besitzer: Angelo Gaja; Direktion: Angelo Gaja; Kellerwirtschaft: Guido Rivella Weinbau: Giorgio Culasso, Mauro Meinardo

Über den Pionier des modernen Barbarescos lobende Worte zu verlieren, gleicht mittlerweile einer Binsenweisheit: Angelo Gaja zählt zu den großen Figuren in der internationalen Welt des Weins. Er hat Maßstäbe gesetzt – nicht nur durch seinen unbändigen Drang zu Perfektion und Qualität, auch mit seinem Geschick für Marketing und Verkauf. Er kennt die Märkte wie kaum ein anderer, er denkt weit über die Heimat- und Landesgrenzen hinaus. Gaja ist ein Botschafter für den italienischen Wein. Mit seinem Barbaresco, den er als erster in kleinen Eichenfässern nach französischem Vorbild ausgebaut hat, ist ihm der große kommerzielle Wurf gelungen, mit seinen Barrique-Spezialitäten Darmagi (Cabernet) und Gaia & Rey (Chardonnay) hat er die Palette der neuen italienischen Weine wesentlich bereichert. Und daß sein Einstieg in den Barolo-Markt 1992 – mit dem Sperss aus Serralunga, vom Jahrgang 1988 – vom Start weg ein Erfolg wurde, war eigentlich keine Überraschung mehr. Ein Erfolgsgeheimnis hat Gaja nicht; er nennt die Gründe beim Namen: gute Weinbergsböden und eigene Ernten (er muß keine Trauben zukaufen, er kann mit dem besten Pflanzenmaterial arbeiten), ein klar erkennbarer Stil (der "Gaja-Stil") und ein erfahrener Kellermeister (mit seinem Kellerchef, Guido Rivella, arbeitet Gaja seit fast zwanzig Jahren zusammen, seit er den Betrieb in Barbaresco von seinem Vater übernommen hat). Der Erfolg auf den Märkten und der international gute Ruf, den Gaja genießt (achtzig Prozent seiner Weine werden exportiert), haben den "Boss von Barbaresco" zu weiteren Taten angestiftet. Er expandiert. 1994 hat er sich am Brunello-Weingut Pieve Santa Restituta in Montalcino engagiert (inzwischen hat er dort eine neue Kellerei gebaut und seinen Anteil auf neunzig Prozent aufgestockt), 1995 hat er seine Barolo-Interessen mit dem Kauf des Weingutes Marengo Marenda (jetzt Gromis genannt) in La Morra (zehn Hektar) erweitert, und 1996 hat er in der südlichen Toskana, bei Bolgheri, achtzig Hektar Land gekauft. Auf der Ca' Mercanda – so nennt er die neue Domäne – wird er die Rebsorten Cabernet, Merlot, Chardonnay und Sangiovese kultivieren. Fünfundsechzig Hektar sollen bepflanzt und eine neue, repräsentative Kellerei errichtet werden. Und noch ein Objekt ist im Entstehen: In Barbaresco, gegenüber seiner Cantina in der Via Torino, restauriert er das alte Castello und baut es zu einem gehobenen Landhotel aus. Hotelier will er zwar nicht werden, "aber man muß was tun". Ganz uneigennützig ist die Investition nicht. Denn mit dem Keller unter dem Castello, den er mit seinem Betrieb – durch einen Tunnel unter der Straße – schon verbunden hat, kann er seine Lagerkapazitäten endlich erweitern. Obwohl Gaja zu den ersten Produzenten in Piemont zählt, die mit Barriques gearbeitet haben, fühlt er sich nicht als Modernist. Erneuern und Verbessern heißt sein Wahlspruch, nicht Bruch mit dem Bewährten. Wenn es auch die Barbaresco-Lagenweine waren, die Gajas Ansehen begründet haben (der Sorti Tildin, der Sorti San Lorenzo und der Costa Russi), so zeigt sich der hohe Qualitätsstandard letztlich im Standard-Barbaresco: Trotz der Menge von rund zweihunderttausend Flaschen ist dieser Wein von makelloser Qualität.

Angelo Gaja, ein Botschafter des italienischen Weins

Seite 172

Der neue Weinkeller der Azienda Agricola Gaja

Noch ein Kilometer
bis Barbaresco. Der alte Turm,
das Wahrzeichen des
Dorfes, weist denWeg zu
den Produttori

DIE MUSTER-GENOSSEN

Aldo Vacca, der Marketingchef, gibt sich selbstbewußt: „Wir sind die Besten in Italien, und wir haben in unserem Dorf auch den Besten privaten Erzeuger des Landes.“ Mit den besten im Plural meint er die Genossenschaft, die Cantina Produttori del Barbaresco, mit dem besten im Singular Angelo Gaja. Viel einwenden läßt sich gegen diese Superlativ-Arie nichts. Selbst die Konkurrenten geben zu, daß die Genossenschaft in Barbaresco außerordentlich gut arbeitet, daß sie zu den Garanten hoher Qualität im Lande zählt. Und über Angelo Gaja zu streiten, wäre ohnehin müßig. Die Cantina Produttori ist ein Kind der Not – wie die meisten anderen Genossenschaften auch. Sie ist 1958 gegründet worden, als die kleinen Weinbauern des Dorfes, die bisher ihre Trauben an Kellereien und private Verarbeiter verkauft hatten, damit begannen, auch ihr Land abzugeben. Der Pfarrer der Gemeinde, Don Marengo Fiorini, war aktiv geworden; er wollte das Unheil abwenden. Und er fand Mitstreiter. Neunzehn Winzer schlossen sich zusammen und riefen die Genossenschaft ins Leben. Der erste Wein wurde im Kellergeschoß der Kirche gekeltert. Celestino Vacca, Aldos Vater, übernahm die Verantwortung für den Keller – zunächst nebenberuflich, dann als volle Stelle. Zwanzig Jahre blieb er den Genossen treu – bis zu seiner Pensionierung (nach einigen Jahren hatten sie ihn zudem noch zum Administrator ernannt). Das Prinzip, das von vornherein die Arbeit der Genossenschaft bestimmt hat, gilt unverändert fort: strenge Qualitätskontrolle und Eigenverantwortung. Die Weinberge der Genossen werden rund ums Jahr von den Experten der Cantina überwacht, chemische Mittel dürfen nur begrenzt eingesetzt werden. Die Erntemengen werden beschränkt; sie liegen mit vierzig Hektoliter je Hektar deutlich unter der gesetzlich erlaubten Grenze. Die Trauben werden getrennt nach Lagen vinifiziert. Für die Reife des jungen Weins benutzen die Genossen nur traditionelle Fässer aus slawonischer Eiche. Barriques werden nicht verwendet; sie harmonierten nicht mit dem klassischen Stil, dem sich die Genossenschaft verpflichtet fühlt (wenn Aldo Vacca auch zugibt, daß die kleinen Eichenfässer manche Vorteile für den Ausbau der Weine bieten). Dreiundsechzig Mitglieder sind gegenwärtig in der Cantina Produttori organisiert. Sie bewirtschaften fast hundert Hektar Weinberge – zum guten Teil in den besten Lagen von Barbaresco. Die Crus Asili und Rabajá zählen dazu, Montestefano, Pajé und Rio Sordo. Wie zu Beginn vor vierzig Jahren wird nur eine Rebsorte kultiviert: der Nebbiolo. Er wird zu Barbaresco DOC, zu Riserva und zu Nebbiolo Langhe verarbeitet. Vierzig Prozent der Produktion von maximal fünfhunderttausend Flaschen entfallen auf Barbaresco, ungefähr ebenso viel auf Riserva. Der Rest ist Nebbiolo Langhe. Riserva-Weine werden nur in besonders guten Jahren aufgelegt – wie 1988 und 1989, 1990 und 1995 (sowie mit Sicherheit wohl auch 1996 und 1997). Die Riserva ist immer ein reiner Cru. Sie trägt sowohl den Namen der Lage auf dem Etikett als auch den Namen der Winzer, von denen die Trauben stammen. Eine Ausnahme bildet die Riserva von 1993. Hier werden keine Lagen auf dem Etikett genannt. Die Weine der Barbaresco-Genossenschaft sind seit jeher ein getreues Abbild der Region, des Bodens, der handwerklichen Tradition. Sie betören durch vielfältige Fruchtnoten, durch eine Fülle von Aromen; sie sind erstaunlich langlebig – und noch preiswert.

Produttori del Barbaresco, Barbaresco.
Besitzer: Genossenschaft, 63 Mitglieder; Kellerchef und Berater der Winzer: Gianni Testa
Marketing und Öffentlichkeitsarbeit: Aldo Vacca

Der Burgunder ist an allem schuld. Als Bruno Rocca den Wein Ende der siebziger Jahre auf einer Reise nach Beaune kennengelernt und liebgewonnen hatte, faßte er spontan den Entschluß: Er würde versuchen, einen Wein dieser Art auch in Piemont zu erzeugen. Er gab seinen Beruf im Marketing bei Ferrero auf und übernahm das kleine Weingut seines Vaters in Barbaresco. Er war zwar kein Neuling im Metier – seinem Vater hatte er stets geholfen, und bei der Genossenschaft in Barbaresco war er im Verwaltungsrat tätig. Doch von nun an wollte er den Wein zum Hauptberuf machen. 1982 hat er den ersten eigenen Wein verkauft. Von Anfang an ist Bruno Rocca geglückt, was er sich vorgenommen hatte: Er wollte Weine produzieren, die Spaß machen, die elegant sind, die durch viel Frucht und Aroma erfreuen – Weine, die von Anfang an schmecken. Und sie sollten das Vorurteil widerlegen, die Weine aus Piemont wären schwer und erklä-

rungsbedürftig. Schon mit dem Etikett, das der Barbaresco trägt, versucht er, das Image zu korrigieren: Eine zarte Feder ist abgebildet – als Zeichen der Leichtigkeit und der Eleganz. Mit der Eleganz trifft Rocca die Sache gut, mit der Leichtigkeit verkauft er sich unter Wert. Seine Weine sind zwar nicht schwer und plump, aber sie sind – im Vergleich zu den meisten Konkurrenzprodukten – kräftig, dunkelfarben und sehr konzentriert. Und sie schämen sich nicht ihres Tannins. Das Glanzstück seiner Produktion ist der Barbaresco. Er wird überwiegend als Cru ausgebaut – aus der berühmten Lage Rabajà. Vier bis acht Tage steht der Most (der junge Wein) auf der Maische, mehrmals in der Stunde wird der Hut getaucht. Nach der Gärung kommt der Wein sofort ins Holz: ungefähr ein Viertel in große Fässer, drei Viertel in Barriques (in neue und in ein- bis zweimal gebrauchte). Schon 1982 hat Rocca erstmals mit den kleinen Eichenfässern experimentiert; er ist einer der ersten gewesen, die nach Angelo Gaja in Barbaresco mit Barriques gearbeitet haben. Rocca ist von den Vorzügen der Fässer überzeugt. Er weiß aber auch, daß nur der richtige Umgang mit dem neuen Holz dem Wein dienen kann. Wenn man die Technik nicht beherrsche, wenn man das falsche, wenn man zu junges oder zu stark geröstetes Holz wähle, führe die Barrique-Methode zum Desaster. Auch die Lagerzeit müsse richtig gewählt werden. Elf bis fünfzehn Monate – je nach der Art und der Güte des Jahrgangs – reichten aus. Auch den Barbera baut Rocca in (gebrauchten) Barriques aus, ebenso den Chardonnay. Doch für den Chardonnay benutzt er nur neue Fässer; der Wein wird in den Barriques auch vergoren. Roccas Weingut ist ein kleiner Betrieb. Nur sieben Hektar Weinberge werden kultiviert – in den besten Lagen der Gemeinde. Die Fläche reicht für eine Produktion von knapp fünfunddreißigtausend Flaschen jährlich. Achtzehn- bis zwanzigtausend Flaschen entfallen auf den Barbaresco, der Rest verteilt sich auf Dolcetto, Barbera, Chardonnay und Nebbiolo. 1997 hat er alle Nebbiolo-Trauben zu Barbaresco verarbeitet, ebenso 1996 – bis auf tausend Flaschen für einige Restaurants, die auf den Rocca-Nebbiolo schwören. Glücklich darf sich schätzen, wer in seinem Keller Rocca-Weine lagert. Das Weingut Bruno Rocca ist letztlich ein Ein-Mann-Betrieb. „Wenn ich nicht zu Hause bin, fehlen hundert Prozent der Arbeitskräfte."

DAS GROSSE VORBILD BURGUND

Azienda Agricola Rabajà Bruno Rocca, Barbaresco. Besitzer: Bruno Rocca Weinbau, Kellerwirtschaft, Verwaltung: Bruno Rocca

Bruno Rocca, der Einzelkämpfer. Was seinen Keller verläßt, ist ein Wein der Sonderklasse

Sie waren eigens aus Graz gekommen; sie wollten Barbaresco kaufen. Ihre kleine Liste verriet Kennerschaft; es fehlte kein wichtiger Name. Doch sie hatten kein Glück, die Keller waren nahezu geräumt. Auch Angelo Rocca, von dem sie besonders viel Gutes in Österreich gehört hatten, konnte ihnen nicht weiterhelfen. Der sympathische Mann aus der Via Rabajà mußte sie – ebenso wie andere Winzer der Region – auf die neue Ernte vertrösten. Rocca gefällt das nicht. Aber seit er in die erste Reihe von Barbaresco vorgerückt ist, seit Beginn der neunziger Jahre, muß er seine guten Weine rationieren. Verblüfft hatte er die Weinwelt vor allem mit den Einundneunzigern, Zweiundneunzigern und Dreiundneunzigern. Denn sie erinnerten in ihrer Qualität kaum daran, daß diese Jahrgänge eigentlich zu den kleinen zählten. Sie standen dem großen Neunziger in Art und Güte keineswegs nach. Inzwischen hat Rocca seine Form bestätigt; der Jahrgang 1996 ist sein bisheriges Meisterstück. Für den Erfolg nennt der Mann aus Barbaresco einfache Gründe. Zum einen wende er viel Zeit und Geduld für die Pflege der Reben auf. Denn die Grundlagen für gute Qualitäten könnten letztlich nur im Weinberg gelegt werden. Zum anderen habe er die Erntemengen rigoros beschränkt, beim Barbaresco zum Beispiel auf nur noch vierzig Hektoliter. Und schließlich arbeite er seit den Neunzigern mit neuen Methoden im Keller. Dazu zählt vor allem eine drastische Verkürzung der Mazerationszeit. Während der Most (oder junge Wein) in der Regel zehn bis vierzehn Tage auf der Maische steht, preßt Rocca die Feststoffe schon nach drei Tagen ab (womit er den Barolo-Modernisten folgt, die seit einigen Jahren die Maischezeit ebenfalls auf drei bis vier Tage verkürzt haben). Zugleich aber intensiviert er die Mazeration, indem er die Gärtemperatur auf achtunddreißig bis einundvierzig Grad steigen läßt. Auf diese Weise wird die Ausbeute an Farb- und Aromastoffen verbessert, ohne daß die harten Tannine aus den Schalen der Beeren gelöst werden (die bitteren Gerbstoffe werden erst bei längerer Mazerationszeit extrahiert, wenn sich schon Alkohol gebildet hat). Nach der kurzen Gär- und Mazerationsphase von drei Tagen kommt der junge Wein sofort ins Holz – der Barbaresco Bric Ronchi, Roccas erste Qualität, in die Barriques, die normale Version Vigna Loreto in traditionelle Fässer. Achtzehn bis zwanzig Monate bleibt der Ronchi in den kleinen Fässern aus französischer Eiche, die jährlich zu vierzig Prozent erneuert werden. Die Weine werden weder geschönt noch gefiltert. Auch seinen Barbera, den Gepin, baut Rocca in Barriques aus. Allerdings ist hier der Anteil der neuen Fässer etwas kleiner (nur dreißig Prozent) und die Lagerdauer kürzer (fünfzehn Monate). Nicht im Barrique reift der Dolcetto. Dieser Wein, sagt Rocca, verliere sonst seine Feinheit und seine Frucht. Abgerundet wird die Palette durch einen Weißwein, der in der Barbaresco-Zone sonst nicht kultiviert wird: durch den Cortese. Rocca bietet diesen Wein in zwei Versionen an – zum einen in der klassischen Art, zum anderen in einer Barrique-Variante. Da die Nachfrage nach dem Barrique-Cortese in letzter Zeit kräftig gestiegen ist, will Rocca in Zukunft nur noch diese Version produzieren. Der Wein hat in der Tat viel Aufsehen erregt. Selbst ein prominenter Winzer aus der Cortese-Hochburg Gavi ist nach Barbaresco gezogen und hat sich über die Art und Weise, wie dieser Wein ausgebaut wird, informieren lassen. Das Weingut Angelo Roccas – es trägt den Namen seines Vaters Albino – ist von mittlerer Größe. Zehn Hektar sind mit Reben bepflanzt, davon vier mit der Rebsorte Nebbiolo (für den Barbaresco). Jede zweite Flasche, die Rocca füllt, wird ins Ausland geliefert – nach Deutschland vor allem, in die Schweiz, in die Vereinigten Staaten und nach Dänemark. Die Nachfrage nach dem Barbaresco ist so stabil, daß Angelo Rocca wahrscheinlich auch in Zukunft nicht alle Wünsche befriedigen können wird.

MEISTER DER NEUNZIGER

Azienda Agricola Albino Rocca, Barbaresco. Besitzer: Albino und Angelo Rocca Weinbau, Kellerwirtschaft, Verwaltung: Angelo Rocca

Angelo Rocca, der das elterliche Weingut führt, ist die große Entdeckung der neunziger Jahre

AUFSTIEG IN DIE OBERLIGA

Azienda Agricola Moccagatta, Barbaresco. Besitzer: Franco und Sergio Minuto Weinbau: Franco Minuto; Kellerwirtschaft: Sergio Minuto

Mit dem Weinbau sind sie seit drei Generationen vertraut. Der Großvater hatte 1913 den Grundstein gelegt – mit dem Kauf eines alten Betriebs in Barbaresco, der zweihundert Jahre im Besitz der Familie Moccagatta gewesen war. Der Vater hat den Besitz dann 1952 übernommen, und nun führt die dritte Generation das Erbe weiter. Doch erst in den vergangenen fünfzehn Jahren haben sie sich auf dem Markt einen Namen gemacht – nachdem sich die Söhne, Sergio und Franco Minuto, entschlossen hatten, aus der Anonymität herauszutreten und dem Qualitätsweinbau zu dienen (bis dahin war der Wein meist in Korbflaschen an die heimische Gastronomie verkauft worden). Der Aufstieg in die Oberliga ist in wenigen Jahren geglückt, woran sicherlich auch der frühe Erfolg im Ausland, vor allem in den Vereinigten Staaten, beigetragen hat. Drei Gründe sind es, die für den Erfolg zitiert werden können: gute Weinberge, bedingungslose Qualitätspolitik und moderne Technik. Vor allem der strikten Begrenzung der Produktion dürfte es zu verdanken sein, daß die Weine von Moccagatta heute stets in einem Atemzug mit der Barbaresco-Elite genannt werden. Aber auch in ihrer modernen Kellertechnik sehen Sergio und Franco Minuto eine entscheidende Voraussetzung für die Güte und die feine Art ihres Barbaresco. Der Most (junge Wein) bleibt nur noch drei Tage auf der Maische stehen (in einem modernen Gärtank, der sich langsam dreht), damit während der Fermentation nicht die harten, sondern nur die sanften Tannine aus den Schalen der Beeren gelöst werden. Nach dem Keltern gärt der junge Wein dann noch eine Woche weiter, bis der gesamte Zucker von den Hefen in Alkohol und Kohlendioxyd gespalten ist. Ausgebaut werden die Barbaresco-Wein inzwischen alle in kleinen französischen Eichenfässern, wovon ein Drittel in jedem Jahr erneuert wird. Ungefähr zwanzig Monate dauert diese Phase. Dann werden die Weine leicht gefiltert und gefüllt. Drei Lagen-Barbarescos bieten die Minutos an: Bric Balin, Vigna Cole und Vigna Basarin. Der Bric Balin ist der Stolz des Hauses; er wächst direkt neben der berühmten Barbaresco-Lage Rabajà. Der Wein ist fein und elegant, er ist feinfruchtig und gut strukturiert. Von anderer Art ist der Chardonnay Buschet, der in Barriques vergoren und gelagert wird. Der Wein erinnert an den kalifornischen Stil; er ist fett, buttrig und breit. Da die Italiener diese Art nicht favorisieren, produzieren Franco und Sergio Minuto noch einen zweiten Chardonnay, der nicht in Barriques ausgebaut wird, der sich frisch, harmonisch und fruchtig präsentiert. Vervollständigt wird das Angebot durch Barbera aus zwei verschiedenen Lagen (wovon der eine in Barriques reift), durch einen Dolcetto und einen Freisa. Zwölf Hektar Weinberge sind auf dem Weingut Moccagatta heute bestockt; sechs davon sind für den Nebbiolo Barbaresco (für die Nebbiolo-Rebe) reserviert. Die Produktion erreicht im Durchschnitt sechzigtausend Flaschen (1996 allerdings hat die Ernte nur für achtundvierzigtausend Flaschen gereicht). Fast zwei Drittel der Produktion werden exportiert – vor allem in die Vereinigten Staaten, wo der Name Moccagatta schon lange einen besonders guten Klang hat, sowie – wie sich versteht – in die wichtigsten europäischen Länder. Ihre Vorgabe für den Stil des Weins lösen Sergio und Franco Minuto ohne Abstriche ein: Er soll an das Terroir erinnern, er soll den Charakter der Reben wahren. Die nächste Generation steht schon bereit: Francos Sohn arbeitet im Betrieb schon tatkräftig mit, und Sergios Tochter wird die Önologenschule in Alba besuchen.

Seit drei Generationen sind sie mit dem Weinbau vertraut. Doch erst vor fünfzehn Jahren sind sie aus der Anonymität mit einem eigenen Etikett herausgetreten

AUF DER SONNENSEITE

Azienda Agricola Fiorenzo Nada, Treiso. Besitzer: Bruno Nada, Destefanis Dina-Nada; Weinbau und Kellerwirtschaft: Bruno Nada

Es hatte ihn wie der Blitz getroffen. In nur wenigen Wochen war sein markanter, schwarzer Vollbart leicht ergraut. Wo sonst nur das kraftvolle Schwarz über die Gesichtszüge herrschte, hatten sich über Nacht graue Verräter eingeschlichen. Inzwischen hat er mit der neuen Farbgebung Frieden geschlossen. Vielleicht ist ihm klar geworden, daß kompromißloses Schwarz an der Reife zweifeln läßt. Vielleicht hat er sich auch darauf besonnen, daß er als Weinproduzent längst allen Schattierungen standhält. Denn Bruno Nada, der Winzer aus Treiso, steht auf der Sonnenseite der Zunft. Jahr für Jahr warten seine Anhänger ungeduldig auf die neue Kollektion, und immer wieder kann er ihre Wünsche nur eingeschränkt erfüllen. Denn sein Weingut ist klein, nur zwanzigtausend Flaschen kann er jährlich verkaufen – oder besser: zuteilen. Winzer von Beruf ist er eigentlich nicht. Er ist Winzer aus Passion. Noch immer arbeitet er als Lehrer in einer Technikerschule, wenn er auch das Lehrerdasein nunmehr halbiert hat. Architekt hat er werden wollen, doch die Pflichten des Elternhauses haben ihn zum Kurswechsel gezwungen. 1982 hat er, mit Hilfe eines guten Freundes, seinen ersten eigenen Wein gekeltert; sein Vater, Fiorenzo Nada, der damalige Besitzer der Domäne, hatte die Trauben bisher an renommierte Kellereien verkauft. Anfang 1998 hat Bruno Nada das Weingut nun endgültig übernommen, das 1921 sein Großvater gekauft hatte. Nadas Start in die Selbständigkeit steht unter guten Vorzeichen, denn die Weinberge der Azienda haben einen guten Ruf. In Sommelierkursen hat sich Bruno Nada auf seinen neuen Beruf vorbereitet, gute Freunde, Önologen von Fach, standen und stehen ihm freundschaftlich zur Seite. Heute bewirtschaftet der sympathische Winzer und Lehrer fünf Hektar Weinberge; die meisten Parzellen grenzen an das Gut, sie sonnen sich an nach Süden gerichteten Hängen. Die Rebstöcke sind alt – sehr alt; die meisten tragen schon seit sechzig Jahren Trauben. Schritt für Schritt werden die Stöcke erneuert. Drei Weine bietet Bruno Nada an: Dolcetto d'Alba, Barbaresco und die erfolgreiche Neuschöpfung Seifile – benannt nach einem Weinberg, der in sechs Reihen gegliedert ist. Der Dolcetto ist ein ungewöhnlich kraftvoller Vertreter seiner Art. Er ist tief, er ist komplex, er überrascht mit einer satten Farbe. Drei bis vier Tage wird er – bei achtundzwanzig Grad – vergoren und ungefähr ein Jahr lang ausgebaut (nicht im Holz). Der Barbaresco liegt ungefähr eine Woche auf der Maische – bei dreißig Grad. Er reift in Barriques und traditionellen Fässern. Am Ende der Lagerzeit, nach rund zwei Jahren, werden beide Partien miteinander zum Barbaresco Nada vermählt. Der Wein ist kräftig und tief, er hat seine Frucht bewahrt, er ist elegant und stabil. Der Seifile ist eine Mischung aus den Rebsorten Barbera (siebzig Prozent) und Nebbiolo (dreißig Prozent). Er wird ähnlich wie der Barbaresco vinifiziert, aber vollständig in Barriques ausgebaut. Dieser Wein hat den Mann aus Treiso bekanntgemacht und den Schöpfer in den italienischen Weinolymp befördert. Zur Frage des Barrique-Ausbaus, zum Wettstreit zwischen alter und neuer Schule

nimmt Bruno Nada einen pragmatischen Standpunkt ein: „Kleine Eichenfässer machen nicht automatisch einen großen Wein; die Qualität der Trauben ist ausschlaggebend. Doch können die Barriques dazu beitragen, saubere und schöne Weine zu produzieren." Um allen Anforderungen wirklich gerecht werden zu können, baut Nada jetzt eine neue Kellerei.

Die Nachfrage ist groß, das Angebot knapp. Bruno Nada muß seine Kunden oft auf die nächste Ernte vertrösten

Marchese di Gresy, der Besitzer des alten Gutes, bewegt sich zwischen zwei Welten. Einerseits hält er der Tradition die Treue – unter anderem in der Vinifikation der Weine. Anderseits reagiert er auf die Launen des Marktes und bietet modische Experimentalweine an. Er beherrscht beides. Sein Barbaresco ist von unverwechselbarem Stil: Er ist fein und elegant, er ist eher leicht und delikat; er bringt das Terroir und den Stil des Hauses perfekt zum Ausdruck. Die neuen Weine sind gefällig und zugänglich, sie sind zuweilen von außergewöhnlicher Güte. Einer bestimmten Richtung läßt sich der gebürtige Mailänder (Jahrgang 1952) also nicht zuordnen. Das wäre wohl auch nicht in seinem Sinn. Er ist für alle Möglichkeiten offen. Doch die Aufmerksamkeit, die er seinen Nebbiolo-Weinbergen und der Produktion seines Barbarescos schenkt, deutet darauf hin, daß sein Herz wohl eher für den klassischen Stil schlägt. Der Mittelpunkt des Besitzes ist das Weingut Martinenga in Barbaresco, das seit zweihundert Jahren den Marchesi di Gresy gehört. Die Domäne ist von sechzehn Hektar Weinbergen umschlossen, die wie ein Amphitheater von Südost, über Süden nach Südwest positioniert sind und sich zum Tanaro-Fluß hin öffnen. Gut elf Hektar davon sind mit Nebbiolo-Reben bestockt, die zum Barbaresco Martinenga, dem Leitwein des Hauses, sowie zu den beiden Crus Camp Gros und Gaiun verarbeitet werden. Die Crus werden aber nur in guten Jahren produziert; reicht die Qualität des Jahrgangs nicht aus (wie 1991, 1992 und 1994), wird der Nebbiolo aus den Lagen Camp Gros und Gaiun zum Martinenga und der eigentliche Martinenga zum schlichten Nebbiolo-Wein abgestuft. Der Barbaresco wird nach alter Art vinifiziert. Er steht zehn bis zwanzig Tage auf der Maische, wobei in der zweiten Phase der Gärung der Hut sogar ständig untergetaucht wird (cappello sommerso) – zum Zweck der intensiveren Farb- und Tanninextraktion. Ausgebaut wird der Wein überwiegend in traditionellen Fässern aus slawonischer Eiche (ungefähr zwölf Monate lang); nur der Cru Gaiun reift ein Jahr lang in Barriques. Nach dem Ausbau im Holz lagert der Barbaresco dann noch vierzehn Monate in der Flasche. Auch den Chardonnay, der zum Teil auf Martinenga, aber auch

im Schwesterweingut Aribaldo in Treiso wächst, baut di Gresy nach zwei Methoden aus: in einer Barrique-Version (der Wein wird in kleinen, neuen Fässern auch vergoren) und in einer frisch-fruchtigen Art (dieser Wein wird nur in Edelstahltanks vinifiziert). Zu den Experimentalweinen zählen der Tafelwein Villa Maris und Virtus Langhe Rosso DOC. Villa Maris wird aus Nebbiolo (fünfzig Prozent), aus Barbera (dreißig) und Cabernet (zwanzig Prozent) gekeltert (der Wein reift ein Jahr in großen Holzfässern), der Virtus Langhe Rosso jeweils zur Hälfte aus Barbera und Cabernet (dieser Wein altert vierzehn Monate in Barriques). Abgerundet wird die Palette durch Dolcetto, Sauvignon und Moscato. Die Moscato-Rebe wird im dritten Weingut des Marchese kultiviert – auf La Serra in Cassine (Provinz Alessandria). Die Trauben werden zu dem Moscato d'Asti La Serra und zu dem passito-ähnlichen L'Altro Moscato verarbeitet. Die Trauben werden spät gelesen und in Holzkisten vor dem Keltern leicht getrocknet, der Most/Wein wird in Barriques vergoren und dort zwei Jahre gealtert. Seit fünfundzwanzig Jahren ist di Gresy mit seinen Weinen auf dem Markt; etwa hundertsiebzigtausend Flaschen bietet der Markgraf jährlich an – ein ansehnlicher Teil davon geht ins Ausland.

FEINHEIT UND ELEGANZ

Tenute Cisa Asinari dei Marchesi di Gresy, Barbaresco. Besitzer: Alberto Cisa Asinari di Gresy Verwaltung und Handel: Alberto di Gresy Kellerwirtschaft: Marco Dotta; Beratender Önologe: Piero Ballario

Seite 182: Marchese di Gresy versucht, es allen auf dem Markt recht zu machen – den Verehrern des alten Stils und den Freunden der Moderne

Die Domänen des Marchese di Gresy – der Mittelpunkt der Weininteressen ist das Weingut Martinenga in Barbaresco, das wie von einem Weinbergs-Amphitheater umrahmt ist

Seite 186:
Das Meisterstück der Domäne ist der Dolcetto. Ein großer Teil der Weinberge ist denn auch mit Dolcetto-Reben bepflanzt

DAS HERZSTÜCK DES ALTO MONFERRATO

Wer Dolcetto sagt, denkt oft nur an die Weine von Dogliani und Diano d'Alba – an die bekannten Gemeinden in den Langhe. Die anderen Dolcetto-Regionen des Piemont werden nur am Rande wahrgenommen. Und doch können in diesen Zonen aus der „kleinen Süßen" Weine gekeltert werden, die den Konkurrenten von Dogliani und Diano d'Alba nicht nachstehen. Einer, der das bewiesen hat, ist Franco Priarone aus Morsasco, aus einem kleinen Dorf im Alto Monferrato, des südlichen Piemont. Seit zwanzig Jahren kultiviert er dort den Rebstock, und seit vielen Jahren ist er ein Modellfall für den Weinbau der Region. La Guardia, der Name seiner Azienda, ist ein Versprechen für besondere Qualität. Als Priarone das alte Weingut, den ehemaligen Vorposten des Castellos von Morsasco, 1979 gekauft hatte, waren nur noch sieben Hektar Hügelland mit Reben bepflanzt. Priarone baute auf, renovierte den Besitz und erweiterte die Rebfläche. Inzwischen ist die Rebfläche auf fünfunddreißig Hektar gewachsen. Priarone steht allerdings nicht mehr allein; seine Kinder bewirtschaften die Domäne: Graziella kümmert sich um die Vinifikation und den Keller, Giorgio um die Weinberge, Bruna um das Rechnungswesen, Mariangela um den Verkauf in Italien und Ottavio – zusammen mit dem Vater – um das Geschäft im Ausland. Mit dem Dolcetto sind die Priarones bekanntgeworden, und die Dolcetto-Reben bedecken auch den größten Teil der Rebfläche: ungefähr vierzehn Hektar. Sechs bis sieben Hektar sind mit der weißen Sorte Cortese bestockt, vier mit Barbera. Der Rest verteilt sich auf Chardonnay, Cabernet und Bracchetto. Die Gründe für die besondere Güte der Weine, vor allem des Dolcetto, sind schnell genannt: gute Lagen (die Dolcetto-Reben wachsen auf magerem Grund, auf kalkhaltigen Tuffböden in dreihundert bis dreihundertzwanzig Metern Höhe), knappe Ernten und sorgfältiger Ausbau der Weine. Vor allem die strikte Beschränkung der Mengen schafft die Voraussetzungen für die gute Qualität. Der Dolcetto wird in mehreren Spielarten angeboten: als Superiore-Qualtät unter den Bezeichnungen Vigneto Bricco Riccardo und Il Gamondino (beide Weine werden ein Jahr lang im Edelstahl ausgebaut), als Barrique-Variante unter dem Namen Villa Delfini (dieser Wein lagert in gebrauchten Eichenfässern, ungefähr neun Monate lang; auch er wird stets als Superiore-Qualität produziert) sowie – unter dem Namen Narcisco als ein Dolcetto, der – nach dem Beispiel der Beaujolais-Methode – im metodo carbonico hergestellt wird. Ergänzt wird das Rotweinsortiment durch die Barberas Ornovo (aus sechzig bis siebzig Jahre alten Weinstöcken, in einer Menge von nur achtundzwanzig Hektoliter je Hektar hergestellt), La Vigna di Dante (achtzehn bis vierundzwanzig Monate in Barriques gereift) sowie durch die Spezialität Sacro e profano, der zu zwei Dritteln aus der Rebsorte Cabernet und zu einem Drittel aus der Sorte Barbera gekeltert wird. Hinzu kommt eine beachtliche Sammlung von frischen, angenehmen Weißweinen. Obwohl das Alto Monferrato im Ausland als Weinbauregion wohl nur den Kennern und Piemontliebhabern ein Begriff sein dürfte, ist den Priarones in den vergangenen Jahren das Kunststück gelungen, den Export auf rund siebzig Prozent der Produktion zu steigern.

Azienda Agricola La Guardia, Morsasco (Alto Monferrato). Besitzer: Franco Priarone Kellerwirtschaft: Graziella Priarone; Weinberge: Giorgio Priarone; Italienischer Markt: Mariangela Priarone; Auslandsmarkt: Franco und Ottavio Priarone; Rechnungswesen: Bruna Priarone

La Guardia im Süden der Weinbauregion Piemont. Ein Garant für gute Qualität

EIN GAVI, WIE ES NOCH KEINEN GAB

Stefano, der älteste Sohn, spricht von einer Revolution. Der Wein werde neue Maßstäbe setzen, er werde der erste wirklich große Wein der Region sein. Der Wein, den Stefano meint, ist ein Gavi, der jetzt erstmals auf dem Markt angeboten wird. Er ist – anders als alle anderen Weißweine des Hauses – in kleinen neuen Eichenfässern ausgebaut worden, er ist das Produkt einer rigorosen Mengenbegrenzung: Nur ein Kilogramm Trauben werden dem Weinstock als Leistung abverlangt – zugunsten der Kraft, der Konzentration und der Fülle des Weins. Und noch etwas soll den neuen Gavi-Typ charakterisieren: Der Wein soll weniger prägnant in der Säure sein als seine Artgenossen. Ob der Begriff Revolution die Sache trifft, oder ob Stefano, eine Mischung aus Luciano Pavarotti und Bud Spencer, Opfer seiner Begeisterung für die Innovation geworden ist, tut nichts zur Sache. Das neue Produkt aus der Domäne Villa Sparina, das den Namen Monterotondo trägt (nach dem Sitz des Weingutes, dem kleinen Ort hinter der Gemeinde Gavi), ist die konsequente Steigerung einer Qualitätspolitik, die der Besitzer des Weingutes, Mario Moccagatta, seit Jahren verfolgt. Denn schon was bisher unter dem Etikett Villa Sparina verkauft wird, hat das Ansehen des kleinen Weinlandes im südlichen Piemont gemehrt, findet das Lob vieler Weinfreunde. 1977 hat Moccagatta, der Vorsitzende des Gavi-Konsortiums, das Weingut in Monterotondo gekauft (es war zuvor in deutschem Besitz). Er hat es renoviert, hat neue Keller und Wirtschafts- und Empfangsräume gebaut, er hat das Gelände umgestaltet und hat neue Weinstöcke gepflanzt. Vor allem aber hat er den Betrieb umgestellt: auf strikten Qualitätsweinbau. Zwar hatte er sich zuvor schon mit dem Wein be-

schäftigt, doch im eigenen Hause nun konnte er seine eigenen Vorstellungen vom rechten Wein verwirklichen. Vierzig Hektar Weinberge sind heute bepflanzt; sie grenzen direkt an die Domäne. Die natürlichen Voraussetzungen für den Weinbau sind optimal: Die Weinberge liegen auf dreihundertfünfzig Metern Höhe, die meisten Hänge erstrecken sich nach Süd und Süd-West. Neunzig Prozent der Fläche sind mit der Rebsorte Cortese bestockt – der typischen Weißweinsorte der Region. Sie wird zu Gavi verarbeitet. In drei Spielarten bietet Moccagatta diesen Wein an: in einer einfachen Version, als Lagenwein La Villa und in der neuen Variante als Monterotondo. Dazu kommt der Spumante Villa Sparina Brut – ein feiner, eleganter schäumender Wein, der drei Jahre auf der Hefe gelagert und immer als Jahrgangs-Spumante aufgelegt wird. Im Gegensatz zum neuen Monterotondo kommen der Basiswein und der Cru La Villa nicht mit Holz in Berührung; sie bleiben stets in Edelstahltanks: während der Gärung (bei achtzehn bis neunzehn Grad), des biologischen Säureabbaus und der ersten Reife. Im April nach der Ernte wird der normale Gavi, im Juni der Cru La Villa auf die Flasche gezogen. Aber nicht nur mit dem Weißwein hat Moccagatta einen Bund geschlossen, er beschäftigt sich auch mit den Roten: mit dem Barbera, dem Bracchetto und dem Dolcetto, den er in zwei Versionen produziert – als einen normalen Dolcetto Bric Maioli und als Cru Bric d'Giusep. Die Weine wachsen in Rivalta, nördlich von Acqui Terme, dem zweiten Weingut der Moccagattas.

Villa Sparina, Gavi. Besitzer: Familie Moccagatta Produktion: Mario Moccagatta Marketing und Verkauf: Stefano Moccagatta Mitarbeit: Massimo Moccagatta

Villa Sparina:
Wer in Gavi nach den Besten sucht, wird unter diesem Namen fündig

Seite 190:
Hier, unterhalb des Dörfchens Monterotondo, wächst der Cortese, aus dem die Moccagattas ihren gerühmten Gavi produzieren

REGISTER

DIE WEINDÖRFER UND IHRE LAGE IM PIEMONT

Seite 26:
Produttori di Carema
Carema

Seite 30:
Luigi Ferrando
Ivrea

Seite 34:
Cantalupo
Ghemme

Seite 38:
Travaglini
Travaglini

Seite 40:
Antoniolo
Gattinara

Seite 44:
Giacomo Bologna
Monferrato

Seite 48:
Cantina Sociale
Vinchio

Seite 50:
La Spinetta
Castagnole Lanze

Seite 54:
Almondo
Canale

Seite 56:
Malvirà
Canale

Seite 60:
Deltetto
Canale

Seite 61:
Correggia
Canale

Seite 64:
Aldo Conterno
Monforte

Seite 68:
Azelia
Castiglione-Falletto

Seite 70:
Seghesio
Monforte

Seite 74:
Elio Grasso
Monforte

Seite 76:
Conterno Fantino
Monforte

Seite 78:
Corino
La Morra

Seite 79:
Renato Ratti
La Morra

Seite 82:
Roberto Voerzio
La Morra

Seite 84:
Paolo Scavino
Castiglione-Falletto

Seite 88:
Silvio Grasso
La Morra

Seite 89:
Parusso
Monforte

Seite 92:
Domenico Clerico
Monforte

Seite 96:
Giuseppe Mascarello
Monchiero

Seite 97:
Giacomo Conterno
Monforte

Seite 100:
Rocche dei Manzoni
Monforte

Seite 104:
Elio Altare
La Morra

Seite 108:
Mauro Molino
La Morra

Seite 109:
Viberti
La Morra

Seite 110:
Vietti
Castiglione-Falletto

Seite 114:
Cavallotto
Castiglione-Falletto

Seite 116:
Montezemolo
La Morra

Seite 120:
Fontanafredda
Serralunga

Seite 124:
Cappellano
Serralunga

Seite 126:
Vajra
Barolo

Seite 130:
Sandrone
Barolo

Seite 132:
Pira
Barolo

Seite 136:
Oberto
La Morra

Seite 138:
Marchesi di Barolo
Barolo

Seite 142:
Bartolo Mascarello
Barolo

Seite 146:
Rinaldi
Barolo

Seite 147:
Ceretto
Alba

Seite 150:
Pio Cesare
Alba

Seite 152:
Poderi Colla
Alba

Seite 153
Prunotto
Alba

Seite 156:
Bruno Giacosa
Neive

Seite 160:
Pecchenino
Dogliani

Seite 162:
Chionetti
Dogliani

Seite 166:
Alario
Diano d'Alba

Seite 167:
Ca' Viola
Diano d'Alba

Seite 170:
Gaja
Barbaresco

Seite 174:
Produttori del Barbaresco
Barbaresco

Seite 176:
Bruno Rocca
Barbaresco

Seite 177:
Albino Rocca
Barbaresco

Seite 178:
Moccagatta
Barbaresco

Seite 180:
Fiorenzo Nada
Treiso

Seite 181:
Marchesi di Gresy
Barbaresco

Seite 184:
La Guardia
Alto Monferrato

Seite 188:
Villa Sparina
Gavi

Genfer See
SCHWEIZ
MONTE ROSA
Verbania
Lago Maggiore
Lago di Orta
Gattinara
Ghemme
Carema
Biella
CANAVESE
Ivrea
Novara
FRANKREICH
Caluso
Vercelli
Turin
Alessandria
Asti
Rocchetta Tanaro
Canale/Roero
Vinchio
MONFERRATO
Castagnole Lanze
Barbaresco
Neive
Canelli
Alba
Treiso
ALTO MONFERRATO
Gavi
MONTEVISO
Saluzzo
LANGHE
La Morra
Barolo
Castiglione-Falletto
Monforte
Serralunga
Ovada
Dogliani
Cuneo
Genua
Savona
Albenga
MITTELMEER
San Remo
Imperia
Monaco
Ventimiglia

Aldo Conterno

Di Gennaro Feinkost/Weinimport, Stuttgart, Telefon: (0711) 1685 30, Fax: 1685 33 33

Eberhard Spangenbergs Garibaldi, München, Telefon: (089) 35 63 61 16, Fax: 35 92 929

Frankhof-Kellerei, Hochheim, Telefon: (0 61 46) 90 30, Fax: 9 03 17

Vortkamp Weinspezialitäten, Gronau, Telefon: (025 62) 40 01, Fax: 2 56 35

Enrico Scavino

Fischer + Trezza, Stuttgart, Telefon: (07 11) 9 55 95 90, Fax: 56 12 35

Christa Klauke & Dr. Friedrich Eberle, Dortmund, Telefon: (02 31) 52 46 25 / 57 38 15, Fax: 5 53 32 20

Domenico Clerico

Fischer + Trezza, Stuttgart, Telefon: (07 11) 9 55 95 90, Fax: 56 12 35

Rocche dei Manzoni

Weinland Abayan, Hamburg, Telefon: (040) 4 80 03 50, Fax: 47 83 16

DC Gesellschaft für Weinimporte, Hofheim am Taunus, Telefon: (0 61 92) 2 0970 / 2 27 56

Elio Altare

Bremer Weinkolleg A. & H. Segnitz, Weyhe, Telefon: (0 42 03) 8 13 00, Fax: 81 30 99

Josef Schöpf Weinimport, München-Garching, Telefon: (0 89) 3 20 40 01, Fax: 3 20 30 31

classic vinea, Illertissen, Telefon: (0 73 03) 1 81 30, Fax: 1 81 46

Azelia (Luigi Scavino)

La Cantina, Berlin, Telefon: (030) 786 39 43; 7 86 52 59

Der Gallier, Salach, Telefon: (0 71 62) 50 03; 40 03 23

Elio Grasso

Fischer + Trezza, Stuttgart, Telefon: (07 11) 9 55 95 90, Fax: 56 12 35

Schelte Wein-Import, Köln, Telefon: (02 21) 9 34 68 70, Fax: 93 46 87 40

Seghesio

Bremer Weinkolleg A. & H. Segnitz , Weyhe, Telefon: (0 42 03) 8 13 00, Fax: 81 30 99

Italgastro, Neuhofen, Telefon: (0 62 36) 41 55 07, Fax: 41 55 14

La Cantina, Berlin, Telefon/Fax: (0 30) 7 85 87 93

Weinimport Josef Schoepf, München-Garching, Telefon: (089) 3 20 40 01; Fax: 3 20 30 31

Armando Parusso

Bremer Weinkolleg A. & H. Segnitz, Weyhe, Telefon: (0 42 03) 8 13 00, Fax: 81 30 99

Italgastro, Neuhofen, Telefon: (0 62 36) 41 55 07, Fax: 41 55 14

La Cantina, Berlin, Telefon/Fax: (0 30) 7 85 87 93

Vintage Vignola, Köln, Telefon: (0221) 25 82 9 18, Fax: 25 82 8 37

Enoteca Italia, Aachen, Telefon: (0241) 3 43 34, Fax: 2 67 37

Luciano Sandrone

Dallmayr, München, Telefon: (0 89) 2 13 50, Fax: 2 13 51 67

Conterno Fantino

Dallmayr, München, Telefon: (089) 2 13 50, Fax: 2 1351 67

Christa Klauke & Dr. Friedrich Eberle, Dortmund, Telefon: (0231) 52 46 25 / 57 38 15, Fax: 5 53 32 20

Gebrüder Kössler & Ulbricht, Nürnberg, Telefon: (09 11) 52 51 53, Fax: 5 29 88 74

Silvio Grasso

Cascina Luciani
Frazione Annunziata
I-12064 La Morra
Telefon: (00 39) 1 73-5 03 22

Vietti

Italgastro, Neuhofen, Telefon: (06236) 41 55 07, Fax: 41 55 14

Antonio Tristano, Köln, Telefon: (0221) 60 17 89, Fax: 60 33 18

Renato Ratti Antiche Cantine dell'Abbazia dell'Annunziata

Gisy Vino, Hannover, Telefon: (0511) 5 46 34 34, Fax: 54 82 83

Roberto Voerzio

Fischer + Trezza, Stuttgart, Telefon: (0711) 9 55 95 90, Fax: 56 12 35

Bremer Weinkolleg A. & H. Segnitz, Weyhe, Telefon: (0 42 03) 8 13 00, Fax: 81 30 99

Gebrüder Kössler & Ulbricht, Nürnberg, Telefon: (09 11) 52 51 53, Fax: 5 29 88 74

Piero Massi, Köln, Telefon: (02 21) 9 34 76 30, Fax: 9 34 76 39

Vino e Arte, Griesheim, Telefon/Fax: (0 61 55) 83 04 63

Giacomo Conterno

Fischer + Trezza, Stuttgart, Telefon: (07 11) 9 55 95 90, Fax: 56 12 35

E. Pira e Figli

Eberhard Spangenbergs Garibaldi, München, Telefon: (0 89) 35 63 61 16, Fax: 359 29 29

Weinhandel Schluckspecht, Kassel, Telefon: (05 61) 1 26 28, Fax: 10 28 10

Weinkontor Freund, Versmold, Telefon: (0 54 23) 9 45 20, Fax: 94 52 52

Dallmayr, München, Telefon: (0 89) 2 13 50, Fax: 2 13 51 67

Monfalletto Cordero di Montezemolo

Ariane Abayan/Wein Wolf Import, Bonn, Telefon: (02 28) 4 49 62 30, Fax: 4 49 62 39

Giuseppe Mascarello

Antonio Tristano, Köln, Telefon: (02 21) 60 17 89, Fax: 60 33 18

Harald L. Bremer, Braunschweig, Telefon: (05 31) 23 73 60, Fax: 37 30 22

Alpina Burkhard Bovensiepen, Buchloe, Telefon: (0 82 41) 50 05 47, Fax: 50 05 44

Mauro Molino

Fischer + Trezza, Stuttgart, Telefon: (07 11) 9 55 95 90, Fax: 56 12 35

Pio Cesare

Harald L. Bremer, Braunschweig, Telefon: (05 31) 23 73 60, Fax: 37 30 22

Weinimport Josef Schöpf, München-Garching, Telefon: (089) 3 20 40 01, Fax: 3 20 30 31

Vinarium Zink, Bühl, Telefon: (0 72 23) 98 62 26, Fax: 3 03 82

G.D. Vajra

Eberhard Spangenbergs Garibaldi, München, Telefon: (0 89) 35 63 61 16, Fax: 3 59 29 29

Vom Ende & Pohl. Ausgesuchte Weine, Krefeld, Telefon: (0 21 51) 2 56 56, Fax: 2 88 84

Wein-Bastion Herbert Kretschmer, Ulm, Telefon: (07 31) 6 69 93, Fax: 6 91 99

Corino

Fischer + Trezza, Stuttgart, Telefon: (07 11) 9 55 95 90, Fax: 56 12 35

Italgastro, Neuhofen, Telefon: (0 62 36) 41 55 07, Fax: 41 55 14

Alfredo Prunotto

Smart Food & Drink, Köln, Telefon: (02 21) 12 04 47, Fax: 12 30 90

Viberti

Wein Riegger, Villingen, Telefon: (0 77 21) 98 98 20, Fax: 9 6 31 46

Getränke Ahlers, Achim/Bremen, Telefon: (0 42 02) 75 90, Fax: 75 92 69

Schelte Wein-Import, Köln, Telefon: (02 21) 9 34 68 70, Fax: 93 46 87 40

Fontanafredda

Reidemeister & Ulrichs, Bremen, Telefon: (04 21) 3 99 40, Fax: 3 99 42 83

Cavallotto

Jacques' Weindepot (Zentrale), Düsseldorf, Telefon: (02 11) 39 00 20, Fax: 3 90 02 69

Giuseppe Cappellano

Fischer + Trezza, Stuttgart, Telefon: (07 11) 9 55 95 90, Fax: 56 12 35

A.M.A. Weinvertrieb, Köln, Telefon/ Fax: (02 21) 4 97 25 20

Marchesi di Barolo

Schlumberger, Meckenheim, Telefon: (0 22 25) 92 50, Fax: 92 51 51

Ceretto

Vinissimo Weinhandelsgesellschaft, München, Telefon/Fax: (0 89) 5 38 92 04

Peter Clüsserath, Tönisvorst, Telefon: (0 21 51) 9 79 70, Fax: 70 11 26

Andrea Oberto

Vini d'Italia Weinhandlung Kleuters, Erkelenz, Telefon: (0 24 31) 66 96, Fax: 15 53

Italvini Roberto de Santis, Berlin, Telefon: (0 30) 2 13 23 23, Fax: 2 13 84 84

Giuseppe Rinaldi

Cosimo Pezzano, München, Telefon/Fax: (0 89) 9 57 73 69

Daniele Pasolini Selezione Vini d'Italia, Berlin, Telefon: (0 30) 8 15 19 23, Fax: 8 15 20 23

Bartolo Mascarello

Christa Klauke & Dr. Friedrich Eberle, Dortmund, Telefon: (02 31) 52 46 25/ 57 38 15, Fax: 5 53 32 20

Vino e Arte, Griesheim, Telefon/Fax: (0 61 55) 83 04 63

Poderi Colla

Christa Klauke & Dr. Friedrich Eberle, Dortmund, Telefon: (02 31) 52 46 25 / 57 38 15, Fax: 5 53 32 20

Vinea, Duisburg, Telefon: (0 20 65) 8 06 81, Fax: 8 04 65

E. Kalmund & Jusczyk Weinhandel, Düsseldorf, Telefon: (02 11) 55 53 42, Fax: 55 05 00

Strien Weinimport, Stuttgart, Telefon: (07 11) 4 41 10 81;

Bruno Giacosa

Mövenpick Weinland, Dortmund, Telefon: (02 31) 9 65 15 60, Fax: 96 51 56 96

Gerwig Import Gebr. Geraci, Kornwestheim, Telefon: (0 71 54) 60 87, Fax: 2 68 47

Hans Oberhuber Weinimport, München, Telefon: (0 89) 7 25 87 06, Fax: 7 25 73 92

Cantina Braida di Giacomo Bologna

Alpina Burkhard Bovensiepen, Buchloe, Telefon: (0 82 41) 5 0 0 5 47, Fax: 5 0 0 5 44

Fischer + Trezza, Stuttgart, Telefon: (07 11) 9 55 95 90, Fax: 56 12 35

Eberhard Spangenbergs Garibaldi, München, Telefon: (0 89) 35 63 61 16, Fax: 359 29 29

Sigrid Brantl, München, Telefon: (0 89) 22 38 79, Fax: 22 16 08

Di Gennaro Feinkost- und Weinimport, Stuttgart, Telefon: (07 11) 16 85 30, Fax: 1 68 53 35

Hans Oberhuber, München, Telefon: (0 89) 7 25 87 06, Fax: 7 25 73 92

Cantina Sociale Vinchio

Regione San Pancrazio I-14040 Vinchio, Telefon: (00 39) 141 95 01 38, Fax: 141 95 03 91

Matteo Correggia

Italgastro, Neuhofen, Telefon: (0 62 36) 41 55 07, Fax: 41 55 14

Joseph Schöpf, Garching, Telefon: (0 89) 3 20 40 01, Fax: 3 20 30 31

Vino e Arte, Griesheim, Telefon/Fax: (0 61 55) 83 04 63

Giovanni Almondo

DC Gesellschaft für Weinimport, Hofheim a. T., Telefon: (0 61 92) 2 09 70, Fax: 2 27 56

Fischer + Trezza, Stuttgart, Telefon: (07 11) 9 55 95 90, Fax: 56 12 35

Deltetto

Bodega del Vino, Hamburg, Telefon: (0 40) 51 01 87, Fax: 5 11 71 25

Malvirà

Piero Massi, Köln, Telefon: (02 21) 9 34 76 30, Fax: 9 34 76 39

Weingalerie Wöhrle, Hamm, Telefon: (0 23 81) 69 21, Fax: 6 42 67

Weingalerie Spundloch, Bensheim, Telefon: (0 62 51) 6 57 48, Fax: 61 01 29

Chionetti

Enoteca Weinversand, München, Telefon: (0 89) 54 21 21 74, Fax: 54 21 21 75

Guido Giovo, Mühlheim, Telefon: (0 61 08) 9 00 80, Fax: 90 08 30

Ars Bibendi, Hannover, Telefon: (05 11) 85 24 11, Fax: 85 24 00

Pecchenino

Thomas Dutz, Italienische Weine, Neubieberg bei München, Telefon/Fax: (0 89) 6 01 74 15

Ca'Viola

La Cantinetta (Sergio Bolzan), München, Telefon: (0 89) 6 88 25 36, Fax: 6 88 25 37

Alario

Enoteca Italiana (Roland Brunner), Regensburg, Telefon: (09 41) 8 65 07, Fax: 89 75 20

La Guardia,

Morsasco (Alto Monferrato) I-15010 Morsasco, Telefon: (00 39) 14 47 30 76, Fax: 7 32 34

Gaja

Bremer Weinkolleg A. & H. Segnitz, Weyhe, Telefon: (0 42 03) 8 13 00, Fax: 81 30 99

Alpina Burkhard Bovensiepen, Buchloe, Telefon: (0 82 41) 50 05 47, Fax: 50 05 44

Weinkontor Freund, Versmold, Telefon: (0 54 23) 9 45 20, Fax: 94 52 52

Christa Klauke & Dr. Friedrich Eberle, Telefon: (0231) 52 46 25/ 57 38 15, Fax: 55 33 20

Hans Oberhuber Weinimport, München, Telefon: (0 89) 7 25 87 06, Fax: 7 25 73 92

DC Gesellschaft für Weinimporte, Hofheim am Taunus, Telefon: (0 61 92) 2 09 70, Fax: 2 27 56

Hanseatisches Wein- und Sektkontor, Hamburg, Telefon: (04122) 5 04 00, Fax: 5 10 68

Produttori del Barbaresco

Hans Oberhuber Weinimport, München, Telefon: (0 89) 7 25 87 06, Fax: 7 25 73 92

Fiorenzo Nada

Stella Italienischer Weinimport, Saarlouis, Telefon: (0 68 31) 39 30, Fax: 4 31 83

Bruno Rocca

Via Rabajá 29, I-12050 Barbaresco, Telefon: (00 39) 1 73 63 51 12

Moccagatta

Christa Klauke & Dr.Friedrich Eberle, Dortmund, Telefon: (0231) 52 46 25/ 57 38 15, Fax: 55 33 20

Bremer Weinkolleg A. & H. Segnitz, Weyhe, Telefon: (0 42 03) 8 13 00, Fax: 81 30 99

Italgastro, Neuhofen, Telefon: (0 62 36) 41 55 07, Fax: 41 55 14

Albino Rocca

Lucio Manferini „Weine aus Italien", Mönchengladbach, Telefon: (02161) 20 80 51, Fax: 2 03 62

Cisa Asinari dei Marchesi di Gresy

Alsa Im- und Export, Hamburg, Telefon: (040) 8 90 83 50, Fax: 89 08 19 19

Cantalupo

Fischer + Trezza, Stuttgart, Telefon: (07 11) 9 55 95 90, Fax: 56 12 35

Viniculture, Berlin, Telefon: (030) 8 83 81 74, Fax: 8 82 35 52

Weinbastion Ulm, Ulm, Telefon: (07 31) 6 69 93, Fax: 6 91 99

La Vigna Weinimport Thomas Fischer, Friedberg, Telefon/Fax: (0821) 60 94 71

Antoniolo

Bremer Weinkolleg A. & H. Segnitz, Weyhe, Telefon: (0 42 03) 8 13 00, Fax: 81 30 99

Italgastro, Neuhofen, Telefon: (0 62 36) 41 55 07, Fax: 41 55 14

Marion Busch, Neusäß/Westheim, Telefon: (08 21) 48 97 14, Fax: 4 86 39 53

Travaglini

Fischer + Trezza, Stuttgart, Telefon: (07 11) 9 55 95 90, Fax: 56 12 35

Gerwig Import Gebr. Geraci, Kornwestheim, Telefon: (0 71 54) 60 87, Fax: 2 68 47

Castel Cosimo, Hamburg, Telefon: (0 40) 23 44 43, Fax: 23 03 86

Enzo Meglio, Mainz, Telefon: (0 61 31) 47 22 06, Fax: 47 94 20

AMC Weinimport, Saarbrücken, Telefon: (0681) 6 70 00, Fax: 6 70 03

Luigi Ferrando & Figlio

I-10015 Ivrea, Corso Cavour 9, Telefon: (00 39) 125 64 11 76

Cantina dei Produttori Nebbiolo

Christa Klauke & Dr. Friedrich Eberle, Dortmund, Telefon: (0231) 52 46 25 / 57 38 15, Fax: 55 33 20

Villa Sparina

Bremer Weinkolleg A. & H. Segnitz, Weyhe, Telefon: (0 42 03) 8 13 00, Fax: 81 30 99

La Spinetta

Fischer + Trezza, Stuttgart, Telefon: (07 11) 9 55 95 90, Fax: 56 12 35

Eberhard Spangenbergs Garibaldi, München, Telefon: (0 89) 35 63 61 16

STICHWÖRTERVERZEICHNIS

A

Abbona, Ernesto 139
Abbona, Paola 139
Abbona, Pietro 139
Acciughe al verde 24
Agnellotti 24
Alario, Claudio 166
Alario, Matteo 166
Alba 6, 10, 12, 25, 151
Albesani 16
Alciati, Guido 25
Alciati, Lidia 25
Alessi 6
Almondo, Domenico 54
Altare, Elio 8, 9, 17, 105
Alte Schule 8, 9
Alto Monferrato 185
Annunziata 88, 105
Anselmo, Maurizio 167
Antiche Cantine dell'Abbazia 79
Antinori, Marchesi 153
Antinori, Albiera 153
Antoniolo, Alberta 41
Antoniolo, Lorella 41
Antoniolo, Rosanna 41
Aostatal 10
Appellationen 22
Arborina 13
Arlunno, Alberto 35
Arlunno, Angela 35
Arneis 10, 12, 21f., 54, 56, 60, 61
Arrosto di vitello 24
Arte 17, 93
Asili 16
Asti 11, 25
Asti Spumante 7, 11, 20
Azelia 69

B

Bagna cauda 24
Bagliari, Giuseppina 25
Ballario, Piero 181
Barbaresco 6, 7, 10, 15f., 175, 176, 177, 180, 181
Barbera 7, 10, 11, 16f.
Barale, Mary 25
Barolo 6, 7, 10, 12ff., 132, 138, 142, 146
Barolo Bianco 21
Barolo Chinato 14
Barolo-Stil 7, 10
Barriques 8, 9, 17
Boca 10
Böden 10, 12
Boffa, Pio 21, 151
Boggione, Bruno 25
Bollito misto 24
Bologna, Giacomo 17, 45
Bologna, Anna 45
Bologna, Giuseppe 45
Bologna, Raffaela 45
Bonarda 10, 12, 19, 39, 56
Bonarda di Novarese 19
Bonino, Ilvia 25
Borgogno 132
Boschis, Chiara 8/9, 132
Boves 25
Brachetto 10
Brachetto d'Acqui 7, 22
Braida, Cantina 45
Bramaterra 10
Brasato 24
Bric/Bricco 12
Bricco Boschis 13
Bricco Chiesa 13
Bricco dell'Uccellone 45
Bricco Rocca 13
Bricco Rocche 13
Bricco Viole 13
Bric del Fiasc 85
Brillat-Savarin, Jean Anthelme 25
Brunate 13
Brunello di Montalcino 7
Bussia 13

C

Cacciatori, Dei 25
Caluso 10
Caluso Passito 31
Ca'Mercanda 171
Canale 10, 14, 54, 56, 60, 61
Canavese 31
Canelli 11, 18
Ca'Nere 13
Cantalupo 35
Cannubi 13
Cantina Barale 146
Cappellano, Giuseppe 9
Cappellano, Teobaldo 14, 125
Cappello sommerso 14
Capretti arrosti con carciofi 24
Carema 10, 19, 26
Carne cruda all'Albese 24
Castagnole Lanze 50
Castello di San Giorgio 25
Castelmagno 24
Castiglione-Falletto 12, 13, 114
Cavallotto, Alfio 114
Cavallotto, Gildo 114
Cavallotto, Giuseppe 114
Cavallotto, Laura 114
Cavallotto, Olivio 9, 114
Cavazza, Domizio 7, 15, 16
Caviola, Giuseppe 167
Cellino, Giancarlo 48
Cavour, Camillo Graf Benso di 6
Centro, Il 25
Cerequio 13
Ceretto, Bruno 7, 14, 147
Ceretto, Marcello 7, 14, 147
Cesare 25
Cherasco 12, 24
Chinato 14
Chionetti, Quinto 162
Cinghiale al civet 24
Cisa Asinari dei Marchesi di Gresy 181
Clerico 8, 17, 92
Clerin, Luciano 26
Colbert de Maulévrier, Giuletta Vitturina (Marchesa) 6
Colla, Beppe 13, 152
Colla, Federica 152
Colla, Tino 152
Collanto, Massimo 39
Colline Novaresi 19
Conca dell'Annunziata 13
Coniglio all'Arneis 24
Contea, La 25
Conterno, Aldo 9, 17, 64
Conterno, Claudio 76
Conterno, Diego 76
Conterno Fantino 76
Conterno, Giovanni 9, 16, 97
Conterno, Roberto 97
Cordero, Elide 25
Cordero, Enrico 25
Cordero, Gianfranco 117
Cordero, Mario 110
Cordero di Montezemolo, Paolo 9, 14
Cordero di Montezemolo, Enrico 117
Cordero di Montezemolo, Giovanni 117
Corino, Giovanni 78
Corino, Giuliano 78
Corino, Renato 9, 78
Cortese 10, 12, 20, 21, 177, 189
Correggia, Matteo 61
Costa della Sèsia 19
Cotarella, Renzo 153
Costigliole d'Asti 25
Crescenzi, Piero de' 6
Cru 13
Currado, Alfredo 21, 110
Currado, Lucca 110

D

Dachlauben-Hocherziehung 19, 26
Damigiane 14
Damonte, Massimo 56
Damonte, Roberto 56
Darmagi 171
Deltetto, Antonio 60
Diano d'Alba 11, 166
DOC 7, 22f.
DOCG 7, 22
Dogliani 11, 181, 160, 162
Dolcetto 7, 10, 11, 18, 127, 160, 162, 167, 189
Dotta, Marco 181
Drocco, Danilo 153

E

Elveziano 12
Erbaluce 10, 12, 31, 41

F

Falletti, Carlo Tancredi (Marchese) 6, 138
Falletto 14
Fantino, Alessandro 142
Fantino, Guido 8, 76
Fara 10
Faraona al rosmarino 24
Fassi, Piero 25
Favorita 12
Favot 65
Fenocchio, Flavio 139
Fenocchio, Paolo 151
Ferrando, Andrea 31
Ferrando, Luigi 19, 31
Ferrando, Roberto 31
Fiasco 13
Fiat 6
Finanziera 24
Fiorini, Don Marengo 16
Fonduta 25
Fontanafredda 6, 14, 120, 138
Fossati 13
Francia 14
Freisa 10, 12
Fritto misto 24

G

Gabiano 18
Gaia & Rey 171
Gaja, Angelo 7, 8, 9, 14, 16, 17, 170
Gallina 16
Garibaldi, Giuseppe 6
Gattera 13
Gattinara 7, 10, 18f., 39, 40, 41
Gavi 7, 10, 12, 20f., 189
Gavi di Gavi 21
Gener Neuv 25
Ghemme 7, 10, 18f., 35
Giaccone, Cesare 25
Giacosa, Bruna 156
Giacosa, Maria 156
Giacosa, Bruno 9, 12, 14, 21, 156
Ginestra 13
Gnocchi, 24
Granbussia 65
Gorgonzola 24
Gran Paradiso 6
Grasso, Alessio Federico 88
Grasso, Elio 9, 74
Grasso, Marilena 88
Greco di Ghemme 35
Gresy, Alberto di (Marchese) 9, 16, 181
Grignolino 10, 12
Grinzane Cavour 12
Grissini 139
Gromis 171
Grossi, Luisella 25
Guardia, La 18, 185
Guerriri di Mirafiori, Emanuele (Conte) 6
Guerriri di Mirafiori, Gastone (Conte) 7
Guido, Da 25

H

Haselnüsse 24

I

Ivrea 10, 19, 31

J

Jahrgänge 23

K

Klima 11
Küche des Piemont 23ff.

L

Lago Maggiore 6
Laiolo, Ernestino 48
Lampia 12
Langa/Langhe 4
Lazzarito 14
Lessona 10
Loazzolo 20
Lombardei 11
Lumache fritte 24

M

Malvirà 56
Malvasia di Castelnuovo Don Bosco 11, 23
Manzoni 13
Marcarini 16
Marchesi di Barolo 130, 138
Marenca 14
Marengo Fiorini 16
Martinelli, Massimo 79
Martinenga 16
Mascarello, Bartolo 9, 142
Mascarello, Maria-Therese 142
Mascarello, Mauro 9, 96
Methodenstreit 15
Michet 12
Migliorini, Jolanda 100
Migliorini, Valentino 8, 9, 17, 100
Minetti, Giovanni 120
Minuto, Franco 9, 179
Minuto, Sergio 179
Moccagatta, Azienda Agricola 179
Moccagatta, Mario 189
Moccagatta, Massimo 189
Moccagatta, Stefano 189
Modernisten 8, 9, 15, 16
Molino, Mauro 108
Monchiero 96
Mondavi, Roberto 17
Monfalletto di Cordero di Montezemolo 13, 117
Monferrato 6, 10, 11
Monforte 12, 13, 64, 70, 74, 92, 97, 100, 109
Monfortino 97
Monprivato 13, 96
Montanello 13
Monte dei Paschi di Siena 7, 120
Montefico 16
Montelupo 166
Monte Rosa 6
Montestefano 16
Monviso 6
Morra, La 11, 12, 13, 79, 83, 108, 117, 136
Morsasco 185
Moscato 10, 11, 19f.
Moscato d'Asti 14, 20
Moscato di Canelli 11
Moscato naturale 11
Moscato passito 11, 20
Muggianu, Sardo 26

N

Nada, Bruno 180
Nada, Destefanis 180
Nada, Fiorenzo 180
Napoleon III. 6
Nebbia 11
Nebbiolo 6, 11
Nebbiolo d'Alba 19
Neive 16, 25, 156
Neue Schule 8, 15
Nizza 6
Nocciole delle Langhe 24
Noè, Giuliano 48

O

Olivetti 6
Oltrepo Pavese 11
Ortasee 6
Oudarts, Louis 6, 16
Ovada 11

P

Pajorè 16
Parker, Robert 131
Parussi 13
Parusso, Marco 8, 89
Parusso, Tiziana 89
Pecchenino, Attilo 160
Pecchenino, Orlando 160
Pelaverga 11, 12
Perrono, Arturo 26
Peynaud, Emile 17
Picutener 10
Piemonte 6
Pin 50
Pio Cesare 21, 151
Pira, Luigi 132
Priarone, Bruna 185
Priarone, Giorgio 185
Priarone, Graziella 185
Priarone, Franco 185
Priarone, Ottavio 185
Priocca 25
Produktion (Wein), Piemont 10
Produttori del Barbaresco 16, 175
Prunotto 16, 153
Pugnet 10

R

Rabajà 16
Rabajà, Azienda Agricola 176
Raschera 24
Rattazzo, Renzo 120
Ratti, Pietro 79
Ratti, Renato 7, 13, 14, 79
Ravioli 24
Rebsorten 11f.
Reisfelder 6
Rinaldi, Francesco 146
Rinaldi, Giuseppe 9, 146
Risorgimento 6
Rive 13
Rivette 14
Rivetti, Bruno 50
Rivetti, Carlo 50
Rivetti, Giorgio 8, 17, 50, 132
Rivetti, Giuseppe (Pin) 50
Robiola 24
Rocca, Albino 177
Rocca, Angelo 177
Rocca, Bruno 9, 176
Rocca, Giorgio 25, 97
Rocca, Nino 25
Rocca, Rosina 25
Rocche 13
Rocche dei Manzoni 8, 9, 100
Rocchetta Tanaro 17, 45
Roddi 12
Rododendro, Al 25
Roero 10, 19, 54, 56, 60, 61
Roero Arneis 21
Roggeri 13
Roncaglie 13
Ronco, Mario 31
Rosé (Nebbiolo-Klon) 12
Ruchè di Castagnole Monferrato 11, 22

S

San Cassiano 147
Sandrone, Barbara 130
Sandrone, Luciano 17, 130
Sandrone, Mariuccia 130
Sangiovese 11
San Lorenzo 16
San Sebastiano 13
Santa Maria 109
Santo Stefano (Neive) 16
Santo Stefano di Perno 14
Sarmassa 13
Savio, Daniele 147
Savoyer/Savoyen 6
Scaglione, Dante 156
Scaglione, Giancarlo 41
Scarzello, Piero 139
Scavino, Enrica 85
Scavino, Enrico 8, 9, 17, 85
Scavino, Luigi 8, 69
Scolca, La 21
Seghesio, Aldo 70
Seghesio, Riccardo 70
Serra 13
Serralunga 12, 13, 14, 120, 125
Sizzano 10
Spanna 10
Spinetta, La 50
Spumante 11, 20
Spumante, Fontanafredda 121
Spumante, Giacosa 157

T

Tajarin 24
Tannin 8, 9
Tendone-System 26
Testa, Gianni 175
Tildin 16
Torrone 24
Torta di nocciole 24
Tortoniano 12
Traditionalisten 7, 8, 9, 16
Travaglini, Cimzia 39
Travaglini, Giancarlo 9, 39
Treiso 16, 180
Trifolau 24
Trüffeln 24f.
Tuber magnatum pico 24
Turin 6

U

Uccellone 17
Uva Rara 19, 35

V

Vacca, Aldo 175
Vaglio Serra 48
Vajra, Aldo 9, 17, 127
Verduno 11, 12
Vernassa 26
Veronelli, Luigi 17
Verro, Claudia und Tonino 25
Vespolina 10, 19, 35, 39, 41
Vezza, Roberto 139
Viberti, Eraldo 109
Vicolletto, Il 25
Vietti 12, 16, 21, 110
Vigna Rionda 14
Villa, La 14
Villa Sparina 191
Villero 13
Vinchio, Cantina Sociale 48
Vinifikation 7, 8f., 14
Vittorio Emmanuele II. 6, 121
Voerzio, Roberto 83

W

Weingesetz 7, 22
Weinjahrgänge 23
Winzer 8/9
Winzergenossenschaft Barbaresco 7

Autor und Herausgeber danken
Inge Dohm
für ihre liebenswürdige Unterstützung

Die Deutsche Bibliothek – CIP-Einheitsaufnahme

Flaschenpost aus Piemont:
die sechzig großen Weine / Horst Dohm.
Fotogr. von Jürgen Röhrscheid.
[Hrsg. von Thomas Schröder]. –
München: Keyser, 1999
(Edition Frankfurter-Allgemeine-Magazin)
ISBN 3-87405-242-7

2. Auflage 1999

Layout: Christine Kern
Produktion: Franz Hofbauer

Lithographie: A.R.T., Hannover
Druck: Jütte Druck, Leipzig
Bindung: Kunst- und Verlagsbuchbinderei, Leipzig